日蓮の女性観

植木雅俊

法蔵館文庫

本書は、二〇〇五年十一月二十日に論創社より『釈尊と日蓮の女性観』として刊行されたものである。文庫化にあたり、題名を改めた。

中村元博士の序文

仏教の女性観について、詳しく論じた書籍は今までさほど多くは刊行されていないと思いますが、植木雅俊氏の書籍は、「仏教は女性差別の宗教か?」という、この重要な問題を正面から取り扱った書物として誠に珍しいものと思います。

その内容の所論について、私はいちいち検討したわけではありませんが、植木雅俊氏は財団法人東方研究会の主催する公開講座「東方学院」でいつも熱心に聴講し、勉強された方であります。このたび、こういう意義深い書物を刊行されたことを喜びます。

植木氏は、いわゆる専門職の仏教学者ではありませんが、つねに仏教の研究を続けてこられた方であり、こうして書物を著わされるという勇気に目を覚まさせられます。と同時に、仏教研究というものが単に象牙の塔の中に閉じ込められたものではなくして、道を求める世の人々にまでも重んぜられて、新しい学問の発展に刺激を与えられるということは大変有意義なことであると思いまして、私はこの動きを喜んでおります。植木氏のこの新しい書籍も、おそらく世の人々に強い刺激を与えることになるでありましょう。

一九九六年新春

東京大学名誉教授・東方学院長
中村　元

注記：この序文は、故中村元博士がご存命中に、植木雅俊著『男性原理と女性原理——仏教は性差別の宗教か？』のために執筆されたものですが、東方学院総務で中村博士の長女、三木純子さんの了解を得て、ここに再録させていただきました。

三枝充悳博士の序文

僕は戦後間もない頃、中村元先生の教えを受けました。その頃、中村先生は東大の助教授でいらっしゃって、杉並区の久我山に住んでおられました。僕も当時、下宿がその近所にありましたので、中村先生をお訪ねして、学生として学問についておうかがいするだけでなく、人間としての生き方についてもいろいろと教えていただきました。

中村先生は、東大を卒業されて、大学院で非常に膨大な博士論文をお書きになり、それが評価されて間もなく助教授になられました。旧制の大学院というのは、いわば無職でございますから、中村先生も非常に苦労されました。その大学院在学中に八年先輩の方が自殺をされたことがありました。その方は、有能な研究者でありましたが、無職で経済的に困窮されていたことが、その理由でした。そのことがきっかけとなり、中村先生は、研究者が物質的にも精神的にも助け合える集いのようなものについて考えておられたようです。その考えをもとに、中村先生は東大教授をされていた晩年に東方研究会を設立されまして、それが財団法人として発足したわけです。

そして、中村先生が東大を停年でお辞めになった昭和四十八年には、いろいろな大学から中村先生を招聘《しょうへい》する声があったのですけれども、それらをすべて断られて自ら東方学院を始められました。そして、野《や》にあって研究しようという人々に対していろいろ講義をされたわけです。その受講者は、会社員、主婦、学生、大学教授などと多彩な顔ぶれで、「学びたい人が学び、教えたい人が教える」ということをモットーとしておりました。

東方学院が創設された時から、僕は中村先生に言われて東方学院のお手伝いをしておりました。一時期、筑波大学のほうに行っておりましたので、その期間だけは東方学院のお手伝いはできませんでした。六十三歳で筑波を停年になり、都内の日本大学で教えることになりまして、東方学院に復帰しました。それ以後ずっと講師をしておりました。一九九九年に中村先生が亡くなられてからは、二〇〇三年の六月まで、三年半ほど東方学院長を務めました。八十歳になったことで、学院長を交代して、現在は前田專學君が学院長になっております。

植木さんは、僕の知る限りでは、その東方学院の非常に勝れた優等生の卒業生でありまして、そこでサンスクリット語を学ばれ、そのサンスクリットの語学力をもとに、『法華経』という非常に膨大なサンスクリットのテクストを読破されました。そして、男性原理・女性原理の観点や、ジェンダー平等（男女平等）という、まさに現在の社会で非常に重要なテーマになっている事柄を取り上げて、日本語で、さらには英文で著書を出版されました。

ちょうど僕は、東大の大学院に在学していた当時、日系二世のケネス・K・イナダ君（ニューヨーク州立大学名誉教授）がアメリカから留学しておりまして、そのイナダ君ともずいぶん仲良く過ごしました。植木さんは、そのイナダ君ともご縁があって、英文の著書を出版され、さらに、お茶の水女子大学で博士号を取得されました。東方学院にとっても、非常におめでたいことであり、中村先生もお喜びのことと思います。

私のしている仕事は、インドの初期仏教から大乗仏教の中頃までの時代を扱っております。その期間には、いろんな問題が起こります。特に人種間、出家と在家や、男女間の差別とか、市民の暴動といった問題が起きてまいります。けれども、そういう問題はあまり表面だって仏教学では扱われることはありませんでした。しかし、私たちの日常社会におきましては、いわゆるジェンダーの問題として、男女観の問題が無視できなくなっております。

近年になりまして、ご承知のとおりフェミニストという人々がいろいろな意見を言うようになりまして、そういう人々が、仏教についても発言するようになりました。しかし、仏教学者のほうがあまり熱心にフェミニズムの問題ないし、ジェンダーの問題を扱ってきませんでした。そのために、どうしても仏典の資料の扱いが不十分で、男女観の問題を正面切って取り上げる人がいなかったわけです。『法華経』の中にいわゆる「変成男子《へんじようなんし》」という、女性が男性に変わって成仏するという思想が、提婆《だいば》達多《だった》品《ぼん》というチャプター（章）に出てまいりますが、その思想を紹介する程度のことしか行なわれていませんでした。そういう中でフェミニストと自称する人たちが、「仏教は女性差別の宗教だ」とする発言を非常に強めてまいりまして、仏教学者たちはたじたじとなっていたわけです。

そういうところへ植木さんが登場されまして、この問題に真正面から取り組まれたわけです。植木さんは、皆さんご承知のとおり、中村先生を慕って東方学院に入られ、サンスクリット語を本当に自家薬籠中のものにされました。そして『法華経』もサンスクリット本で読まれて、非常に勝れた業績を『法華経』についてもあげておられます。

植木さんは、『法華経』のみならず、律蔵までも含んだ初期仏教にまで広く当たられて、ジェンダーの問題を正面切って取り上げられました。そして、お茶の水女子大学に学位論文を提出してドクターになられ、その論文を今度は『仏教のなかの男女観』という立派な本として岩波書店から出版されました。

出版されてすぐに植木さんが、わざわざ我が家までおいでになり、その本を届けてくださりました。それを拝見しまして、今まで言われてきた「仏教は女性差別」という主張が、あまりテクストに忠実ではなく、仏教の全体の歴史、思想史というものをわきまえないで論じられていることに対して、植木さんは非常に厳しく批判されておりました。しかも、仏教の男女平等の思想について、フェミニズムの攻撃に充分堪えられるというだけでなく、むしろそういう人々をも啓蒙するような立派な学術的な著書であるという思いを強くいたしました。仏教学の上からも、こういうふうな卑近な問題についてこれだけ明らかにされたということは、大変にありがたいことです。詳細に内容を見ましても、サンスクリット語や、パーリ語がよく出てまいりますし、その日本語訳の文章も非常にこなれていて結構だと思いました。全体的にも極めて平易な文章で、展開されるその論旨も明快であり、分かりやすいものです。

そうした研究成果を踏まえて、このたび一般向けのご著書『釈尊と日蓮の女性観』が出版されることを喜んでおります。

二〇〇五年五月十一日

筑波大学名誉教授・前東方学院長

三枝充悳

はじめに

一九八三年から八五年にかけてのことでありました。「国連婦人の十年」（一九七六〜八五年）ということで、「女子差別撤廃条約」の批准《ひじゅん》、ならびに「男女雇用機会均等法」の制定をめぐる論議が国会で展開され、女性の地位向上ということが大きな話題となりました。

このことをきっかけに、仏教において女性の差別と平等の問題がどのように扱われてきたのであろうかということを、私も考えるようになりました。

わが国では古来、女人不成仏を説く小乗仏教等に対して、『法華経』が女人成仏を説いているとして、『法華経』が重視されてきました。例えば、聖武天皇（七〇一〜七五六年）の時代には七四一年に国分寺とともに国分尼寺が各地に建てられましたが、「法華滅罪之寺」とも呼ばれた国分尼寺では、『法華経』が講じられておりました。

また、平安中期の菅原孝標女《すがわらのたかすえのむすめ》（一〇〇八年〜?）が書いたとされる『更級日記《さらしなにっき》』には、少女のころ『源氏物語』に熱中し、夢の中に「いと清げなる僧」が現れて、「法華経五の巻を、とく習へ」と告げたという行《くだり》があります。「五の巻」には、龍女の成仏を明かした提婆達多品が入っているからです。

ところが、一九九〇年ごろから仏教の女性観に関する論文・著書が多数出版され、『法華経』も含めて大乗仏教は女性差別の宗教であるとする主張が展開され、少し気になっておりました。こうした動きの中で、筆者は研究に当たって、原始仏典の内容の詳細や、大乗仏教が果たして女性を蔑視していたのかどうか――など、サンスクリットやパーリ語の原典にさかのぼって事実関係を確認することを重視しました。その度に、東京大学名誉教授で東方学院の創立者（院長）でもある中村元《はじめ》博士に、東方学院での講義の合間を利用して確認をさせていただきました。

中村先生の貴重な時間を浪費するのは申し訳なく、目次を見ていただきながら大体の粗筋を聞いていただきました。中村先生は、「随分、丁寧にやりましたね。大乗仏教は必ずしも女性差別の宗教ではありませんよ」と温かく激励して下さいました。そのおかげで、研究を継続することができました。

世は徐々にとはいえ、「女性の時代」へと入りつつあるようです。女性が社会で活躍することは、大いに歓迎すべきことです。こうした社会変化に伴って、女性の在り方はもちろんのこと、それに伴って男性の在り方自体も問われてくるのではないでしょうか。その一助にでもなればと思い、仏教における男性観、女性観、さらには男性原理、女性原理ということについて考えてみたいと思います。

ドイツの哲学者・ショーペンハウエル（一七八八〜一八六〇年）は、「女について」という論文で「女は生まれつき精神的・肉体的に大きな仕事をするのにふさわしくない」などといった女性論を展開し、世の女性から総スカンを食いました。ただし、ショーペンハウエルは、「人生に行き詰まり、どうすることもできなくなったときは、女性に相談せよ。そうすれば、目標への最短距離を選び出して、単純にして明快なる答えが返ってくるであろう」という趣旨のことも付け加えてはいたようです。

私もここで、仏教史における男性観、女性観の変遷、なかんずく『法華経』における提婆達多と龍女の即身成仏ということを通して、果たして仏教は女性を差別していたのかどうかを検証するとともに、〝男性原理〟と〝女性原理〟について考えてみるわけですが、世界で最も優しくもたくましいと言われる生き物（?）に対して、敢えて挑戦するというような勇気など、私は持ちあわせていません。そこで、「私の」男性観、女性観ではなく、「仏教の」男性観・女性観に限定して考えていくことにします。

二〇〇五年五月

著者

目次

第二部　男性原理・女性原理で読む日蓮

日蓮の女性観

第一部　検証・仏教は女性差別の宗教か？

第一章　仏教は女性蔑視の宗教か？

爾前経の女性蔑視の言葉

まず初めに、女性のことは、爾前経《にぜんきょう》、すなわち『法華経』以前に説かれたとされる経典(1)で何と言われているのでしょうか。日蓮（一二二二～一二八二年）は、「法華経より外の一切経を見候には、女人とはなりたくも候はず(2)」とまで述べておりますが、相当にひどいことが論じられていたようです。日蓮をして、「女人とはなりたくも候はず」と言わせた「法華経より外の一切経」の言葉とは、一体どういうものだったのでしょうか。日蓮が、その著作に引用しているものをいくつかここに拾い出してみましょう。

「華厳経(3)には『女人は地獄の使なり。能《よ》く仏種子《ぶつしゅし》を断ず。外面は菩薩に似て、内心は夜叉《しゃ》(4)の如し』と(5)」

「又云《いわ》く『一度女人を見る者はよく眼の功徳を失ふ。設《たと》ひ大蛇をば見るとも、女人を見るべからず』と(6)」

「或《ある》経には『三世の諸仏の眼は脱《ぬけ》て大地に堕《お》つとも、女人は仏に成るべからず』と説き給へり(7)」

「女人をば内外典《ないげてん》(8)に是をそしり、三皇五帝の三墳五典に諂曲《てんごく》(9)の者と定む。されば災は三《さん》女《によ》(10)より起ると云《い》へり。国の亡び人の損ずる源は女人を本《もと》とす。内典の中には初成道《しよじようどう》の大法たる華厳経には『女人は地獄の使なり。能く仏の種子を断つ。外面は菩薩に似て内心は夜叉の如し』と云ひ……(11)」

「雙林《そうりん》最後(12)の大涅槃経《ねはんきよう》には『一切の江河必ず回曲《えこく》有り。一切の女人必ず諂曲有り』と(13)」

「又云く『所有《あらゆる》三千界(14)の男子の諸の煩悩を合はせ集めて一人の女人の業障《ごうしよう》と為《な》す』等云云(15)」

「大論(16)には『清風はとると云へども、女人の心はとりがたし』と云へり(17)」

「経に云く『女人は大鬼神《きじん》なり。能く一切の人を喰ふ』と(18)」

「龍樹菩薩の大論には一度女人を見れば、永く地獄の業《ごう》を結ぶと見えたり(19)」

「十二仏名経に云く『仮使《たとい》法界に遍する大悲の諸菩薩も、彼の女人の極業《ごくごう》の障《さわり》を降伏《ごうぶく》すること能《あた》はず』(20)」

「華厳経に云く『女人は大魔王、能く一切の人を食す。現在には纒縛と作《な》り、後生は怨《おん》敵《てき》と為《な》る』(21)」

日蓮の著作には、女性を蔑視したこうした表現が各種の経典から多数、引用・列挙されております。

また、『銀色女経《ごんじきにょきょう》』から引用された一節に、

「三世の諸仏の眼は大地に堕落すとも法界《ほうかい》の諸の女人は永く成仏の期無し(22)」

と女性を嫌った言葉が出てきます。

これは、もう大変な女性蔑視であります。「法華経より外の一切経」には、この類いの言葉が頻繁に出てくるのですから、日蓮が「女人とはなりたくも候はず」と述べていたのも、もっともなことだとうなずけます。

原始仏典は女性を蔑視せず

それにしても、一切衆生の救済を目指した釈尊が本当にこんなことを言っていたのでしょうか？　果たして仏教は、女性蔑視の宗教だったのでしょうか？

結論から言いますと、全くそうではありませんでした。釈尊のなまの言葉に近い原始仏典では、女性であることを差別したり、蔑視したりする表現は見られません。ところが、釈尊滅後、特に紀元前三世紀末から仏教教団は分裂を繰り返し、保守化と、権威主義化、形式主義化が著しくなります。その代表が説一切有部《せついっさいうぶ》（略して有部《うぶ》）と言われ、彼らは紀

元前後に興る大乗仏教徒たちから小乗仏教と貶称《へんしょう》されました。その小乗仏教の時代になって、女性を蔑視するような表現が顕著になっていきました。

大乗仏教は、こうした考えを克服するために相当の努力を払った形跡がうかがえます。こうした歴史の中で、「三従」や「五障」という説を小乗仏教徒が言い出し、大乗仏教徒は、それを乗り越えるために「変成男子《へんじょうなんし》」や、男女の性差にとらわれない「空《くう》」(śūnya)の思想を打ち出しました。

そのあらましを以下、順を追って見ていくことにします。

注

(1) 経典は中国に順不同で持ち込まれて漢訳されました。それらは、「如是我聞《にょぜがもん》」(このように私は聞きました)で始まり、釈尊が説いたことを前提としていました。ところが、その内容に相反するものがあったりして、それぞれの経典の関係、最終の極説《ごくせつ》は何かといった議論(教相判釈《きょうそうはんじゃく》)が中国で興りました。ある人は『華厳経』、ある人は『涅槃経』が極説などと主張し、天台大師は華厳・阿含・方等・般若・法華という「五時」説に立って、『法華経』こそが極説だと主張し、日蓮もその立場を取っておりました。その場合、『法華経』の前に説かれた経、言い換えれば極説ではないとする経を爾前経(爾《そ》の前に説かれた経)と呼んだわけです。

（2）『昭和定本日蓮聖人遺文』（以下、『昭定遺文』と略記）八五六頁、『日蓮大聖人御書全集』（以下、『御書全集』と略記）一一三四頁。

（3）日蓮は、「女人地獄使・能断仏種子・外面似菩薩・内心如夜叉」という一節を「華厳経に云く」として引用しています。ところが、後半の「外面似菩薩・内心如夜叉」という言葉は、『華厳経』には出てきません。また、同じ言葉を鎌倉時代末期・南北朝時代の真宗の僧・存覚（一二九〇～一三七三年）は『成唯識論』を出典としていますが、これも『成唯識論』には出ておりません。このほか、『宝積経』『大智度論』などを出典としているものもありますが、いずれにも見あたりません。田村芳朗氏は、その著『日本仏教論』（田村芳朗仏教学論集第二巻、春秋社、一六頁）において、この言葉を「おそらくは日本新造語ではないか」と述べています。

（4）サンスクリット語の「ヤクシャ」（yakṣa）を音写したもの。「薬叉」とも音写されます。紀元前に造られたヤクシャの像は、端正で明るい表情をしており、恐ろしい悪鬼の姿をしていませんでした。人を食らう悪鬼とされるようになったのは、後のことです。「薬叉」と表記すればすむところを、「夜叉」というように「夜」の字を使ったのは、恐い夜のイメージで「ヤクシャは恐ろしいもの」という意味を表そうとしたのでしょうか。

（5）『昭定遺文』五〇頁、『御書全集』三八八頁。

（6）同右。

（7）同右。
（8）仏教に関する書物・典籍を「内典」といい、仏教以外の書物・典籍を「外典」と言います。インドにおいて、「外典」とは『リグ・ヴェーダ』などの四つのヴェーダ（四韋陀）をいい、中国においては、老・荘・儒・墨などの書を指します。
（9）他人に媚びへつらって自分の心をねじ曲げること。
（10）三女とは、古代中国において国を滅ぼすもととなった妹喜《ばつき》、妲己《だつき》、褒姒《ほうじ》という三人の女性のことです。夏《か》の桀《けつ》王は妹喜を溺愛し、〝酒池肉林〟の限りを尽くしていました。その半面、手や足を切り取ったり鞭打つなどの仕打ちによって人民を労働に駆り立てたり、諫言する家臣の首を斬ったり、追放するなどの悪政を行なって国を滅亡させました。殷《いん》の紂《ちゅう》王は妲己に溺れて淫蕩に耽けり、その半面、人民に重税を課し、贅沢の極みを求めました。それに対して、諫める家臣を殺し、たてつく人民を火あぶりの刑に処すなどの暴虐淫楽の悪政をほしいままにして国を滅ぼす因をつくりました。また周の幽王は褒姒に溺れて国を滅ぼしました。日蓮は、この三人の女性について、
「彼の妹己（喜）・妲己・褒姒と申せし后は心もおだやかに、みめ（容）かたち（貌）も人にすぐれたりき。愚王これを愛して国をほろぼす因縁となす」（『昭定遺文』七七九頁、『御書全集』五二六頁）
と述べています。
（11）『昭定遺文』四〇〇頁、『御書全集』九四五頁。

（12）「雙林」とは、娑羅双樹のことです。釈尊が、クシーナガル（拘尸那揭羅）において入滅した時、釈尊の臥していた東西南北にそれぞれ一対ずつ、計八本の娑羅（sāla）の木があり、釈尊の入滅を悲しんで一対の内のそれぞれ一本ずつが枯れたとも、白変したとも言われています。

だから「雙林最後」というのは、釈尊が娑羅双樹の下で涅槃に入った最後の時、という意味になります。この時に説かれたとされているのが『涅槃経』です。

この沙羅樹は、無憂樹、菩提樹とともに、仏教の三大聖樹とされています。無憂樹が生誕、菩提樹が成道、沙羅樹が入涅槃に関係しているからです。

（13）『昭定遺文』四〇〇頁、『御書全集』九四五頁。

（14）「三千大千世界」を略したもの。古代インド人の世界観における宇宙のこと。ほぼ太陽系に相当するものを一つの「世界」とすると、その千個を「小千世界」といい、その「小千世界」の千個を「中千世界」、その「中千世界」の千個を「大千世界」と言います。「大千世界」は、一つの「世界」の千倍の千倍の千倍で、「三回にわたって千倍した結果としての大千世界」という意味で「三千大千世界」とも言います。数学的に言えば、「千の三乗個（十億個）の世界」ということです。詳細は、次を参照。

植木雅俊著『思想としての法華経』、岩波書店、第十章。

（15）『昭定遺文』四〇〇頁、『御書全集』九四五頁。

（16）『大智度論』のこと。『大品般若経』の注釈書で百巻からなります。龍樹の著だとされていますが確定しておらず、鳩摩羅什の漢訳のみが現存しています。

(17) 『昭定遺文』四〇一頁、『御書全集』九四六頁。
(18) 『昭定遺文』一四二八頁、『御書全集』五五四頁。
(19) 『昭定遺文』一四二八頁、『御書全集』五五四頁。
(20) 『昭定遺文』二四二八頁、『御書全集』六七六頁。
(21) 『昭定遺文』二四二八頁、『御書全集』六七六頁。
(22) 『昭定遺文』三三四頁、『御書全集』四七二頁。

第二章　釈尊の公平な女性観

尼僧教団の成立

釈尊は、ブッダ・ガヤー（仏陀伽耶）で覚りを得た後、一路、バーラーナシー（ベナレス）郊外の鹿野苑《ろくやおん》へと赴き、教えを説き始めました。それにより、出家して弟子となる者が出てきます。その数を数えると約千二百五十人であったようです。それは、みんな男性でありました。

仏教が出現した当初、すなわち釈尊が成道して十五年、ないし二十年までは、尼僧の教団は存在していなかったようです。(1) それは、原始仏教の聖典の中でも最古の聖典とみなされている『スッタニパータ』(2) から推測されます。そこには、男性修行者のことは出てきますが、尼僧には全く言及されていないからです。また、尼僧の教団が遅れて成立したということが律蔵(3) に伝えられています。

釈尊の育ての親（義母）でもあり、また叔母（姨母《いも》）でもあったマハー・パジャーパティー（摩訶波闍波提）が二十数人の女性とともに出家を申し出たのは、このように仏教が隆盛を極めているころのことでした。釈尊は、この申し出に対して躊躇《ちゅうちょ》しましたが、アーナンダの斡旋《あっせん》もあり、彼女の熱意に打たれ「八つの条件」（八重法、八敬法《はっきょうほう》）を付けて出家を許可したと言われています。

その八つの条件は、女性が教団に加わることで、将来的にトラブルの起こることを心配して付けたものであったと解釈されていますが、どこかしっくりしないものを感じます。その解釈の是非については、第五章で検討することにしましょう。

女性の覚りを否定せず

事実、マハー・パジャーパティーの出家を釈尊にとりなしたアーナンダ（阿難）[4]が、「女性は、阿羅漢《あらかん》の覚りを得ることはできないのでしょうか？」

と尋ねたことに対して、釈尊は、

「そんなことは、ありません。女性も阿羅漢に達することができます」

と答えております。

「阿羅漢」は、サンスクリット語で「アルハト」（arhat）といいますが、その主格形が「アルハン」（arhan）であり、これを音写して「阿羅漢」となりました。これは、「〜に値する」「ふさわしくある」を意味する動詞の語根 √arh- からできた名詞で、「尊敬されるべき人」「供養を受けるにふさわしい人」という意味であり、ブッダの別称でありました。

釈尊が女性の出家を許したということは、女性が男性より甚だしく低く見られていて、女性の出家など全く考えられてもいなかったインドにおいては、まさに驚くべきことでありました。

ギリシア人も驚いた女性哲学者の存在

それは、また世界的にも画期的なことでありました。仏教が出現して約百年くらいたったころ、シリア王の大使としてインドを訪れ、パータリプトラに滞在していたギリシア人のメガステネース（紀元前三〇〇年ごろ）がギリシア語で書いた旅行記を残していますが、そこには、

「インドには驚くべきことがある。そこには女性の哲学者たち（philosophoi）がいて、男性の哲学者たちに伍《ご》して、難解なことを堂々と論議している！」（中村元訳）

とあります[5]。

これが誇張ではなく、事実を伝えたものであることは、長老の女性出家者（テーリー、長老尼）たちの体験を詩（ガーター）として集大成した『テーリー・ガーター』[6]を読めば

明らかです。それは、次章で詳しく見ることにします。

ギリシア人が驚いたというのも無理はありません。かのプラトンでさえも、『ティマイオス』の四二において、女に生まれてくるのは悪いことをした結果であるとして、悪の権化《ごん》《げ》が女であると論じております。(7) アリストテレスも、「自由人と奴隷の区別は、自然に基づいて存在するものであり、奴隷にとっては自由人に仕えることが正しいことなのである。男と女の関係でも、それと同じことであって、男が支配し、女が支配されるのが自然に基づくことなのである」ということを言っています。(8) 九世紀のアイルランド人で新プラトン主義者のヨハンネス・スコトゥスというスコラ哲学者にしても、「人間が男と女に区別されたのは、罪の結果であるにすぎず、女は男の感覚的で堕落した性質を具現しているのである」(9) といったことを述べているほどです。

こうした女性軽視の傾向は、キリスト教において、初期カトリシズムのみならず、近年のカトリック教会でも見られました。一九九五年六月二十七日付の新聞によると、ローマ法王ヨハネ・パウロ二世（一九二〇～二〇〇五年）が「過去の歴史において、かつてあった女性差別に謝罪した」という記事が報じられていました。ユダヤ教の朝の祈りには、女でなく男に生まれさせてくれた神に対する感謝の言葉があります。中国においても、「三従」（第一部第六章、および第二部第六章で詳述します）という考えが古くからあり、女性を軽視しておりました。このように、女性を軽視することは世界的な傾向でありました。

このような世界的傾向の中で、インドの女性たちが男性に伍して難解なことを論じ合っていたのですから、ギリシア人が驚いたのも当然でありましょう。

女性を蔑視しなかった釈尊

ところが、経典を読んでおりますと、男性出家者（ビック、比丘）の修行における戒めとして、女性のことに触れた箇所もあり、この点で女性を差別していたと見る向きもあるようです。しかし、それは釈尊の真意をくんだものではありません。

例えば、最も古いといわれる『スッタニパータ』という仏典には、

「女に溺れ、酒にひたり、賭博《とばく》に耽《ふけ》り、得るにしたがって得たものをその度ごとに失う人がいる、――これは破滅への門である」[10]

という表現があります。

また、成立の古さにおいて『スッタニパータ』の若干部分と並ぶといわれる『サンユッタ・ニカーヤ』[11]という原始仏典がありますが、これは中村博士によって、『ブッダ　神々との対話』『ブッダ　悪魔との対話』（いずれも岩波文庫）という題で翻訳されております。

そこには、

「欲情が邪道と呼ばれる。青春は、昼夜に尽きて行く。清らかな行いの汚れは、女人である[12]」

「欲情は〈邪道〉と呼ばれる。貪欲は、諸々の善きことがらの妨害なのである。命は昼夜に尽きて行く。女人は〈清らかな行い〉の汚れであり、人々はこれに耽溺する[13]」

といった表現が見られます。

この部分だけを見ますと、仏教では「女性は汚れている」という考えに立っているかのように思えますが、そうではありません。引用文を厳密に見てみると、「女は〈清らかな行い〉の汚れ」とあり、女性そのものが汚れたものとは言っていません。「女性」と「汚れ」という言葉の間に「〈清らかな行い〉の」という条件が付けられています。すなわち、男性の修行者にとって女性は修行の妨げになると言っているにすぎません。

最高の智慧の完成に男女の区別なし

このように、男性修行者にとって、女性が修行の妨げになるという考えはありましたが、「女性は汚れたものである」とか、「劣ったものである」とかいうような女性蔑視の考えを釈尊は持ち合わせておりませんでした。

その事実もまた『サンユッタ・ニカーヤ』に見ることができます。そこに仏の教えを車に例えて説いた箇所があります。その車は、真理という車輪（法輪）をはじめ、慚《は》じることと（＝手すり台の板）や、気を落ち着けていること（＝帳幕）などを車の部品として備えており、法と、正しい見解をそれぞれ御者《ぎょしゃ》と先導者になぞらえています。

このように、仏の教えと車とを関係づけた後、

「このような車に乗る人は、女であれ、男であれ、実にこの車によって、ニルヴァーナの近くにいる(14)」

と、男女を同等に論じています。「ニルヴァーナ」（nirvāṇa）は、パーリ語で「ニッバーナ」（nibbāna）といいますが、この最後の「a」の音が落ちて「ニッバーン」となり、これを音写して「涅槃《ねはん》」、あるいは「泥洹《ないおん》」と書かれます。「安らかな境地」のことです。すなわち、最高の智慧の完成には男女の区別はなされていなかったということです。

「生まれ」による差別を否定した釈尊

釈尊の教えの特徴は、徹底した平等主義にありました。一貫して「生まれ」（ジャーティ）や、「皮膚の色」（ヴァルナ）などによって人が差別されるべきではないと主張しました。むしろ、行為によって人の貴賤が決まると説きました。

釈尊は、当時のヒンドゥー教（バラモン教）的人間観の社会にあって、「皮膚の色」や、

「生まれ」によって身分を分かつカースト制度[15]を批判しました。

『スッタニパータ』には、

「生まれによって賤しい人となるのではない。生まれによってバラモンとなるのではない。行為によって賤しい人ともなり、行為によってバラモンともなる[16]」

とあります。

ヒンドゥー教の社会にあって、バラモンは尊敬されるべき人といわれていました。その理由は、バラモンの家系の生まれであるという一点にありました。このように、生まれが何であるかということによって、人の貴賤が分類されておりました。

そういう思想状況にあって釈尊は、「バラモンだから尊敬されるべき人である」という権威主義的発想を否定しました。そして、「尊敬されるべき人」を、もし「バラモン」という名で呼ぶとしたら、それは生まれのいかんによるのではなく、その人の振る舞い、行為、生き方のいかんによってバラモンとなるのであると主張したわけです。発想を逆転させてしまいました。

これは、何もヒンドゥー教のいうバラモンを肯定したものではありません。「バラモン」という既成の言葉を借りて、その意味内容を塗り替え、それによって実質を伴わせようとしたものでありました。

「人の貴賤は行為のいかんによる」

また、『サンユッタ・ニカーヤ』にも、

「多くの呪文をやたらにつぶやいても、人は生れによってバラモンとなるのではない。内心は汚物に汚れ、欺瞞《ぎまん》にたよっている。王族でも、バラモンでも、庶民でも、シュードラ（奴隷）でも、チャンダーラ（旃陀羅《せんだら》）や下水掃除人でも、精励してつとめ、熱心であり、つねにしっかりと勇ましく行動する人は、最高の清らかさに達する」[17]

と述べています。

呪文を唱えるなどの宗教的祭儀を司っていたバラモン階級について、その生まれだけで清らかとは言えない、その内心は、汚物で汚れているとまで言い切っています。

このように、人を賤しくするのも、貴くするのも、その人の行為いかんによるとして、「生まれ」による差別を否定しました。

当時のインドで画期的な平等観

こうした言葉が、インドにおいていかに画期的なことであったかということは、カースト制度の実態を知ればよく分かります[18]。

あるいは、スンダリカ・バーラドヴァージャというバラモンが、釈尊に、

「あなたの生まれは何ですか？」

と、カーストを尋ねたのに対して釈尊は、

「生まれを尋ねるな。行いを尋ねよ。火は実に微細《びさい》な木材からも生じる。たとい賤しい家からの出身であろうとも、毅然として、慚愧《ざんき》の念で身を防いでいる聖者は高貴の人となる[19]」

と答えています。

「慚愧の念」、すなわち自らを恥じ入る反省の心によって高貴の人となるというのであります。日蓮は、『法華経』に出てくる宝塔が七宝で飾られているということについて、

「七宝とは聞《もん》・信《しん》・戒《かい》・定《じょう》・進《しん》・捨《しゃ》・慚《ざん》なり[20]」

と述べています。「七宝」を、「人間らしくあるための七つの条件」という意味で使っているように見受けられますが、その中にこの「慚」が入っていることは注目すべきことだと思います。

このように、釈尊の平等観は「人の生まれによって差別が生じるのではない」、その人の振る舞い、行為、生き方によるという点にありました。

それなのに、人に差別があるかのように世間で言われているのは、人間が勝手に言葉で規定しただけであると、次のように言っております。

「髪についても、頭、耳、眼、口、鼻、唇、眉、首、肩、腹、背、臀《しり》、胸、陰部、交会《こうえ》、手、足、指、爪、脛《すね》、腿《もも》、容貌、声についても、他の生類《しょうるい》の間にあるような、生まれにもとづく特徴〔の区別〕は〔人間同士においては〕決して存在しない。身体を有する〔異なる生き〕ものの間ではそれぞれ区別があるが、人間〔同士〕の間ではこれ（区別）は存在しない。名称（言葉）によって、人間の間で差別が〔存在すると〕説かれるのみである」(21)

「ジェンダー」と類似の概念で平等を説いた釈尊

この一節は日頃、何度も何度も読んでいた箇所ではありました。ところが、お茶の水女子大学に博士論文を提出し、その審査の過程で、羽入佐和子教授から「ジェンダー」という言葉の定義をするようにとのアドバイスを受けました。そのことを念頭に置いて、何気なくこの一節を目にした時、驚きました。「生物学的性差」（sex）に対し、「歴史的・文化的に形成された性差」を示す語として「ジェンダー」（gender）が用いられるようになったのは一九七〇年代のことです。ところが、その「ジェンダー」と類似の観点がここに示されているではないですか。

ここには、「他の生類の間にあるような、生まれにもとづく特徴〔の区別〕」としての生物学的な種による差異と、「名称（言葉）によって存在する人間の間での差別」という二つの観点が提示されています。ここでは、生物学的な差異として男女の違いを挙げることなく、直ちに人間としての平等が論じられているという点が、ジェンダー論の場合とは異なっています。けれども、「名称、すなわち言葉によって存在する人間の間の差別」ということは、言葉によるのですから、これは歴史的・社会的・文化的に形成された差別といってもいいでしょう。言葉は、文化的営みの最たるものであるからです。

ここで、釈尊は、生物の種や類による違いは認められても、人間同士には本来、差別はないと述べています。釈尊は、男女ということよりも人間という視点を持っていたのであります。

西洋の言葉で「人間」と言うときには、男性が意味されていることが多いようですが、ここでいう人間（manussa）とは、男女を区別して論じられたものでないことはもちろんのことです。manussa は、itthi（婦人）、あるいは purisa（男）という語と複合語を作り、それぞれ「女の人」（manussa-itthi）、「男の人」（manussa-purisa）という意味となります。従って、manussa だけでは男女を区別しない「人間」を意味しております。

従って、釈尊は、生まれつきの生物学的な種の差異は認めても、人間の在り方としての人間同士の差別は認めていなかったということができます。こうした釈尊の平等観は、男女の性差を超えたものであり、今日言うところの「ジェンダー平等」の一例と見なせるでありましょう。

偏見に囚われず、あるがままに見た釈尊

原始仏典には、語られた言葉にとらわれることなく、その言葉が表現しようとしたその本質に目を向けるように促した次の詩があります。

「語られる言葉を〔真実なものと〕思っている人たちは、語られる言葉〔の範囲内〕に安住し〔執着し〕てしまっている。彼らは、語られる言葉〔によって表現しようとした本質〕をよく知らないので、死の束縛へと近づくのである[22]」

さらに釈尊は、「あるがままに見る」(yathābhūtaṃ hi passati[23]) ことの大切さを説いています。釈尊は、歴史的・社会的・文化的に形成され、言語化されたことを鵜呑《うの》みにすることなく、偏見をもたずに、「あるがままに見る」ことを心がけていました。「八正道《はっしょうどう》」の中に「正しく見ること」(samyag-dṛṣṭi, 正見)があるのも同じ趣意でありましょう。釈尊のこのような考え方、思想的態度から、「歴史的・社会的・文化的に形成され、言語化されたジェンダーの偏見(バイアス)にとらわれることなく、女性を人間としてあるがままに見る」という姿勢が、導き出されることは必然的なことであったといえましょう。

インドはバラモン教(後のヒンドゥー教)の典型的な女性軽視の社会であり、紀元前二

世紀に『マヌ法典』として成文化されるようなバラモン教的女性観は、まさに歴史的・社会的・文化的に形成されたものでありました。釈尊は、そうしたジェンダーの偏見を是正すべく教えを説きました。例えば、妻は一方的に夫に奉仕する存在でしかなく、家事でさえも実権を与えられることがなかったヒンドゥー社会において、釈尊は、

「資産家の息子よ、実に夫たるものは、妻に五つの点で仕えるべきである。すなわち、①尊敬すること、②軽蔑しないこと、③道からはずれないこと、④主権（自在）を与えること、⑤装飾品を施与すること——によってである」[24]

という画期的な教えを説いていました。これは、ヒンドゥー社会で歴史的・文化的に形成されていたジェンダー・バイアスを改めるもので、ジェンダー平等に類する教示であるといえましょう。

ところが、これが漢訳の『六方礼経《ろっぽうらいきょう》』になると、立場を逆転して、

「婦《つま》が夫に事《つか》うるに五事あり」[25]

とされてしまいました。家父長的儒教倫理の著しい中国社会において、「夫が妻に仕える」ことなどあり得べからざることで、意図的に改変して訳されています。従って、漢訳だけを見て、仏教は一方的に妻に奉仕することを強要しているなどと論ずることは、早合点も甚だしいことになります。[26] ここに、サンスクリットやパーリ原典からの考察の必要性

があります。

以上、本章で概観した人間観に基づく釈尊の女性観が実際、どれほど仏教教団に反映されていたのかを次に見ていくことにしましょう。

注

(1) 尼僧教団が発足する時期の算出方法については、次を参照。
植木雅俊著『差別の超克――原始仏教と法華経の人間観』、講談社学術文庫、七一～七二頁。

(2) 『スッタニパータ』(*Suttanipāta*, 経集)は、パーリ語で書かれた南方上座部の経蔵に含まれる聖典です。原始仏典の中でも最古のものですが、その中でも特に第四章と第五章は、初めは独立していたもので、仏教最古の聖典といえます。後世の体系化される前の素朴な仏教思想の表現が見られ、最初期の仏教教団の在り方、思想を知るのに貴重な資料となっています。邦訳としては、中村元博士の『ブッダのことば』(岩波文庫)があり、平易な翻訳である上に注釈が充実していて手ごろだといえます。

(3) 経蔵、論蔵と合わせて三蔵(tri-piṭaka)といい、これで仏教聖典の全体を意味します。「ピタカ」(piṭaka)とは、「かご」という意味ですが、この場合は単に「入れ物」という意味だけではなく、そこに込められた意味・内容をも含んでおります。仏の説いたとされる経を総括して「経蔵」、その経を整理・注釈・研究・要約したものを「論蔵」というのに対して、教団の規則を集大成したものを「律蔵」といいます。

（4）釈尊のいとこで十大弟子の一人。サンスクリット語の「アーナンダ」（Ānanda）を音写したもので、阿難陀とも書かれます。侍者として二十五年にわたって釈尊に仕え、説法を直接聴聞することが多かったので、多聞第一と呼ばれました。このため、釈尊滅後、王舎城で行なわれた第一回仏典結集では、釈尊の教えを集大成するのに重要な役割を果たしました。

（5）中村元訳『尼僧の告白——テーリー・ガーター』、岩波文庫、一二〇頁。

（6）『テーリー・ガーター』（*Therīgāthā*）は、紀元前三世紀ごろまでに成立したものと思われています。完全なテキストは、南方上座部のパーリ語で残っているのみです。釈尊在世のころの女性修行者たちが詠んだとされる詩（偈《げ》）を集めたものです。長老の男性修行者（テーラ）たちが詠んだ『テーラ・ガーター』（Theragāthā）と姉妹編をなしています。それぞれの邦訳は、『尼僧の告白』『仏弟子の告白』（いずれも中村元訳、岩波文庫）があります。前者については、拙訳『テーリー・ガーター——尼僧たちのいのちの讃歌』があります。

（7）B・ラッセル著、市井三郎訳『西洋哲学史1』、みすず書房、一五一頁。

（8）宮沢俊義著『憲法講話』、岩波新書、七一頁。

（9）B・ラッセル著、市井三郎訳『西洋哲学史2』、みすず書房、四〇一頁。

（10）中村元訳『ブッダのことば』、岩波文庫、三〇頁。

(11) 中村元博士によると、『サンユッタ・ニカーヤ』(*Saṃyutta-nikāya*) とは、「サンユッタ」が「結びつけられた」ということであり、「ニカーヤ」が「集まり」ということなので、「主題ごとに整理された教えの集成」という意味になります。二八七五もの短い経典を含み、それらが教理上の問題と結び付けて集められ、神、人間、悪魔、教理上の観念などといった視点で多数の韻文が、散文の説明とともに項目ごとにまとめられています。その内の第一集の第一篇から第三篇までが『ブッダ　神々との対話』(岩波文庫) として、第四篇から最後の第十一篇までが『ブッダ　悪魔との対話』(同) として中村博士によって邦訳されています。

(12) 中村元訳『ブッダ　神々との対話』、岩波文庫、八五頁。

(13) 同右、九九頁。

(14) 同右、七四頁。

(15) 「カースト制度」は西洋人が名付けたものですが、「皮膚の色」(ヴァルナ) や、「生まれ」(ジャーティ) によって身分を分かつということからすれば、「ヴァルナ・ジャーティ制度」というのが正確です。

(16) 中村元訳『ブッダのことば』、岩波文庫、三五頁。

(17) 中村元訳『ブッダ　悪魔との対話』、岩波文庫、一三九頁。

(18) 植木雅俊著『人間主義者、ブッダに学ぶ――インド探訪』、学芸みらい社、一七八～一八二頁、一八八～一九三頁参照。

(19) 中村元訳『ブッダ　悪魔との対話』、岩波文庫、一四四頁。

(20)『昭定遺文』二六四五頁、『御書全集』七三九頁。

(21) *Suttanipāta*, P.T.S., London, p. 118, l. 14-p. 119, l. 2. からの筆者の訳。中村元博士の訳は、『ブッダのことば』、岩波文庫、一三五頁を参照。

(22) *Saṃyutta-nikāya*, vol. I, P.T.S., London, p. 11, ll. 22-23. からの筆者の訳。

(23) *Suttanipāta*, P.T.S., London, p. 35, l. 2; p. 123, l. 1. このような態度は後に「如実知見」(yathābhūta-ñāṇa-dassana) と表現されました。同様の表現は、『法華経』寿量品にも dṛṣṭaṃ hi.. yathā-bhūtaṃ が見られます。

(24) *Dīgha-nikāya*, vol. III, P.T.S., London, p. 190, ll. 4-5. からの筆者の訳。

(25) 大正新脩大蔵経、巻一、二五二頁中。

(26) 漢訳や日本語の二次的、三次的文献からのみ仏教の女性観を検討する危険性については、次を参照。
植木雅俊著『差別の超克――原始仏教と法華経の人間観』、講談社学術文庫、二四～三〇頁。

第三章　『テーリー・ガーター』の潑剌とした女性像

自らの解脱の体験を語る尼僧たち

「男女は平等である」とする釈尊の教えが実現されていた教団の実態を今日に伝える文献が残っています。それは、先に触れた『テーリー・ガーター』です。

これは、中村元博士によって『尼僧の告白』（岩波文庫）、また筆者によって『テーリー・ガーター――尼僧たちのいのちの讃歌』（角川選書）として翻訳されています。そこには、七十二人と一グループの長老比丘尼（女性出家者）の名前が見られます。(1) その主だった内訳を見ますと、王族の出身が二十三人、豪商の出身が十三人、バラモン階層の出身が十八人、もと遊女だった女性が四人などとなっています。

家庭内の争いごとや、姑《しゅうとめ》のいじめに耐えられずに出家した女性、子どもに見捨てられた女性、親もなく夫や子どもにまで先立たれ身寄りのなくなった女性、虐待されて家を飛び出した女性など、孤独な女性たちが登場しています。男運が悪く、何回結婚しても破局を迎えてしまう不運な女性もいました。あまりのつらさに自殺を図ろうと決意した女性もいました。

釈尊は、こうした女性たちに、

「いらっしゃい（ehi)。〇〇よ」

と語りかけ、弟子（sāvikā）として受け入れ、それぞれに温かい励ましの言葉をかけたりしていました。(2) 彼女らは、釈尊の教えを実行し、「安らかな境地」（ニルヴァーナ、涅槃）に達することができたと述懐しています。

その心境をそれぞれの女性たちは、次のような言葉で語ったということが記録されております。

「わたしの心は解脱《げだつ》しました(3)」

「貪ぼりと怒りとを捨て、無明《むみょう》を除き、妄執《もうしゅう》を根絶して、わたしは心静まり、安らぎに帰しています(4)」

「わたしは清涼《しょうりょう》となり(5)、安らぎに帰している(6)」

「わたしは……ブッダの教え〔の実行〕をなしとげました(7)」

「一切の束縛を解きほごして、わたしは、心の平静に達しました(8)」

こうした表現は枚挙に暇がありません。

もと遊女であったヴィマラー尼も、

「すべての汚れを捨てて、わたしは清涼となり、安らぎに帰しています[9]」

と語っています。

修行者の誇りに満ちた女性たち

ここには、覚りを開くことができたという表明が、さり気なくなされています。社会的に差別されていた当時の女性たちが、自分の人生と生活について赤裸々に詩で表現し、また覚りを得たと表明する女性が多数いたということは驚くべきことであります。これは、長老比丘（男性出家者）たちの詩を集めた『テーラ・ガーター』（中村元訳、『仏弟子の告白』）と比べてみても、何ら劣るところがありません。

リス・デヴィッズ夫人[10]（一八五七〜一九四二年）は、『テーラ・ガーター』と『テーリー・ガーター』を、言葉遣い、語法、感情表現、調子などの観点から綿密に比較して、『テーリー・ガーター』の大部分の詩が女性自身の手によって表現されたものに違いないと結論しています[11]。また、解脱したと述べる男性出家者が一三％であるのに対して、解脱したと語る女性修行者が二三％にも達すると論じ、男性に勝るとも劣らぬ生き生きとした女性たちの姿を感銘を持って綴っています。

さらに、オーストリアのインド学者、M・ヴィンテルニッツ（一八六三〜一九三七年）は、

『テーラ・ガーター』には、内面的な体験が多く、自然描写が重きをなし、外部的な経験に関説することがまれであるのに対して、『テーリー・ガーター』のほうは、現実生活の描写に勝れ、一個の人間としての生きざまや、人生の描写が豊かであると指摘しています。(12)

そこには、男性修行者の側からの女性蔑視もなければ、女性自身の卑屈さも全く見られません。むしろ、一人ひとりの女性が、修行者としての誇りに満ちて自らの体験を語っていることに感動すら覚えます。このように原始仏教において、覚りは男女間で全く平等であったということがうかがわれます。

そのうちの主だった女性たちについて見てみましょう。初めに、子どもを亡くした三人の母親の話です。

子を失った母・ヴァーシッティー尼

ヴァーシッティー尼は、子どもを亡くして、心が散乱し、思いが乱れ、裸で髪をふり乱して、さまよっているとき、釈尊と出会い弟子となりました。ヴァーシッティー尼は、そのときのことを次のように述懐しています。

「たまたま、わたしは、幸せな人（ブッダ）がミティラー市に来られたのを見ました。その方は、調練されていない者を調練する人、正しく覚った人、なにものをも恐れない人でありました。わたしは、もとどおりの心を取り戻し、敬礼して、座につきました。かのゴータマ〔・ブッダ〕は、慈しみを垂れて、わたしに真理の教えを説かれました。その〔ブッダ〕の説かれる真理の教えを聞いて、わたしは出家して、家のない状態に入りました。師（ブッダ）のことばにいそしみましたので、こよなくめでたい境地を現にさとりました(13)」

ここには、釈尊の説いた真理の教えを聞いて、子どもを亡くした悲嘆から目覚め、覚りを得たことが述べられています。

子を失った母・ウッビリー尼

ウッビリー尼は、コーサラ（拘薩羅《こうさら》、憍薩羅《きょうさら》）国(14)の王妃でありましたが、ジーヴァーという娘を亡くして林で悲しんでいました。ウッビリー妃が泣き叫んでいるところへ、釈尊が歩み寄り、

「母よ。そなたは、『ジーヴァーよ！』といって、林の中で泣き叫ぶ。ウッビリーよ。そなた自身を知れ。すべて同じジーヴァーという名の八万四千人の娘が、この火葬場で荼毘《だび》に付せられたが、それらのうちのだれを、そなたは悼《いた》むのか？(15)」

と語りかけます。

この言葉で、ハッと我に返ったウッビリー妃は、

「ああ、あなたは、わが胸にささっている見難い矢を抜いてくださいました。あなたは、悲しみに打ちひしがれているわたしのために、娘の〔死の〕悲しみを除いてくださいました。いまや、そのわたしは、矢を抜き取られて、饑《う》え（妄執《もうしゅう》）の無い者となり、円《まど》かな安らぎを得ました。わたしは、聖者ブッダと、真理の教えと、修行者の集いに帰依します[16]」

と言って、釈尊の弟子となりました。

釈尊の言葉を聞いてウッビリー妃は、自分の娘の死から八万四千人のジーヴァーの死へと視野を開くことによって、死という厳粛なる事実を直視したのでありましょう。また、自分以外の八万四千人のジーヴァーの母親たちの心をも感じ取ったのではないでしょうか。この「八万四千」という数字は、仏典によく出てまいりますが、多くの数を示す時に用いられる慣用句であります。

ウッビリー尼の言葉は、極めて素朴な表現ではありますが、釈尊の「そなた自身を知れ」との言葉通り、自己という存在の本源を覚知したのではないかと思えます。ここにも覚ったことの表明がなされております。仏教の目指したことの根本は、この「自身を知る」ということにありました[17]。

子を失った母・キサー・ゴータミー尼

キサー・ゴータミーは、サーヴァッティー市（舎衛城(18)）の貧しい家に生まれ、やせていたので、キサー（やせた）・ゴータミー（瞿曇弥《くどんみ》、憍曇弥《きょうどんみ》）と呼ばれていました。嫁にいって男の子を産みますが、子どもが死んでしまいます。その亡骸《なきがら》を抱いて、

「子どもを生き返らせる薬を下さい」

と、街の中をさまよい歩きます。人々は、彼女をあざ笑います。

釈尊は、哀れに思い、

「生き返らせてあげよう」

と声をかけました。

「そのためには、農家から芥子《からし》の実をもらってこなければならない」

と言うのですが、その家からは一人も死者を出したことがない家でなければならないということが条件として付け加えられます。

キサー・ゴータミーは、一軒一軒訪ねて回ります。ところが、どこにも死者を出したことのない家などあるはずもありません。どの家でも、「祖母が亡くなった」「父が亡くなった」「妻が……」「夫が……」「子どもが……」という言葉が返ってきます。それを繰り返しているうちに、狂気から我に返ります。事実を事実として見ることができなかった、あ

るいは見ようとしなかったゴータミーが、死という厳粛なる事実を直視したのでしょう。こうして、真理に目覚め、釈尊の弟子となりました。

こうした背景があって、ゴータミー尼は次のように述懐しています。

「わたしは、分娩の時が近づいたので、歩いて行く途中で、わたしの夫が路上に死んでいるのを見つけました。わたしは、子どもを産んだので、わが家に達することができませんでした。貧苦なる女《わたし》にとっては二人の子どもは死に、夫もまた路上に死に、母も父も兄弟も同じ火葬の薪で焼かれました。……さらにまた、わたしは、それを墓場のなかで見ました。――子どもの肉が食われているのを。(19)わたしは、一族が滅び、夫が死んで、世のあらゆる人々には嘲笑されながら、不死〔の道〕を体得しました。わたしは、八つの実践法よりなる尊い道、(20)不死に至る〔道〕を実修しました。わたしは、安らぎを現にさとって、真理の鏡を見ました(21)」

この詩の結びの部分には、「(キサー・ゴータミー尼は、)心がすっかり解脱して、この詩句を唱えた」と、書かれています。ここにも、覚りを得たことの表明がなされています。

このように、釈尊は子どもを亡くしたかわいそうな女性たちを、真理(ダルマ=法)と自己に目覚めさせ、心を解脱させ、そして安らぎの境地(ニルヴァーナ=涅槃)を得させて救いました。

男性の誘惑を振り切ったスバー尼

次に男性の誘惑を敢然と振り切って、修行に励んだ女性の話を挙げてみましょう。スバー尼は、ラージャガハ（王舎城）[22]の富裕なバラモンの娘でありました。「スバー」とは、「美しく輝く女」という意味です[23]。釈尊に会って仏教に帰依し、在俗信者となりましたが、マハー・パジャーパティー尼のもとで出家しています。

あるとき、スバー尼が名医・ジーヴァカ（耆婆）[24]のマンゴー林に向かって歩いていると、一人の男性が行く手をさえぎりました。そして、

「あなたは、若くて、美しい。あなたは、出家したとして、なんになるのです。さあ、黄衣を投げすてなさい。花咲く林の中で、一緒に遊びましょう[25]」

「私の愛欲を楽しみたい気持は、ますますつのりました[26]」

と誘惑してきました。これに対して、スバー尼は、

「〔世には〕未だ〔真理を〕洞察せず、あるいは、師に仕えたことのない女《ひと》がいますが、あなたは、そのような女を誘惑なさい。あなたは、すでに識見を得たこの女を〔誘惑しようとするならば〕悩むことになるでしょう。……わたしは、幸せな人（ブッダ）の尼弟子であり、〔正しい〕道の八つの実践法よりなる乗り物に乗って行く者です。わたしは、〔煩悩の〕矢を抜き去って汚れ無く、人のいない家に入って行って、（ひとりで）楽しみます[27]」

と毅然として言い放つと、スバー尼は自分の眼をえぐり出し、その男に与えました。それは、男にとって相当の驚きであったことでしょう。

「かれの愛欲の念は即座に消え失せた[28]」

と書かれています。

男性もまた女性の修行の妨げに

原始仏典には、女性は男性修行者にとって修行の妨げとなるということが書かれていると既に述べました。

確かに、他の原始仏典と同様、この『テーリー・ガーター』にも、

「女人たちは、その容姿によって、真理の教えに従って生きる〈道の人〉たちを束縛する[29]」

という記述がなされている箇所もあります。

ところが、このスバー尼の語ったところには、それとは逆に男性が女性修行者の妨げとなる形で登場してきます。このことからすると、男性と女性の相互にとって、一方が他方の修行の妨げとなることを戒めていたことになります。このスバー尼の話は、女性にとっては男性も修行の妨げになるとする好例であります。

男性と女性のいずれか一方から他方を見れば、それぞれにとって修行の妨げとなると言っているだけであって、いずれか一方を悪く言っていたのではないということが分かります。

女性蔑視の悪魔をやりこめたソーマー尼

スバー尼が、男性の誘惑を退けた話であるなら、次は女性を軽視する悪魔[30]をやりこめた女性の話です。

あるとき、悪魔がソーマー尼に、

「理解し難くて、仙人たちのみが体得し得る境地は、……〔僅かな〕智慧しかない女性がそれを体得することはできない[31]」

と語りかけました。これは、当時のヒンドゥー社会における女性についての一般通念を悪魔の口を借りて語らせたものでありましょう。

これに対して、ソーマー尼は、

「心がよく安定し、智慧が現に生じているとき、正しく真理を観察する者にとって、女人であることが、どうして妨げとなろうか[32]」

と毅然として答えています。

これと同文は、『サンユッタ・ニカーヤ』にも見られます。そこでは、そっくり同じこの文章に次の一節が付加されています。

『われは女であろうか?』『われは男であろうか?』また『われは何ものなのだろうか?』と、このように迷っている人こそ、悪魔が呼びかけるのにふさわしいのです(33)」

この一節は、『雑阿含経《ぞうあごんきょう》』巻四五(34)にも漢訳されています。

このように、女性を蔑視していたヒンドゥー社会にあって、仏教教団の女性たちは、女性であることに少しの引け目も感じることなく、男性と対等に振る舞っていたことをここに見て取ることができます。

バラモンの行者を改宗させたプンニカー尼

次は、男性のバラモン行者を説得し、仏教に帰依させた女性の話です。

サーヴァッティーに給孤独長者《ぎゅうこどくちょうじゃ》と称されたスダッタ(須達多、須達)という長者(35)が住んでいました。その長者のところで一人の召使い女が働いていましたが、その召使い女にはプンニカーという娘がありました。

ある時、出家したプンニカー尼は、「水浴によって悪業《あくごう》から脱れることができる」として、寒さを我慢して沐浴しているバラモンの男性修行者に、対話でその矛盾を自覚させ、仏教に帰依させたことがありました。

そのやりとりは、次の通りです。

「バラモンよ。あなたは、だれを恐れていつも水の中に入ったのですか？　あなたは、手足が慄《ふる》えながら、ひどい寒さを感じています(36)」

これに対して、バラモンは、

「プンニカーさんよ。……そなたは、わたしが善い行ないを為《な》し、悪い行ないをとどめていることを知りながら、しかも〔そのようなことを〕質問している。老いた人でも、若い人でも、およそ悪い行ないをなすならば、かれは水浴によって悪業から脱れることができる(37)」

と答えます。そこで、プンニカー尼は、

「さて、〔もしもそうであるならば〕、蛙《かえる》も、亀も、龍も、鰐《わに》も、そのほかの水中にもぐるものどもも、すべて天界におもむく（天に生れる）ことになりましょう。また、〔もしもそうであるならば〕屠羊者も、屠豚者も、漁夫も、猟鹿者も、盗賊も、死刑執行人も、そのほか悪業をなす人々は、すべて、水浴によって悪業から脱れることになりましょう。もしもこれらの河川の流れが、そなたが以前になした悪業を運び去ってしまうのであるならば、これらの流れは、善業（功徳）をも運び去ってしまうでしょう(38)」

と、道理に照らして、その矛盾点を突きます。そして、沐浴自体を自己目的化して、沐浴をすること自体に意義を見いだしているバラモンに対して、

「バラモンよ。寒気がそなたの皮膚を害なわないようになさい[39]」

という言葉を静かに、しかもちょっぴり皮肉っぽく投げかけます。それによって、バラモンの行者は目覚めました。バラモンの行者は、

「邪まな道を踏み行くわたしを、あなたは〔正しい〕尊い道に連れて行って下さいました[40]」

と語り、

「わたしは、そのようにみごとなブッダと、真理の教えと、修行者のつどいに帰依します[41]」

と、「ブッダと、真理の教えと、修行者のつどい」、すなわち〈仏・法・僧〉の三宝[42]への帰依の決意を述べるに至っております。

画期的な女性によるバラモン行者の改宗

ここに、プンニカー尼との対話によってバラモンの行者が三宝に帰依したということがサラリと書かれていますが、これは、次節で述べる当時のヒンドゥー社会の事情を考えま

すと、重大な出来事であったことを知らなければなりません。

東大名誉教授の中村元博士に東方学院での講義の合間に、

「プンニカー尼が仏教に帰依させたバラモンは、仏典にはその性別が書かれていませんが、バラモンの行者ということから男性であると考えてよいでしょうか？」

と確認してみました。博士は、

「バラモンの行者だから当然、男性です」

と答えられました。

「男性優位で女性蔑視のヒンドゥー社会において女性が、バラモンの行者である男性を改宗させたということは、大変な出来事だったのではないでしょうか？」

「それはもう、画期的なことですよ」

と話されていました。

女性修行者たちの堂々たる姿を彷彿

このように、『テーリー・ガーター』に登場する女性たちは、完全な安らぎに達していただけでなく、女性であるということが何ら男性に劣るという理由にはならないと主張し、バラモンの男性修行者をも説得し、仏教に帰依させたりもしています。女性修行者たちの堂々たる姿が彷彿としてきます。こうした姿を見れば、ギリシア人のメガステネースが驚いたというのも納得できます。

このほかにも、サーヴァッティー市（舎衛城）の銀行家の娘・パターチャーラー尼[43]や、同市に住む長者の娘であったウッパラヴァンナー（蓮華色）尼[44]など多数の女性修行者の感動的な述懐が記録されています。

また、商業都市ヴェーサーリー（毘舎離国）[45]の遊女であったアンバパーリー（菴婆波利、菴羅女）尼[46]も有名であります。

『テーリー・ガーター』を読んでいて気付くことは、そこに登場するこうした女性たちが、一様に覚りを得たと表明していることです。パターチャーラー尼、キサー・ゴータミー尼をはじめとする多くの比丘尼たちが、阿羅漢を得たことを自ら語っております。

前にも述べましたが、阿羅漢は、サンスクリット語で「〜に値する」「ふさわしくある」を意味する動詞の語根「アルフ」（√arh）からできた名詞「アルハット」（arhat）の主格形「アルハン」（arhan）を音写したものであり、「供養に応ずることができる者」という意味であります。その意味をとって、「応供《おうぐ》」と漢訳されました。中村元博士は、「尊敬されるべき人」と訳されています。それは、「仏の十号」[47]の一つであり、ブッダの別称でありました。比丘尼たちが、ブッダの別称とされるその阿羅漢を得たと自ら語っていたわけです。

こうした点を見ましても、釈尊が男女間に本質的な差別を設けていなかったということがうかがえます。

女性に対するこのように平等な態度は、しばらく続いたのでしょう。後に成立した『アングッタラ・ニカーヤ』には、多くの仏弟子の中から出家・在家、男女の別なく、代表的な人物が選び出され、列挙されています。智慧第一のサーリプッタをはじめとする男性出家者の十大弟子のことはよく知られていますが、その在家版や、女性版も存在していたのです。(48)こうした事実からも、初期の段階の仏教においては在家と出家の間や、男女の間に差別が持ち込まれていなかったことが読み取れます。

注

(1) 中村元訳『仏弟子の告白』、岩波文庫、三〇三頁。
(2) 植木雅俊著『差別の超克――原始仏教と法華経の人間観』、講談社学術文庫、八四～八八頁。
(3) 中村元訳『尼僧の告白』、岩波文庫、一一頁。
(4) 同右、一一頁。

（5）漢訳仏典を読んでいますと、気候に関係した表現が多いことに気付きます。例えば、「熱悩」「熱悶」「心中の熱気」という言葉で心身の苦悩を表現し、それを克服した境地が「清涼」「清涼池《しょうりょうち》」「無熱池《むねっち》」などの言葉で表されています。こうした表現の実感は、真夏のインドを訪れて、実際にその熱さを体験してはじめて理解できました。それについては、植木雅俊著『人間主義者、ブッダに学ぶ――インド探訪』、学芸みらい社、一一七～一二二頁。

に詳しく述べておきました。ついでに述べますと、仏典には「彼岸《ひがん》」「此岸《しがん》」「洲《しま》」「激流」「暴流《ぼる》」「渡る」など水に関係した表現も多く見られますが、これもインドに行ってその洪水のすさまじいスケールの大きさを目の当たりにしてやっと理解できました。それも、次を参照。

同書、五八～六一頁。

（6）中村元訳『尼僧の告白』、岩波文庫、一五頁。

（7）同右、二三頁。

（8）同右、二八頁。

（9）同右、二四頁。

（10）リス・デヴィッズ夫人（Caroline Augusta Foley Rhys Davids）は、London School of Oriental and African Studies のパーリ語講師、Manchester 大学のインド哲学講師を務めました。裁判官から仏教学者に転身したリス・デヴィッズ氏の良き伴侶であったばかりでなく、パーリ語テキストの校訂、翻訳、そして著作を発表しています。

(11) Mrs. Rhys Davids, *Psalms of the Sisters*, P.T.S., London, pp. xxiiiff.

(12) M・ヴィンテルニッツ著『仏教文献』、インド文献史、第三巻、日本印度学会、八一頁。

(13) 中村元訳『尼僧の告白』、岩波文庫、三四頁。

(14) パーリ語の「コーサラ」(Kosala)、サンスクリット語の「コーシャラ」(Kośala) を音写したもの。釈尊在世中の十六大国の一つで、首都をサーヴァッティー (舎衛城) といいました。

(15) 中村元訳『尼僧の告白』、岩波文庫、一九頁。

(16) 同右、一九頁。

(17) 仏教が、「真の自己」に目覚めることをいかに重視したかについては、次を参照。
植木雅俊著『差別の超克――原始仏教と法華経の人間観』、講談社学術文庫、四六～六一頁。

植木雅俊著『今を生きるための仏教100話』、平凡社新書、五八～七九頁。

中村元著『自己の探求』、青土社。

(18) ネパールのタラーイ盆地近くにあったコーサラ国の首都。釈尊が最も長く滞在したところとして、マガダ国の首都・王舎城とともに有名です。祇園精舎があった所としても知られています。

(19) 中村元博士は、その著『原始仏教の生活倫理』(中村元選集決定版、第一七巻、春秋社、六五一頁）で、玄奘三蔵の『大唐西域記』巻二（大正新脩大蔵経、巻五一、八七七頁下）に基づいて、古代インド一般の葬儀の方法として次の三種を挙げておられます。

①火葬＝薪を積んで死体を焼く。

②水葬＝死体を流れに沈めて水に散らしてしまう。

③野葬＝死体を林に棄てて獣に食わせる。

ここでは、①と③の二つの葬法が描かれています。また、『釈氏要覧』下巻（大正新脩大蔵経、巻五四、三〇八頁下）では、この③をさらに二つに分けて、土葬、林葬としていることを紹介されています。

(20) 八聖道、あるいは八正道のこと。苦悩を滅するための八つの聖なる（正しい）実践徳目。

①正見（samyag-dṛṣṭi, 正しく見ること）

②正思（samyak-saṃkalpa, 正しく考えること）

③正語（samyag-vāc, 正しく言葉を用いること）

④正業（samyak-karmānta, 正しく振る舞うこと）

⑤正命（samyag-ājīva, 正しく生活すること）

⑥正精進（samyag-vyāyāma, 正しく努力すること）

⑦正念（samyak-smṛti, 正しく思念すること）

⑧正定（samyak-samādhi, 正しく精神統一すること）

(21) 中村元訳『尼僧の告白』、岩波文庫、四九頁。

(22) 古代インドの強大国であったマガダ国の首都・ラージャガハ（Rāja-gaha）のこと。「ラージャ」が「王」、「ガハ」が家（舎）を意味するので、「王舎城」と漢訳されました。釈尊在世当時は、マガダ国最大の都として、文化的にも経済的にも繁栄していました。サーヴァッティー（舎衛城）とともに、釈尊の活動の中心となった所であり、竹林精舎や、霊鷲山もこの地にありました。仏教に帰依していたビンビサーラと、その子アジャータサットゥ（阿闍世）はこの国の王と、王子でありました。

(23) マハー・パジャーパティー（Mahāpajāpatī）は、音写して「摩訶波闍波提」と書かれます。釈尊の「姨母《いも》」（母の姉妹、すなわち叔母）であり、また釈尊の養育者（義母、あるいは継母）でもあったと多くの漢訳仏典には記されています。彼女は、最初に尼僧となった人です。

(24) 王舎城に住んでいた小児科医の名前。ビンビサーラ王と遊女・アンバパーリーとの間に生まれた子どもとも伝えられています。西北インドのタクシャシラーに留学して医学を学んだ名医として有名であるだけでなく、仏教への帰依も厚く、アジャータサットゥ王子が父・ビンビサーラ王を殺し、悔恨の思いに悩んでいるときに諭して仏教に帰依させたとも言われています。「耆婆《ぎば》」は、パーリ語の「ジーヴァカ」（Jīvaka）を音写したものですが、jī の音が「耆《ぎ》」に音写されたのは、インドでは、地域によって j の音を g あるいは gy と発音するからです。一九九五年十一月に東方学院の中村元博士を訪ねてみえたインドのプーナ（Poona）大学のサンスクリット語の権威者であるV・N・ジャー（Jhā）博士の話をうかがう機会がありました。博士に「識」（ヴィジュニャーナ、vijñāna）について質問すると、「ヴィギュニャーナ」と発音しながら答えてくださいました。また、「祇園精舎」(Jetavana-vihāra)は、「ジェータ(Jeta)太子の園林(vana)に建てられた精舎(vihāra)」のことです。正確には「祇陀園林精舎」と書くべきところですが、省略されて「祇園精舎」と呼ばれています。この「祇陀《ぎだ》」というのは「ジェータ」を音写したものですが、この場合もjの音がgとなっています。

(25) 中村元訳『尼僧の告白』、岩波文庫、七五頁。

(26) 同右、七七頁。

(27) 同右、七八頁。

(28) 同右、七九頁。

(29) 同右、六四頁。

(30) 『スッタニパータ』(『ブッダのことば』)、岩波文庫、八九頁)において、魔の十の軍勢として①欲望、②嫌悪、③飢渇、④愛執、⑤ものうさと睡眠、⑥恐怖、⑦疑惑、⑧みせかけと強情、⑨誤って得られた利得と名声と尊敬と名誉、⑩自己を誉め称えて他人を軽蔑すること――を挙げているように、悪魔とは心の中に住む煩悩の働きだとされていました。だから、「心の乱れを感ずるときには、『魔の仲間』であると思って、これを除き去れ」(同、二〇七頁)とも述べております。

(31) 中村元訳『尼僧の告白』、岩波文庫、二〇頁。

(32) 同右、二一頁。

(33) 中村元訳『ブッダ　悪魔との対話』、岩波文庫、六八頁。
(34) 大正新脩大蔵経、巻二、三二六頁上～中。
(35) サーヴァッティー(舎衛城)に住んでいた長者のこと。スダッタ(Sudatta)を音写して「須達」とも「須達多」とも書かれます。貧しい人や孤独な人々に食べ物を給していたことから「給孤独長者」(アナータピンディカ)と呼ばれていました。ジェータ太子の園林(祇園)を買い取って祇園精舎を建立・寄進したことで有名です。東方学院で中村元博士に『大唐西域記』を講義していただいたとき、ちょうど「逝多林」(大正新脩大蔵経、巻五一、八九九頁中)という言葉が出てきました。これも、「ジェータヴァナ」、すなわち「祇園」のことです。博士は、「祇園精舎のあった所は、大変にいい所です。空気も乾燥していて、樹木も密ならず疎ならずで、大変に美しい。ここを釈尊が大変に愛されていたというのもよく分かります」「それが日本に来ると、祇園の意味も変わってしまいました」と笑いながら話されていました。
(36) 中村元訳『尼僧の告白』、岩波文庫、五四頁。
(37) 同右、五四頁。
(38) 同右、五四頁。
(39) 同右、五五頁。
(40) 同右、五五頁。
(41) 同右、五六頁。

（42）覚りを開いた人である仏（buddha）と、その教え（法、dharma）と、それを信奉する人々の集まり（僧、saṃgha）の三つを宝に譬えたものです。この三つが仏教の重要な構成要素であり、これらの三宝に帰依することが、仏教徒としての基本的な要件といえます。

（43）中村元訳『尼僧の告白』、岩波文庫、三三頁、四一頁。

（44）同右、五一頁。

ウッパラヴァンナー（Uppala-vaṇṇā）は、「ウッパラ」（uppala、青睡蓮）を音写し「ヴァンナー」（vaṇṇā、色）を意訳して「優鉢羅色」と漢訳されたり、全部意訳して「蓮華色」などと呼ばれています。

（45）釈尊在世当時の十六大国の一つ。Vesālī を音写して「毘舎離」と書かれました。中インドに位置し、リッチャヴィー族が住んでいました。『マハーパリニッバーナ・スッタンタ』（邦訳『ブッダ最後の旅』、中村元訳、五四頁）によりますと、このリッチャヴィー族の人々の皮膚の色は種々であったと書かれています。このことからしますと、ヴェーサーリー市が商業都市であったため種々の系統の人種が混在していたであろうと思われます。

（46）サンスクリット語で「アームラパーリー」（āmrapālī）、パーリ語で「アンバパーリー」（ambapālī）といい、それぞれを音写して「菴摩羅婆利」「菴羅婆利」「菴羅女」「菴婆波利」などと書かれます。「アームラ」（アンバ）とは、果物のマンゴーのことで、彼女が生まれてすぐにヴェーサーリー城外のマンゴー林に捨てられていたので、この名を得たと言われています。美貌の故に遊女となり、その子のコンダンニャによって出家し、尼となったと言われます。マガダ国の王・ビンビサーラとの間に生まれたのがジーヴァカ（耆婆）であると言われていますが、異説もあります。釈尊に精舎を寄進したとされていますが、中村博士は、サンスクリット本・チベット本・有部本に、その話が見られないので後世の創作・付加であって、「土地所有の欲望を起こした僧侶たちの考えたこと」と推測されています。詳細は、『ブッダ最後の旅』（中村元訳）の五四頁以下、ならびにその注釈、あるいは『仏弟子の生涯』（中村元選集決定版、第一三巻、春秋社）の四九五頁以下に詳しく論じられています。

(47)「仏十号」とも「如来十号」とも言います。仏を指す十種の呼び名のことで、仏の特徴を示す名前でもあります。詳細は、本書第二部第三章の「成仏とは人格完成のこと」の項を参照。

(48) その具体的な内容については、植木雅俊著『差別の超克——原始仏教と法華経の人間観』、講談社学術文庫、一一〇～一一五頁を参照。

第四章　ヒンドゥー社会の偏った女性観

これまで見てきたように、釈尊をはじめ、原始仏教教団では女性を差別する要素は全く見られませんでした。ところが、仏教教団以外のインドの社会に目を向けますと、教団を取り囲む社会はヒンドゥー教（バラモン教）が支配的でありました。当然のように、その影響を無視することはできません。

『リグ・ヴェーダ』の女性観

紀元前一五〇〇年ごろ、インドに侵入し始めたアーリア人たちは、バラモン教を形成するに至りましたが、さらにインド原住民たちの土着的な神々を融合的に取り入れていきました。こうして形成されたのがヒンドゥー教になります。

釈尊の滅後、時の経過とともにヒンドゥー教的な女性観は、仏教教団の中にも忍び込み始めました。後世の仏教の女性観を考える上では、ここで、どうしてもこのヒンドゥー教の女性観を考察しておかなければなりません。

まず、インド最古の文献で、紀元前一二〇〇年から一〇〇〇年ごろに作成され、紀元前一〇〇〇年から同八〇〇年ごろに現在の形にまとめられた『リグ・ヴェーダ』[1]の中で女性について表現したところを見てみましょう。

「まさにインドラ神でさえこう言った――女人の心は正し難いものである。しかも、〔その〕知性は実に軽薄である」（Ⅷ・三三・一七）

「実に女たちの友情はあり得ない。女たち〔の心〕はハイエナの心である」（Ⅹ・九五・一五）

「女は高価な装飾品に弱い」（Ⅹ・二七・一一、一二）

といった表現が見られます。

『マハーバーラタ』の女性観

次に、紀元前十世紀ころ北インドで起こった部族間の争いを背景としている物語で、紀元三世紀から四世紀ごろに成立した『マハーバーラタ』ではどうでしょうか。

「女とサイコロ（賭けごと）と睡眠は破滅に関わりがある」

「女は本質的に邪悪で、精神的に汚れ、女がいるだけで周りが汚れ、解脱の邪魔になる」

「女は自制することができず、祭祀のうえで不浄である」

「内心は意地悪で、思慮分別に乏しい」

「女は虫も殺さないような顔をしているが、その心では情欲の炎が燃え盛っている」

「女は嘘《うそ》の権化《ごんげ》であるから、女の涙と抗議は取るに足りない」

「(女は)夫に不貞になるとか、家族の者たちに不実になるとかということについて良心の呵責《かしゃく》がない」

「女はあらゆるものを食いつくす呪いである」

といった言葉が並んでいます(2)。

『マヌ法典』の女性観

次に、『マヌ法典』(3)を見てみましょう。これは、紀元前二世紀ごろ成立した法律書であります。二千年前につくられたこの法典が、現在のインドでもそのまま用いられており、法律系の大学では今でもテキストとして使われているといいますから驚きです。
そこには、
「この世において、男たちを堕落させることが女たちのこの本性である」(二・二一三)
「まさに女たちは、世間において愚者ばかりか賢者までをも、愛欲と怒りの力に従わせ、

悪しき道に導くことができるのである」（二・二一四）

「この世において、〔夫たちが、女たちを〕あらゆる努力をもって守っても、生来の男を追いかけ回す心、移り気、薄情さから、彼女らは夫たちを裏切るのである」（九・一五）

「プラジャーパティ[4]の創造によって産み出されたこれらの女たちのこのような本性を知って、男は〔女たちの〕保護に向けて最善の努力を開始すべきである」（九・一六）

となっています。

本質的に「不浄」「邪悪」「軽薄」「淫ら」

このように、インドの文学書、法律書に一貫している女性観は「不浄」「邪悪」「軽薄」「淫ら」ということです。

これらの言葉を眺めてきますと、第一部第一章に引用した「法華経より外の一切経」の女性蔑視の言葉と極めて似ていることに気がつきます。そこに引用しておいた女性蔑視の言葉は、実はヒンドゥー社会の女性観を反映したものだったわけです。

もう少しヒンドゥー社会の女性観を概観してみましょう。

『マヌ法典』では、ヒンドゥー社会の女性観を法律的に規定しておりますが、そこには、「幼くても、若くても、年老いていても、女は独立して何も行なってはならない。家の

中でなされるべきこと（家事）でさえもである」（五・一四七）

と規定しています。

こうした考えから、「子どもの時には父親に従い、嫁しては夫に従い、夫の死後は子に従う」という「三従」の考えが出てきております。

「子どもの時は父親の、若い時は夫の、夫が死んでからは息子たちの支配下にあるべきであって、女は、独立（自由）を享受すべきではない」（五・一四八）

「〔女は〕幼いときには父が守り、若いときには夫が守り、老いたときには息子たちが守る。女は、独立に値しないのである」（九・三）

という『マヌ法典』の一節が、それであります。

女は出産の手段

このように厳しい評価がなされているのを見ておりますと、女性の存在意義は一体どのようなところにあったのだろうかという疑問が出てきます。それは、結婚して男の子を産むという一点にありました。

『マヌ法典』では、女性を、

「夫が妻と交わり、〔妻の中に入って、〕胎児となってこの世に生まれる。その〔妻の〕

中において〔夫が〕再び生まれる（jāyate）ということ、それが実に、産むもの（jāyā）、すなわち妻の妻たるゆえんというものである」（九・八）

「女は出産のために、男は家系を絶やさないために創造された」（九・九六）

と規定しています。

その出産においても、

「女は畑であると言われている。男は種子であると言われている。一切の身体を持つもの〔すなわち生き物〕の出生は、畑と種子の結合の結果としてあるのだ」

「また、種子と母胎のうちでは、まさに種子のほうが秀でていると言われている。実にあらゆる生き物の子孫は、種子の特徴によって特徴づけられているのである」

と、女性の役割は畑としての母胎の提供のみで、生まれてくる子どもの特徴は男性のみによって決定づけられるとしています。現代科学の言い方をすれば、生まれてくる子どもは男性の遺伝子だけで決まって、女性の遺伝子は関係ないという強引さです。

こうした考えは、『ナーラダ法典』(5) にもそっくりそのまま引き継がれていて、

「女は子どもを産むために創造された。従って、妻は畑であり、夫は種子をまく者である。畑は、種子を持つ者に授けられなければならない」（一二・一九）

という記述もなされています。

出産における父母の立場は文法にも反映

サンスクリット語で子どもの出生を表現するとき、父親を示すのには「〜から」という出所・起源を意味する「奪格」(ablative)を用いますが、母親を示すのには「〜で」「〜において」という場所を示す「処格」(locative)を用います。[6] 子どもを産むに当たっては、父親の方が主で、母親はそのための場所(畑)にしかすぎないという考えがここには見られます。

例えば、サンスクリット語の文法書には、

jātaḥ putro Daśarathāt Kaikeyyām[7]

「ダシャラタを父として、カイケーイーを母として男の子が生まれた」

śūdrāyāṃ brāhmaṇāj jātaḥ[8]

「〔男の子が〕シュードラの女を母に、バラモンを父に生まれた」

などの例文が挙げてあります。日本語訳だけを見ると、父親と母親の位置づけの違いは分かりませんが、サンスクリット語の文章では奪格と処格の使い分けが明確です。

例文の前者においては、Kaikeyyām が女性名詞カイケーイー(Kaikeyī)の単数・処格で、Daśarathāt は男性名詞ダシャラタ(Daśaratha)の単数・奪格となっています。また後者においては、śūdrāyāṃ が「シュードラの女」を意味する女性名詞 śūdrā の単数・処格で、brāhmaṇāj（<brāhmaṇāt）は「バラモン」を意味する男性名詞 brāhmaṇa の単数・奪格です。

『テーラ・ガーター』にも、ヴィマラコンダンニャ長老の言葉として次のような類似の文章が見られます。

Dumavhayāya uppanno jāto paṇḍaraketunā... //64//(9)

「私は、〔アンバの〕木の名で呼ばれる女性〔、すなわちアンバパーリーという遊女〕を母として生まれ、白い旗〔をしるしとする王、すなわちビンビサーラ〕を父として生まれた」

ここにおいて Dumavhayāya は、Dumavhayā（木の名で呼ばれる）という形容詞の女性・単数・処格で母親を示し、paṇḍaraketunā は paṇḍaraketu（白い旗）という男性名詞の単数・奪格で、父親を示しています。

子どもを産むということにおいては、父親のほうが主で、母親は従でしかなく、そのための場所（畑）にしかすぎないという考えがここには見られます。このような文法的規則も、『マヌ法典』や『ナーラダ法典』によって規定されたヒンドゥー社会における女性観に基づいて決められたのではないでしょうか。

男児を産んでやっと一人前

こうした女性観は、ヒンドゥー教の先祖供養の在り方に関係しています。ヒンドゥー教では、祖先に対する宗教的義務である祖先供養を重視しております。その祭祀を執り行なうのは、長男でなければなりません。家長が亡くなって、先祖供養を継承する男子がいなくなることは大変に不吉なこととして、恐れられています。その祖先供養を断絶させないために、女性は一日でも早く、一人でも多くの男の子を産んで、亡き先祖や、親、兄弟たちを安心させなければなりませんでした。

ここに、長男が重視されることになり、女性の役割は男の子どもを産むということで位置づけられました。結婚して男の子を産んではじめて一人前として扱われるわけです。だから、結婚しない女性は、軽んじられていました。その違いを森本達雄氏は「女は弱し、されど母は強し(10)」と表現されています。

「娘は厄介者、息子は最高天の光」

古代インドの祭式を説明したブラーフマナ文献の一つである『アイタレーヤ・ブラーフマナ』で、

「家畜は結婚資金、妻は友、娘は厄介者《やっかいもの》、息子は最高天の光である」

と言われているのも、こうした考えを如実に物語っています。

『サンユッタ・ニカーヤ』によりますと、パセーナディ（波斯匿）王[11]の夫人、マッリカー（末利迦）が女の子を出産したとき、王はそれを喜びませんでした。それは、女子よりも男子の誕生を喜ぶというヒンドゥー社会的な背景があってのことでありましょう。

そのとき釈尊は、王に対して、

「人々の王よ、女人といえども、或《あ》る人は、実に男よりもすぐれている。聡明にして、戒しめをたもち、姑《しゅうとめ》を敬い、夫に忠実である。彼女の産んだ男子は、健き人となり、地上の主となる。かくのごとき〈良き妻の子〉は、国家をも教え導くのである[12]」

と説き聞かせました。

多くの悲劇招いた女性蔑視の思想

このような女性観を特徴とするヒンドゥー社会において、カースト制度が時代とともに強固になるにつれて、女性の自由は全く失われていきました。特に十八、十九世紀には多くの悲劇が繰り返されました。幼女殺しもその一つでした。女性に対する制約が厳しくなって、「娘の出生は前世に犯した罪の応報」とまで言われるようになりました。

その結果、生まれたばかりの女の子を密かに始末してしまう幼女殺しが増加しました。

十八世紀の記録には、ある村には、ほとんど女の子がいなかったとまで報告されているほどです。

こうした傾向は、今でもインドの一部地域に残っていて、ある医院の前に「現在の五〇〇ルピー（約千円）にしますか、それとも将来の五万ルピー（一〇万円）にしますか？」という看板がかかっているそうです。現代医学では、胎内にいる時に男か女か性別が分かる。女と分かったら、中絶費用が五〇〇ルピーだが、産んで育てると結婚する時の持参金が五万ルピーかかる。どちらを選ぶかという看板なのだ。持参金が少なくて、焼き殺される事件も起きている。

結婚とは、父親が娘を花婿に与えること

『マヌ法典』には、

「……結婚において〔父親が、夫となるものに娘を〕与えることが、〔夫の妻に対する〕所有権発生の原因となる」（五・一五二）

とあり、結婚は、父親が娘を花嫁として花婿に「与える」（√dā-、あるいはpra-√dā-）ことであって、いわば娘に対する父親の支配や、所有権を花婿の手に移行することを意味しています。『マヌ法典』の三・二八条から三・三〇条まで、その娘の与え方が規定されております。インドでは今日に至るまで、女性たちは自分の結婚相手を自らの意志で選ぶことは許されず、父親がすべてを取り決めます。「ダー」（√dā）や「プラダー」（pra-√dā）という動詞は、日本語の「嫁にやる」というニュアンスではありません。父親の側からは、「与える」という表現がなされていますが、夫となる者の側からは、「妻をめとる」ことは、「連れてくる」（ā-√nī）という表現が用いられていました。[13]

『テーリー・ガーター』には、何度嫁にいってもその度ごとに夫に嫌われたイシダーシー尼が、出家前のその体験を語る場面が出てきます。その中に、「父は、わたしをその人の嫁（子の妻）として与えました」[14]とあります。この中の「与えました」は、動詞√dāの第三類アオリスト（無限定過去）であるadāsiが用いられています。これも、『マヌ法典』に規定された考えと共通するものです。

このような結婚の在り方に娘たちが疑いをもったり、間違いを起こしたりすることを恐れて、父親たちは早めに結婚させてしまうようになりました。これが幼児婚を生み出す要因となったわけです。

寡婦に強要された焚死

またインドでは、夫に先立たれた妻が殉死することを美徳としておりました。これは、ヒンドゥー教徒の古い慣習であったようで、ローマ時代のギリシア人歴史家・地誌家のストラボーン（前六四または六三〜後二三年）は、その真実性に疑問を抱きつつも、「〔インドでは〕妻は、夫が死ぬと自ら焚死してしまう」と書き記しています。[15]

紀元前四〇〇年ごろに生まれ、紀元後四〇〇年ごろ現在の形として成立したとされる『マハーバーラタ』は、バーラタ族の流れをくむカウラヴァ（クル）家とパーンダヴァ（パーンドゥ）家の領土をめぐる壮絶な戦いを描いたものですが、戦いが終わり、クリシュナが死んだ後に、

「するとその時、〔クリシュナの〕妃であるルクミニー、ガーンダーリー、シャイビヤー、ヒマヴァティーも、そしてジャーンバヴァティーも、火の中に入った」[16]

といった描写がなされています。

こうして死んでいった妻たちは、「サティー」（satī）と呼ばれました。satī は、「正しい」「有徳の」を意味する現在分詞 sat の女性形で、「貞淑な妻」「貞節な妻」「貞女」と訳されます。これは、あまりにも美化された言葉ですが、サティーという習慣・制度の内実を考慮すれば、「寡婦《かふ》焚死《ふんし》」と訳すべきでありましょう。

こうした慣習は、厳しい社会の掟《おきて》として寡婦たちに強要され、一族は、未亡人となった妻に醜態をさらすことなく殉死させるために、麻薬である阿片《あへん》を飲ませて夢遊状態にして炎の中に突き落とすこともあったといいます。(17) 殉死しないまでも、婚姻の首飾りをはずし、額に色粉の印も付けず、白いサリーを着て、ひたすら清楚に隠遁の生活を死ぬまで続けなければなりませんでした。

強姦、女性殺害も準大罪

『マヌ法典』には、次のような条文もあります。

「穀物と〔金銀以外の〕非貴金属と家畜を盗むこと、酒を飲む女を強姦すること、また女・シュードラ・ヴァイシャ・クシャトリヤを殺害すること、そして不信仰は準大罪(ウパパータカ)である」(一一・六五)(18)

この文章の主語は、次の三つからなっています。

①「穀物と〔金銀以外の〕非貴金属と家畜を盗むこと、酒を飲む女を強姦すること」(dhānya-kupya-paśu-steya-madyapa-strī-niṣevaṇam)

②「女・シュードラ・ヴァイシャ・クシャトリヤを殺害すること」(strī-śūdra-viṭ-kṣatra-vadho)

③「不信仰」(nāstikyaṃ)

①が盗みや性犯罪に、②が殺害に、③が信仰に関するものです。大きくこれらの三つに分けて、類似のものを一つの複合語としてまとめたように見受けられます。

これによると、「酒を飲む女を強姦すること」は、穀物や非貴金属、家畜を盗むことぐらいにしか見なされていなかったことが分かります。②の殺害の場合の列挙の仕方は、罪の軽いものから重いものへと順に並べられていて、女性の殺害はその冒頭に置かれていますので、最も軽い罪と見なされていたようです。

「バラモン殺し」の罪が最も重い「大罪」(mahāpātaka)であり、これを犯した者は、森に小屋を建てて住み、乞食によって命をつながねばなりません。犬、もしくは驢馬《ろば》の毛皮を身にまとい、人間の頭蓋骨を水飲み用に携帯し、寝台の足を杖代わりに持ち、罪と名前を告白して、「どなた様か、バラモン殺しの私にお恵みを」と言って乞食しなければならないのです。しかも、死ぬまでこのような贖罪の生活を強いられ、生涯、社会復帰は認められません[19]。

「バラモン殺し」の大罪に比べると、②に挙げられた殺害は、皆「準大罪」(upapātaka)で、罪は軽くなっています。けれども、それぞれの間でさらに罪の軽重が認められます。例えば、「クシャトリヤ殺し」を犯した者は、牡牛一頭と牝牛千頭をバラモンに与え、さらに上記の「バラモン殺し」の贖罪を三年間実行しなければなりません。「ヴァイシャ殺し」は、牡牛一頭と牝牛百頭と、「バラモン殺し」の贖罪を一年間実行、「シュードラ殺し」は、牡牛一頭と白い牝牛十頭と、「バラモン殺し」の贖罪を半年間実行——と順次軽くなっていきます[20]。

クシャトリヤ、ヴァイシャ、シュードラの前に挙げられた「女殺し」についての贖罪についての記述は、『マヌ法典』には見られませんが、「シュードラ殺し」よりも軽かったと想像されます。

岩本裕博士は、上記の『マヌ法典』の一節を、

「女を殺すことは、穀物や家畜を盗んだり、酔っぱらった女を強姦したりするのと同じく、微罪 upapātaka である[21]」

と訳されていますが、これは①と②の区別を無視して、同列に扱った強引な訳です。殺人の場合で既に述べたように、同じウパパータカであっても罪に軽重の差が設けられていました。①の盗みや性犯罪と、②の殺人の間にも罪の軽重に差が設けられているのであって、「女を殺すこと」と「穀物や家畜を盗んだり、酔っぱらった女を強姦したりする」こととは同列に論ずるべきではありません[22]。

『マヌ法典』において、これほどまでに女性を軽視する規定がなされていたことからす

れば、これまで概観してきた女性軽視というものは、ごく日常的に行なわれていたのでありましょう。

幼女殺しについては、一八〇二年に禁止令が出され、その後も罰則が強化されています。一八八二年には、サティーの禁止令も出されました。しかし、いまだにこの悪習は後を絶たず、こうした事件が新聞などで報じられています[23]。

以上、大まかにヒンドゥー社会における女性観を見てきました。仏教における女性観を考察するに当たっては、こうした女性観が、仏教教団を取り巻く社会に同時進行として根強くあったことを忘れてはなりません。

注

（1）Vishva Bandhu (ed.), *Ṛgveda*, Part V, Vishveshvaranand Vedic Research Institute. からの筆者の訳を以下に挙げます。

（2）『マハーバーラタ』に描写された女性蔑視の言葉は、
B. Walker, *Hindu World*, vol. II, George Allen and Unwin Ltd., London, pp. 603-604. に論じられています。また、『マハーバーラタ』などにおける女性についての描写は、
J. J. Meyer, *Sexual Life in Ancient India*, Motilal Banarsidass, Delhi.

に詳細に語られています。

(3) Jayantakrishna Harikrishna Dave (ed.), *Manu-smṛti*, Bharatiya Vidya Bhavan. からの筆者の訳を以下に挙げます。

(4) バラモン教、およびヒンドゥー教における世界創造神のこと。

(5) 『ナーラダ法典』は、『マヌ法典』以後、『ヤージュニャヴァルキヤ法典』に続いて成立した古典ヒンドゥー法典の一つです。

(6) 岩本裕著『サンスクリット文法』、山喜房仏書林、一八〇頁。

(7) 同上、一八〇頁。

(8) 辻直四郎著『サンスクリット文法』、岩波書店、二八三頁。

(9) *Thera-gāthā*, P.T.S., London, p. 10, l. 10.

(10) 森本達雄著『ヒンドゥー教――インドの聖と俗』、中公新書、二〇二頁。

(11) 釈尊の時代のコーサラ国の王で、舎衛城に都を置いた。

(12) 中村元訳『ブッダ　神々との対話』、岩波文庫、一八八頁。

(13) *Thera-gāthā*, P.T.S., London, p. 11, l. 15.

(14) 中村元訳『尼僧の告白』、岩波文庫、八二頁。

(15) Strabon, *Geography*, XV, 30. 中村元著『インド史Ⅱ』、中村元選集決定版、第六巻、春秋社、一六頁参照。

(16) R. N. Dandekar, *Mahābhārata*, vol. IV, Bhandarkar Oriental Research Institute, Poona, p.

2911.

(17) 辛島昇・奈良康明共著『インドの顔』、生活の世界歴史5、河出書房新社、三六九頁。

(18) この『マヌ法典』の一節は、岩本裕著『仏教と女性』（第三文明社、一三頁）では、条文の番号が「一〇・六七」となっていますが、渡瀬信之訳『マヌ法典』（中公文庫、中央公論社）でも、田辺繁子訳『マヌの法典』（岩波文庫、岩波書店）でも「一一・六七」となっています。ただし、筆者が参考にした上記のサンスクリット原典では、「一一・六五」となっていました。

(19) 渡瀬信之訳『マヌ法典——ヒンドゥー教世界の原型』、中公新書、一七三～一七四頁。

(20) 同上、一七七～一七八頁。

(21) 岩本裕著『仏教と女性』、第三文明社、一三頁。

(22) 岩本裕博士による訳の問題点は、筆者の博士論文の審査段階でお茶の水女子大学の頼住光子博士から疑問を提示されたことで気付くことができました。頼住博士の疑問は、「女を殺すことと、穀物や家畜を盗むことが同列に扱われているのは極端すぎませんか？」ということで、筆者はサンスクリットの原文を検討し直した結果、同じ準大罪でも三つのグループに分けられていることに気付くことができました。

(23) 落合淳隆著『現代インド問題要論』、教文堂出版部、三九三頁。

第五章　小乗仏教の差別的女性観

釈尊の滅後に始まった権威主義化

初期の仏教教団を取り囲む社会は、相変わらずのヒンドゥー的（バラモン教的）社会でありました。釈尊が、ダルマ（法）に基づいて男女の平等を説いていたといっても、それが実現されていたのは、厳密には教団内に限ってのことでありました。教団の外では、前章で述べたヒンドゥー的女性観が根強く横行しておりました。

また、男性出家者の教団内を見ても、釈尊が生存していた当時のある時期には、約千二百五十人の男性出家者がいたとされていますが、その構成はバラモン出身者が五〇％以上を占めておりました(1)。こうした傾向は、その後もそれほど変わることはなかったでありましょう。

岩本裕博士は、このように男性出家者の教団内でバラモン出身者が高い占有率を占めていたということから、「仏教における女性観の根底に、あるいはその背景にバラモン教なりヒンドゥー教における『性』の問題のあることは見逃すことはできない(2)」と述べておられます。

そうしたヒンドゥー社会の女性観が、次第に仏教教団にも影響を及ぼすことは自然な成り行きでありましょう。それは、釈尊の滅後、特に部派仏教、その中でも小乗仏教と貶《へん》称《しょう》された教団の時代に顕著になってきます。

釈尊の滅後、仏教の教団には徐々にとはいえ、変化の兆しが現れました。その一つが、在家に対する出家の優位の強調でした。セイロン上座部が伝えた『スッタニパータ』は最古の経典と言われ、詩の部分はアショーカ王（在位、前二六八～前二三二年）[3]以前、すなわち部派分裂以前にまとめられたものです。そこに既に在家を低く見る出家優位の考えの萌芽が見られます。

在家者も「智慧を具えた聖なる弟子」

『スッタニパータ』におけるその変化のあらましをたどってみると、詩の中でも古いものには、

「目覚めた人（仏陀）を誇り、あるいはその〔仏陀の〕遍歴行者や在家の弟子（sāvaka, 仏弟子）を誇る人、その人を賤しい人であると知りなさい[4]」

といった釈尊の言葉が見られます。ここでは、「遍歴行者」（paribbājaka[5]）という言葉で

示された出家者と、「家にいる人」（gahaṭṭha）という言葉で示された在家者が、ともに等しく「〔ブッダの〕教え（声）を聞く人」（sāvaka）、すなわち「仏弟子」と見なされていることが注目されます。サーヴァカ（sāvaka）は、「聞く」という意味の動詞「ス」（√su）に行為者名詞を作る接尾辞 -aka を付けたもので、「声を聞く人」を意味します。すなわち、「仏の教えを聞く人」のことであり、「声聞《しょうもん》」と漢訳されました。それは、「仏弟子」というほどの意味として用いられていて、この一節が示すように、本来は在家と出家をともに含む言葉でした。ところが、部派仏教の時代になると、出家者たちは「仏弟子」（sāvaka, sāvikā）から在家者や女性たちを排除してしまいます。大乗仏教徒が「小乗」と呼び、「声聞」と称して批判していたのは、まさにそのような段階の男性出家者たちのことでありました。

在家者を意味する gahaṭṭha という語は、第九〇偈にも見られます。その直前の第八九偈において、釈尊はまず、ずうずうしくて、傲慢《ごうまん》で、しかも偽りをたくらみ、自制心がなく、おしゃべりでありながら、いかにも誓戒を守っているかのごとく、真面目そうに振舞う出家修行者のことを「道を汚す者」と述べた上で、第九〇偈において、「智慧を具《そな》えた聖なる弟子（gahaṭṭho... ariyasāvako sapañño）である在家者（gahaṭṭha）は、彼ら（道を汚す出家者）のことを洞察していて、『彼らは、すべてそのようなものだ』

と知っているので、以上のように見ても、その人の信仰がなくなることはないのだ」[6]と論じています。ここにおいても、釈尊は在家者を示すのにgahaṭṭhaという語を用いています。しかも、「道を汚す」出家者の言動を見ても少しも紛動されることなく、信仰を見失うこともない在家者のことを、智慧を具えた「聖なる弟子」（ariya-sāvaka）と言っていることに注目すべきです。この表現に在家者を軽んずる姿勢は全く感じられません。

『スッタニパータ』では、このほか第四八七偈にも在家者を指すのにgahaṭṭhaという語が用いられています。gahaṭṭhaは、「家」を意味するgahaと、「居る」「在る」を意味する形容詞ṭhaとの複合語で、文字通りに「家に居る人」を意味しています。

「在家者」「出家者」の表現法の変化

ところが『スッタニパータ』の他の偈《げ》で、出家者を指すのにbhikkhu（食べ物を乞う人）という語がしばしば用いられています。それに対して、在家者を指すのにupāsaka（優婆塞《うばそく》と音写）という語の使用は、『スッタニパータ』では「ダンミカ経」の第三七六偈と、第三八四偈の二カ所に限られています。

その第三七六偈は、

「教えを聞く人は、家から出て家のない状態になる人であれ、在家の優婆塞であれ、どのように行なうのがよいのでしょうか?」(7)

となっています。ここでは、仏弟子を意味する「教えを聞く人」(sāvaka) という語が、在家を排除して出家のみに限定されるまでには至っていませんが、在家のことを「優婆塞」(upāsaka) という語で示すに至っています。

第三八四偈は、

「これらのすべての比丘たちや、優婆塞たちは、まさにこのように〔ブッダの教えを〕聞くために共々に坐っている……」(8)

と表現されています。ここでは、出家者を指す言葉として「遍歴行者」(paribbājа) ではなく「比丘」(bhikkhu) が用いられ、さらには在家者を指す言葉が「家に居る人」(gahaṭṭha) から「優婆塞」(upāsaka) に変わっています。ここに在家者と出家者との関係の若干の変化が見られます。ただし、この二つの偈は、釈尊の口によって語られたものではなく、在家の男性信者であるダンミカが諳《そら》んじたものであるということを考慮しなければならないでしょう。

以上のように見てくると、最も古く編纂されたといわれる『スッタニパータ』において、在家者と出家者を表現するのに、何段階かの変化を経ていることに気づきます。最も古い表現は、出家者を「遍歴行者」（paribbājа）や「仙人」（isi）、在家者を「家に居る人」（gahaṭṭha）と呼んでいました。ところが、出家者についての表現が先に変化し、「食べ物を乞う人」（bhikkhu）が用いられるようになりました。ところが、在家者についての表現は、『スッタニパータ』に限って見れば、「家に居る人」（gahaṭṭha）が用いられていて、釈尊が「そばに仕える人」（upāsaka）を使った形跡は全く見られません。それが用いられているのは、ダンミカという在家者が自分たちのことを指して用いた二カ所だけです。

ということは、『スッタニパータ』成立の段階では、まだ出家者の側で「優婆塞」（upāsaka）という語を用いていなかった可能性が高いといえます。ただ、在家の信者が仏教以外、すなわちバラモン教における伝統的な呼び方にならって用いたということは確実です。けれども、『スッタニパータ』も含めて経典を編纂したのは出家者でありますから、在家者にそれを言わせる形をとった、あるいは言わせることを容認したとも考えられます。

「食べ物を乞う人」対「そばに仕える人」

比丘は、bhikkhu を音写したものであり、「食べ物を乞う人」を意味します。優婆塞は、「そばに坐る」という意味の動詞ウパアース（upa-√ās）に行為者名詞を作る接尾辞 -aka を付けたウパーサカ（upāsaka）の音写語で、「そばに仕える人」という意味です。だれに仕えるのかといえば、比丘に対してです。後世には、男性出家者を「食べ物を乞う男」(bhikkhu, 比丘)で、男性在家者を「そばに仕える男」(upāsaka, 優婆塞)で表し、さらにそれぞれの女性形である「食べ物を乞う女」(bhikkhunī, 比丘尼)、「そばに仕える女」(upāsikā, 優婆夷《うばい》)を加えて、「四衆」といい、それが仏教徒の総称とされるに至ります。

これらの言葉は、もともと仏教徒が用いていたものではなく、バラモン教などの諸宗教で用いられていたものでした。(9) 仏教の初期段階では、男女の別なく出家も、在家もともに「仏の教えを聞く人」、すなわち「仏弟子」という関係でありましたが、次第に「食べ物を乞う人」と「そばに仕える人」という意味が加味され始めています。この『スッタニパータ』の「ダンミカ経」の段階では、そこまでには至っていませんが、既に僧俗の分裂と、優劣を規定する前兆がここにうかがわれるといえるでしょう。

『アングッタラ・ニカーヤ』(10) には、多数の仏弟子の中から重要な人物を四衆ごとに列挙した箇所があります。それらの人たちの名前の前には、

「わが男性の弟子(sāvaka)にして比丘(bhikkhu)なる者たち」
「わが女性の弟子(sāvikā)にして比丘尼(bhikkhunī)なる者たち」
「わが男性の弟子(sāvaka)にして優婆塞(upāsaka)なる者たち」
「わが女性の弟子(sāvikā)にして優婆夷(upāsikā)なる者たち」

という前置きがあります。出家者と在家者を示す言葉が、比丘・比丘尼・優婆塞・優婆夷、すなわち「食べ物を乞う男女」「そば近く仕える男女」という言い方に変わってはいるものの、いずれの場合にも、「仏弟子」を意味するサーヴァカ（sāvaka）、あるいはその女性形サーヴィカー（sāvikā）という語が用いられています。ここには、『テーラ・ガーター』『テーリー・ガーター』に見られない女性修行者の名前が挙げられていることから、この両書よりも少し時代を経てまとめられたと考えられますが、在家も出家も、男性も女性も差別なく仏弟子と見なされている点は、まだ変わっていません。

仏弟子から排除された在家と女性たち

こうした在家と出家の関係の変化は、釈尊滅後、漸次に進行したと思われます。それは、部派分裂を経て顕著になりました。部派仏教において「仏弟子」を意味していたサーヴァカとサーヴィカーという語が、男性のみのサーヴァカのみに限られ、その上、在家を排除して出家にのみ限定されてしまうのです。その代表が説一切有部《せついっさいうぶ》（略して有部《うぶ》）でありました。彼らは、他に先がけてサンスクリット語を用いましたが、パーリ語のサーヴァカに対応するサンスクリット語のシュラーヴァカ（śrāvaka）という語を用いるのみで、サーヴィカー（sāvikā）に対応するサンスクリット語を用いた形跡は見られません。[11] 従って、小乗仏教においてśrāvaka（声聞《しょうもん》）は、男性出家者に限られていました。こうした事情によって、大乗仏典において批判の対象とされたシュラーヴァカ（声聞）も、当然のように小乗仏教の男性出家者たちだということがお分かりいただけると思います。

釈尊滅後百年に始まる部派分裂

部派分裂が起こったのは、釈尊の入滅から約百年を経過したころのことだと言われます。ヴェーサーリーにおける会議（結集）において、形式的な保守派に対して、現実的な革新派が、時代や地方によって異なる風俗・習慣・気候・風土に応じて十項目の戒律（十事）を緩和するように要求しました。この問題をめぐって保守派と革新派との間に激しい論争が起こり、ついに教団は上座部《じょうざぶ》と大衆部《だいしゅぶ》とに分裂しました（根本分裂）。

釈尊の生存年代については、中村元博士の綿密な計算の結果、紀元前四六三〜前三八三年と推定されていますが、(12)それによると釈尊滅後約百年というのは、紀元前三世紀ということになります。それ以後も、さらに部派分裂は繰り返され、約百年の間（紀元前三〜前二世紀）に大衆部系統が細かく分裂し、次の約百年の間（紀元前二〜前一世紀）に上座部系統が細かく分裂しました。最終的に紀元前一世紀ごろまでに約二十の部派に分裂していきました（枝末分裂）。これらは、紀元前後に起こる大乗仏教運動の担い手たちから、「小乗二十部」と呼ばれ、「小乗仏教」という言い方で貶称《へんしょう》されました。上座部系はインドの西方と北方に、大衆部系は中インドから南方に主に発展したようです。

これらの諸部派は、分裂・独立して後、自派の教説の正統性を権威付けるために聖典を集大成し直すこととなります。それには、自説に都合の悪い箇所を削除し、都合のよい有利な言葉を付加増広するということも行なわれたようです(13)。

マウリヤ王朝（紀元前三一七〜前一八七年）以降には、西北インドを支配したインド・ギリシア王朝、サカ王朝、クシャーナ王朝（特にカニシカ王）による仏教保護によって、ガンダーラからカシュミール、マトゥラーにわたって説一切有《せついっさいう》部《ぶ》、正量部《しょうりょうぶ》、飲光部《おんこうぶ》、法蔵《ほうぞう》部《ぶ》、化地部《けじぶ》、大衆部《だいしゅぶ》などの部派が栄え、後には大乗仏教も興起することになります。

上座部系統の各部派は、教理の面においても実践の面においても保守的であり、伝統的でありました。それを支持していたのは、インドの上層部です。それに比べて、大衆部系統の部派は、広く一般大衆に支持されていて、現実社会と密接な接触を保ち、時代の趨勢に敏感で進歩的で改革的態度を持っていました。そうした傾向が、時代の変遷とともに大乗仏教を成立させる温床ともなったと言えます。

権威主義化する上座部仏教

部派分裂を経て、特に上座部系は権威主義的傾向を強めていったようです。それは、出家中心主義、隠遁的な僧院仏教という特徴として表面化してきます。出家して比丘となり、戒律を守り、厳しい修行をする。在家と出家の違いを厳しくして、出家を前提とした教理体系や修行形態を築き上げ、僧院の奥深くにこもって、禁欲生活に専念し、煩瑣な教理の研究と、修行に明け暮れました。その修行も、他人の救済（利他）よりも自己の修行の完成（自利）を目指したもので、ややもすると利己的・独善的な態度に陥る傾向がありました。

こうした傾向を助長する要因の一つとして、教団自体の富裕化が挙げられます。教団は、王侯たちから広大な土地を寄進されました。それは寺院の荘園となり、王の官吏たちも立ち入ることができませんでした。また、多大な金銭の寄進を受け、教団はそれを商人の組合に貸し付けて利子を取っていました。こうして西暦紀元前後には、教団自体が大地主・大資本家と化していました。出家者たちが大寺院の中に住んで瞑想に明け暮れ、煩瑣な教理の研究に没頭して、悩める民衆のことを考えなくなってしまった背景にはこうした事情がありました。紀元前後に登場する大乗仏教から、「小乗」と貶称されるに至った理由の一つはこうした点にありました。

小乗はサンスクリット語の「ヒーナヤーナ」を訳したものですが、これは「劣った乗り物」「粗末な乗り物」「打ち捨てられた乗り物」という意味です。「小乗」と呼ばれた人たちが、自分たちのことをこのような言い方で呼ぶはずはなく、「マハーヤーナ」（偉大な乗り物）と自分たちのことを呼んだ大乗仏教徒によって付けられた貶称でした。大乗仏教徒によって「小乗」と呼ばれたのは、部派仏教全体なのかどうかは明らかではありません。『大智度論』によれば、そこで批判されているのは、「毘婆沙師《びばしゃし》」(14)、すなわち説一切有部であったようです。有部は、その論究方法の精緻《せいち》さにおいて群を抜いており、理論仏教として勢力をふるい、他の部派（後には大乗仏教）にも理論的に大きな影響を与えました。そのため、有部は上座部系の有力なる代表者と見られておりました(15)。

部派分裂の前と後

ここに、簡単にインド仏教史をまとめておきますと、インド仏教史は、大まかに次の四つに分けることができます。

①釈尊在世（前四六三～前三八三年）のころから前三世紀末の部派分裂以前までの原始仏教（初期仏教）の時代

②紀元前三世紀末ごろから西暦紀元ごろまでの部派仏教（後に小乗仏教と貶称される）

の時代

③紀元前後ごろ小乗仏教に対して興った大乗仏教と小乗仏教の併存時代

④六世紀ごろから十三世紀初めまでの密教の時代

十三世紀以後は、一二〇三年のイスラム教徒によるヴィクラマシラー寺院の襲撃をもって仏教は壊滅してしまい、今日に至ります。二〇〇一年の国勢調査によると、インドの仏教徒は全人口十億二千七百万人の約〇・七%にしかすぎません。それに対して、ヒンドゥー教徒は八三%、イスラム教徒一一%、キリスト教徒二・六%、シーク教徒二%、ジャイナ教徒〇・五%といった状況となっています。

この第二の期間である紀元前三世紀末ごろを境に、仏教の性格に変化が現れます。仏教に保守化が始まります。これを境に釈尊在世のころからの原始仏教（初期仏教）の時代と、前三世紀末から西暦紀元ごろまでの小乗仏教（部派仏教）の時代とに分けることができます。その違いは、パーリ経典と、漢訳経典を比較相対することによってほぼ明らかになります。

というのは、部派分裂が始まる直前に、アショーカ（阿育）王の子（一説には同母弟）であるマヒンダが、スリランカに原始仏典を伝えていたことによります。これは、パーリ語で書かれて今日まで伝えられ、「パーリ経典」と呼ばれております。これは部派分裂以前の経典の内容を知る上で貴重な資料となっております。

中国に伝わって漢訳されたものを「北伝」というのに対して、スリランカに伝わってパーリ語で書かれているものを「南伝」と読んでおります。

こうした事情から、パーリ経典と、それに対応する漢訳経典を比較して、その両方に共通する記述があるならば、それは部派分裂以前から存在したものであると判断することができます。

逆に、漢訳経典にあってパーリ経典になかったり、パーリ経典にあって漢訳経典にない場合は、その記述の箇所は部派分裂以前にはなかったもので、分裂以後に付加・挿入されたものだと考えることができます[16]。

部派分裂の前に女性蔑視せず

この考えをもって、第二章に引用した

「このような車に乗る人は、女であれ、男であれ、実にこの車によって、ニルヴァーナの近くにいる[17]」

というパーリ経典に対応する漢訳を調べてみますと、中部経典の『雑阿含経《ぞうあごんきょう》』巻二[18]に、次のような全く同じ表現が見られます。

「是《か》くの如きの妙乗は男女の乗る所にして、生死《しょうじ》の叢林を出でて安楽処に逮得せん」

従って、少なくとも部派分裂の直前まで、こうしたことが語り継がれていたということができ、部派分裂以前には男女間の差別は言われていなかったと判断することができるわけです。

ということは、差別が強調され始めたのは部派分裂以後のことであることが分かります。すなわち、小乗仏教の段階で差別思想が著しくなってきたということになります。仏教教団が部派分裂し小乗仏教と化したころに、女性が成仏できないという主張がなされるようになったわけです。

『大智度論』(19)には、このような「女人不成仏」の考えは、第八章でも論ずるように、部派仏教の教理として語られていて、それを裏付けています。

釈尊の神格化と差別思想

部派仏教の時代になると、出家者たちは僧院にとじこもって煩瑣な理論の追究に陥ってしまい、社会や、人間との生き生きとした関係を見失ってしまっておりました。いわば自らの解脱(自利)を追求するのみで、他者の救済(利他)など眼中にないといった状況になっておりました。

しかも、釈尊が亡くなり、時間がたつにつれて、小乗仏教徒は釈尊を他の修行者たちとは異なる特別の存在として位置付け始めます。小乗仏教の徒による釈尊の神格化が始まるわけです。

歴史上の人物としての釈尊は、既に論じたように「真の自己の探求」、ないし「法の具現」による人格の完成を人々に促しておりました。そのためには、自らを反省することが必要であり、「あやまちを指摘し、忠告してくれる賢明な人」と交わるべきであり、悪友（悪知識）ではなく善友（善知識）に近づくことを勧めています。[20] そこにおいて、釈尊自身は自らを人々のための「善き友人」（善知識）であると自認しておりました。

『サンユッタ・ニカーヤ』には、

「アーナンダよ、実に善き友人である私によって、〔迷いの世界に〕生まれることから解脱するのである」[21]

とあります。釈尊は絶対者でもなく、生きた神でもなく、一人の人間であったのでありました。[22] 原始仏典には、釈尊の教えに触れ、弟子たちが目覚めた場面に必ず出てくる次の定型句があります。

「素晴らしい。君、ゴータマさんよ。素晴らしい。君、ゴータマさんよ。あたかも、君、ゴータマさんよ、倒れたものを起こすように、あるいは覆われたものを開いてやるように、あるいは〔道に〕迷ったものに道を示すように、あるいは暗闇に油の燈し火をかかげて眼ある人が色や形を見るように、そのように君、ゴータマさんはいろいろな手立てによって法（真理）を明らかにされました[23]」

ここで、弟子たちが「君」「ゴータマさんよ」と気軽に呼び掛けていることが注目されます。また『テーリー・ガーター』では、釈尊のことを「ゴータマ」と呼んでいるところが何カ所もあります。

例えば、ヴァーシッティーという尼僧は、次のような言葉を残しています。

「わたしは、もとどおりの心を取り戻し、敬礼して、座につきました。かのゴータマ〔・ブッダ〕は慈しみを垂れて、わたしに真理の教えを説かれました[24]」

歴史上の人物としての釈尊は、「君」「ゴータマよ」と呼ばれても意に介することはありませんでした。釈尊は権威的でも、傲慢でもなかったのです。それは、先の『サンユッタ・ニカーヤ』で見た通り、「善き友人」（善知識）という自覚が釈尊自身にあったからでありましょう。権威主義的な考えは、本来の仏教とは無縁のものでありました。ここにおいても釈尊自身が、他の修行者と同じ資格における修行者の一人であったことが確認されます。

人間から〝人間を超越した仏〟へ

ところが、仏教がマウリヤ王朝の時代に国教とも言えるほどの地歩を確保すると、釈尊はもはや人間ではなく、超自然的な神的存在と考えられて、神格化されるに至りました。(25) アショーカ王の在位期間（紀元前二六八～前二三二年）中にスリランカに伝えられた『テーラ・ガーター』では、釈尊について「神々を超えた者」（ati-deva）、「神々の神」（deva-deva）などといった表現がなされています。また紀元前二世紀中葉のバールフット彫刻の銘文には「偉大なる神」（mahā-deva）という表現も見られます。

紀元前一世紀ごろにまとめられたと言われる『アングッタラ・ニカーヤ(26)』には、ドーナというバラモンが、釈尊に

「あなたは、神ではいらっしゃらないのですか？」

「あなたは、ガンダルヴァ（天の楽人）ではいらっしゃらないのですか？」

「あなたは、ヤッカではいらっしゃらないのですか？」

「あなたは、人間ではいらっしゃらないのですか？」


と矢継ぎ早に質問し、釈尊はそれを一つ一つ否定します。そして、

「バラモンよ、私は人間ではないであろう……バラモンよ、私を仏陀であると思いなさい」

と答えたという表現がなされています。

それ以前、例えば紀元前三世紀ごろまでにまとめられた『テーラ・ガーター』を見ますと、ブッダ（目覚めた人）を拝することは、

「人間であるところの完全に目覚めた人（ブッダ）を拝する[27]」

という表現でなされていました。また、釈尊自身も自らを

「わが身は人間に生まれ、人間に長じ、人間において仏となることを得たり[28]」

と語っていました。それが、紀元前一世紀には既に〝人間を超越した仏〟を拝することに表現が改められてしまったのです。

釈尊の神格化は、釈尊滅後、徐々に始まったようですが、百年後のアショーカ王のころにはこのように確実なものとなっていました。ただし、その百年間の経過の詳細を追うことは資料不足で困難です。そうした制約はありますが、部派分裂を前にしたアショーカ王の時代には、既に釈尊の神格化が始まっていたということだけは確実であります。

その傾向は、部派分裂後にもとどまることはありませんでした。如来を呼ぶのに名前で呼んだり、「君よ」と呼んではならないといった記述が現れてきます。例えば、小乗仏教の代表的な部派と見なされていた説一切有部《せついっさいうぶ》は、その論書『阿毘達磨《あびだるま》大毘婆沙論《だいびばしゃろん》』において、五人の比丘に対して行なわれた鹿野苑《ろくやおん》での初転法輪の場面を、次のように記述してい

ます。

「是《こ》の時、五人復《ま》た恭敬すと雖《いえど》も、而《しか》も猶《なお》仏を呼ぶに具寿《ぐじゅ》と為《な》す。或《ある》いは復た仏を称して喬答摩《きょうとうま》と為す。仏、即ち告げて言《のたまわ》く。『汝等《なんだち》、如来を呼ぶに具寿と為す勿《な》かれ。亦《またこと》触に姓名を称する勿《な》かれ。若《も》し故《ことさら》に爾《しか》れば、当《まさ》に長夜に於いて無義利を獲《え》、諸の劇苦《ぎゃっく》を受くべし』」(29)

ここに釈尊の神格化と、権威主義化の萌芽が見られます。「具寿」は、āyus（寿命）と、所有を示す接尾辞 mat からなる āyuṣmat という語の訳で、「長老」「尊者」と漢訳されますが、いずれも直訳にすぎず、「あなた」「……様」「……氏」程度の意味になります。「喬答摩」は「ゴータマ」の音写です。

釈尊の神格化を促進したもの

説一切有部の実践論も、釈尊の神格化と関連しておりました。そこにおいては、修行の究極の境地が阿羅漢果とされました。その境地に到達した人、すなわち一切の煩悩を断じ尽くした人が阿羅漢（arhat）と呼ばれました。しかし、煩悩を断じて心の束縛を離れたとはいっても、肉体の存する限りは肉体的束縛を免れていないとされ「有余涅槃《うよねはん》」と呼ばれました。肉体が滅して心身ともに束縛を離れて初めて完全な涅槃になるのだとされて、それが「無余涅槃《むよねはん》」として重視されました。そこに至るためには、幾生涯にもわたった修行（歴劫《りやっこう》修行）の実践が求められ、四向四果《しこうしか》など、そのための多数の修行の階梯が考え出されました。

こうした実践論は、

①成仏の困難さの強調。
②修行の困難さの強調。
③歴劫修行（天文学的時間をかけて修行すること）の考え方の導入。
④阿羅漢（arhat）の解釈の変更。
⑤限定された菩薩（bodhisattva）の考え方の導入。

といったことに結びつき、さらには、とも相まって釈尊の神格化を促進したわけです。

釈尊滅後、教団は、釈尊のことを過去無数劫にわたって生まれ変わり、身命を捨て、あらゆる善行を積み、常人にはない三十二相(30)という身体的な特徴を得るための特別な修行を行ない、その結果、インドに生まれてきてブッダとなった――と見るようになりました。このように、釈尊は人間からほど遠い存在にされてしまいました。

阿羅漢の意味の変更

小乗仏教では、遥か昔の過去の六仏を除いて、未来の仏であるマイトレーヤ（Maitreya, 弥勒《みろく》）菩薩が如来となって出現してくるまでは、ブッダは独り釈尊のみであり、弟子たちは何度も生まれ変わってきては、四向四果《しこうしか》という八段階を順次に上り詰め、煩悩を断じ尽くして初めて最高の阿羅漢に至るとしていました。

「四向四果」とは、小乗仏教の立てる修行の階位のことです。①預流《よる》向《こう》、②預流果、③一来《いちらい》向、④一来果、⑤不還《ふげん》向、⑥不還果、⑦阿羅漢《あらかん》向、⑧阿羅漢果――の八つからなっています。それぞれを簡単に説明しますと、

①「預流」＝聖者としての流れに入った位のこと。

②「一来」＝一度だけ人界と天界を往復して覚りに至る位のこと。

③「不還」＝色界に入って覚りに至り、もはや欲界には還ってこない位のこと。

④「阿羅漢」＝小乗仏教徒の言う阿羅漢は、命終《みょうじゅう》の時に一切の煩悩を断じ尽くして覚り（＝涅槃）に至り、二度と我々の住む欲界《よっかい》・色界《しきかい》・無色界《むしきかい》の三界《さんがい》[31]には生まれてこない位のこと。

これらの四つをそれぞれ「向」、と「果」の二つに分けたものが「四向四果」です。「向」というのは、修行の到達点に向かっている途上の位、「果」とは、修行の結果、到達

した境地のことです。

このようなプロセスを経て、小乗仏教は阿羅漢に至ることを理想としていました。これによって、阿羅漢とブッダとの間には越えることのできない大きな隔たりがあるとされるようになりました。ここに、原始仏教においてブッダの別称であった阿羅漢（arhat, 尊敬されるべき人）が、ブッダよりも低いものとして格下げされてしまったわけです。

すなわち、

「〇〇が、覚った」

「〇〇が、阿羅漢になった」

「〇〇が、尊敬されるべき人になった」

などと釈尊が感嘆の言葉を発していたことは、後に『法華経』において主張された
「欲令一切衆。如我等無異」（一切の衆をして我が如く等しくして異なること無からしめんと欲す）(32)

という意味であったのです。それにもかかわらず、小乗仏教において弟子たちは「無異」から「有異」に引き下げられてしまったのです。それだけではなく、在家の人と出家者との間にも大きな隔たりが設けられ、在家は、どんなに徳があり、学識があっても阿羅漢にすらなれないとされてしまいました。

「在家阿羅漢」論争

こうした傾向の中で、在家の聖者と、難行の実修者たる出家者との優劣について議論が展開されました。この議論は、「在家阿羅漢」論[33]と言われ、『ミリンダ王の問い』(Milinda-pañha)[34]などにおいて議論されております。

大乗仏教が興起するころに著された『ミリンダ王の問い』では、西北インドを支配していたギリシア人の王ミリンダ(弥蘭陀《みらんだ》)が、在家と出家の格差はないと主張します。これに対してインド人の僧ナーガセーナ(那先《なせん》)は、在家も阿羅漢に達することができるとしながらも、到達後には二つの前途しかないと答えます。その日のうちに出家するか、その日のうちに死を遂げるかのいずれかであると言うのです。原理的には可能としながらも、実質的には「在家の阿羅漢」を否定していると言えましょう。

さらにミリンダは、在家のままで真理を覚り不還果《ふげんか》に達した者が数知れず存在するのであるから、出家者の頭陀行《ずだぎょう》[35]は不必要ではないかと迫ります。ナーガセーナは、在家のままで真実・第一義の涅槃を実証する者は、すべて前生において十三の頭陀の功徳を実修し、涅槃の実証の基礎を作っていたのであり、だからこそ在家のままで第一義の涅槃を実証することができたのであると答えます。この答えは、いかにも「幼稚な論法」[36]ですが、ナーガセーナは、教団維持のためなのか、一貫して「出家者こそ、道の人(沙門)という地位の主であり、長である」[37]と主張し続けています。ここに、在家に対する出家の優位が論じられていた当時のもようがうかがえます。

小乗教団は、ブッダを人間からほど遠いものとするとともに、出家者の修行の困難さを強調しました。ということは、翻って在家の者には及びもつかないものだということを言いたかったわけです。出家者は、はるかな時間にわたって何度も生まれ変わり、大変な修行を重ねてはじめてブッダに近付くことができる――しかし、近付くことができるだけで、そう簡単にはブッダになれない、阿羅漢止まりであるとしたわけです。ましてや在家は、阿羅漢にすらも到達できないとされました。

ところが、『テーリー・ガーター』には、出家後七日にして覚りに到った女性の次のような手記があるわけです。

「出家して七日目に、わたしは三種の明知を得ました」[38]

さらには、アノーパマーという在家の女性が釈尊の教えを初めて聞いて、その場で阿羅漢の一つ手前の不還果《ふげんか》に到り、出家後すぐに阿羅漢に到ったという記録もあります[39]。

また、『スッタニパータ』には、次のような表現が多数見られます。

「目の当たりに、時間を要しない〔で果報を得ることができる〕清らかな行ないが見事に説かれました」

「私は、現世における安らぎをあなたに説き明かしましょう」

「彼（ゴータマ）は、目の当たりに、時間を要しない〔で果報を得ることができる〕法（真理の教え）を私に説き明かされました」

こうした表現から、釈尊がニルヴァーナについて「時間を要せず、即時に体得されるもの」と説いていたことが分かります。これが、初期の仏教徒の覚りの実情でありました。それにもかかわらず、部派仏教の時代になると想像を絶するような長期の修養を経なければ覚りは得られないという筋書きが作られたわけです[40]。

菩薩という用語は、釈尊自身が用いた形跡はなく、紀元前二世紀ごろ部派（小乗）仏教において用いられ始めたようです[41]。それも、ブッダとなる以前の釈尊を指すもので、「覚り（bodhi）を得ることが確定している人（sattva）」という意味で、bodhi-sattva《ボーディ・サットヴァ》という複合語が用いられるようになりました。これが「菩《ぼ》提薩埵《だいさった》」と音写され、略して「菩薩」となりました。これは、西北インドで生まれたマイトレーヤ（弥勒《みろく》）信仰の対象で、五十六億七千万年後に仏となって登場するとされたマイトレーヤ菩薩を除いて、成道前の釈尊に限られていました。このように菩薩という語は、当初、小乗仏教徒たちによって極めて限定的に使用され始めたわけです。

こうした動きの中で、成仏できるのは男性だけ（その中でも在家を除く）であって、女性は成仏できないという主張が出てきます。

女人の成仏を否定した四つの理由（梶山説）

その女性差別の主張が、どのようにして出てきたのか、梶山雄一博士の考え[42]に沿って見てみましょう。

仏滅後に女性が成仏できないとされるに至った理由として、梶山博士は、

①過去七仏と未来に仏と成るマイトレーヤ（弥勒《みろく》）仏の信仰による。
②釈尊滅後の教団における比丘尼の地位低下による。
③釈尊の神格化において三十二相の考えを取り入れたことによる。
④女性の出家を許す際に出された八つの条件（八重法、八敬法）による。

の四つを挙げています。

まず第一点目について解説しますと、釈尊滅後になって仏は釈尊だけではなくて、釈尊以前にも六人の仏がいたという過去七仏の考えが出てきて、釈尊は七番目の仏であるという信仰が仏教徒の間に広まりました。また、現在、兜率天《とそつてん》にいるとされるマイトレーヤ菩薩が未来世（五十六億七千万年後）において釈尊の後継者となって、この世に出現するという信仰も生まれました。この二つから、ブッダ（仏陀）に成ることができる者は、既に

決まっているという考えが出てきました。以上の過去仏も、未来仏もすべて男性だというのです。

釈尊滅後に低下した尼僧の立場

第二点目については、比丘尼教団を発足するに当たって、それを不満に思う比丘が一人もいなかったとは言えなかったのではないかということです。

比丘尼教団が成立して、比丘尼たちはいくつかの事柄について権利を獲得しておりました。それは釈尊の口添えもあってのことでした。従って、釈尊が入滅してしまうと、彼女たちの立場は一気に低下していきました。

『マハーパリニッバーナ・スッタンタ』によりますと、釈尊の死を伝え聞いたマハー・カッサパ（大迦葉）ら一行が嘆き悲しみます。ところが、その一行の中の一人が、

「やめなさい。友よ。悲しむな。嘆くな。われらはかの偉大な修行者からうまく解放された。〈このことはしてもよい。このことはしてはならない〉といって、われわれは悩まされていたが、今これからは、われわれは何でもやりたいことをしよう。またやりたくないことをしないようにしよう」(43)

と語ったといいますから、一部には釈尊の存在を煙たく思っていた者がいたのでありま

しょう。このことから考えても、比丘尼教団の存在を疎ましく思っていた比丘がいたと考えても不自然ではありません。

Women under Primitive Buddhism（初期仏教における女性）を書いたI・B・ホーナー女史[44]によりますと、西北インドを支配していたギリシア人の王・ミリンダ（メナンドロス）と、インドの仏教僧・ナーガセーナ（那先）比丘との東西対話である『ミリンダ王の問い』[45]が作成された紀元前二世紀ごろには女性の立場は、一層低下していたということです。釈尊滅後の教団は、比丘尼の教団を足手まといだと思っていたのでしょう。

こうした状況の中で、経典や律蔵の編纂がなされたわけですが、それを担ったのは、男性出家者でありました。女性出家者は、一切それに関与できませんでした。こうしたこともあって、私たちが今日、目にする多くの経典に女性を差別する表現が含まれることになったともいえます。本書の冒頭に引用した「法華経より外の一切経」の女性蔑視の言葉も、そういう背景があって生まれたものでありましょう。

三十二相の考えも女性排除に一役

梶山博士の考えの第三点目については、釈尊の神格化の過程において、古代インド人にとっての理想的帝王である転輪聖王《てんりんじょうおう》に具《そな》わると考えられていた三十二相をブッダも具えていると考えるようになったことによるものです。

『スッタニパータ』には、釈尊在世当時のバラモンが、「諸の神呪（manta＝ヴェーダ）の中に、完成された偉大な人の三十二の特相が〔伝えられて〕来た。〔それらは〕順次に説かれている」[46]と述べ、仏陀もそのような偉大な人の特相を具えているはずであると語った言葉が出てきます。マンタ（manta）とは呪文のことですが、仏教徒は、バラモンが始終唱えている『ヴェーダ』を呪文という程度に理解していたようです。この言葉は、パーリ経典の中によく見受けられます。このように、三十二相は元々は仏教の考えではなく、バラモン教において説かれていたものでありました。

『スッタニパータ』では、仏教徒でないバラモンの言葉として、「ブッダも三十二相を具えているはずだ」という表現がなされていました。後にバラモンたちの考えを採り入れ、仏教徒自らがブッダの特徴として三十二相を定式化し、部派仏教においてもそれが踏襲されました。

ところが説一切有部においては、同じ三十二相でも転輪聖王のものよりもブッダのもののほうが一層勝れていると論じられるまでになっていきます。[47]この点においても神格化が進められたわけです。

その三十二相の中には、
第一一相：ほおが雄ライオンのように豊かで広い（師子《しし》頬相《きょうそう》）
第一九相：上半身が雄ライオンのように立派である（師子上身相）
第二三相：馬のように男性器が体内に隠れている（馬《め》陰蔵相《おんぞうそう》）
といったものが含まれていますが、これらの特徴はすべて男性に限られるものです。
これによって、
「ブッダ（目覚めた人）は、三十二相を具えている」
「三十二相を具えているのは、男性でなければならない」
ゆえに、
「ブッダ（目覚めた人）は、男性でなければならない」
という三段論法で、〈ブッダは男性に限る〉という図式が出来上がってしまったというのです。こうした決めつけは、男性出家者がなしたことであるのは言うまでもないことです。

三十二相への批判と疑問

ところがこの三十二相は、大乗仏教運動が興った当初からやり玉に挙げられることもありました。大乗仏典の『金剛般若経』では、三十二相によって如来の特徴を見るのは、「邪道を行ずるもの(48)」であると批判されています。大乗の文献ではありませんが、『ミリンダ王の問い』において、ギリシア人の王ミリンダ（ギリシア名、メナンドロス）が、インド人の僧ナーガセーナ（那先）に対して、「ブッダは、三十二相を具え、皮膚も黄金のようで身の周り一尋《ひろ》（約一・八メートル）が輝いていると言いますが、そんなものはブッダの父母には具わっていません。子どもというものは父母に似ているはずですが、どうしたことでしょうか？」と、「ブッダの三十二の特徴など信じることができない」と言わんばかりの、合理的立場から質問を発していることも興味深いことです。それに対してナーガセーナは、「清らかな華を咲かせる蓮華が汚泥から生ずるようなものです」といった答え方をしています(49)。これは、明らかに論理のすり替えです。蓮華は、汚泥からではなく蓮の実（種子）から出てきたのであり、汚泥はその環境にしかすぎません。

「八つの条件」についての梶山博士の見解

梶山博士の言われる第四点目は、釈尊が、女性の出家を許すときに課したとされる「八つの条件」（八重法）が、後に釈尊の意図とは懸け離れてしまい、女性を差別する結果を招いてしまったということです。

『パーリ律』に挙げられた八つの条件[50]のうち、女性差別を招いたとされる条件は次の二つです。

①「〔たとえ、〕受戒してから百年であったとしても、比丘尼は、その時受戒した〔ばかりの〕比丘に対しても、起って敬礼し、合掌して恭敬するべきである」

⑧「今後、比丘尼が比丘に対して公に訓戒することは差し障りがあるが、比丘が比丘尼に対して公に訓戒することは差し障りはない[51]」

梶山博士は、八つの内のこの二つの条件によって比丘尼が、比丘よりも劣ったものと見なされるようになったと論じておられます。

この二つの条件を善意で解釈すると、これは、男女間の能力差をいったものではなく、教団を取り囲むヒンドゥー社会の根強い因習を考慮したものだとも理解することができましょう。裏を返せば、女性も男性と同等に覚ることができると考えていたからこそ、釈尊は、比丘尼が比丘に対して訓戒することを禁じたのであり、それはヒンドゥー社会に対する配慮をしていたと考えられないこともありません。釈尊は、女性にそれだけの能力を認めていたというわけです。

しかし、女性の出家など考えられもしなかったヒンドゥー社会にあって、女性が男性に教えを垂れている光景は、許されざることでありました。従って釈尊は、そういう次元で社会との無用な軋轢《あつれき》を起こすことを避けたかったのかもしれません。「公に」という言葉が入っていることが、それを示唆しています。以上の理由からこれらの八つの条件が付けられたと梶山博士は説明しておられます。

梶山博士の考えは、この条件によって後世の比丘（男性出家者）たちが、比丘尼（女性出家者）を一段低く見るようになったというものであります。しかも、そこにおいては、結婚しない女性は軽視されるというヒンドゥー社会の考え方も手伝ったのではないかというのであります。

「八つの条件」は釈尊が提示したものか？

八つの条件を素直に読んだ限りでは、この説明には少し無理があるような気がします。現に名古屋大学大学院の博士課程に学ぶ韓国からの留学生は、釈尊がこの八つの条件を提示したことが事実であるならば、女性を差別しているとしか思えないと、悩んでおられました。加藤純章博士の紹介で、その留学生が二〇〇三年に筆者を訪ねてみえました。筆者が以下の考えを説明しますと、晴れやかな顔色になられました。

上記の梶山博士の考えは、この八つの条件が釈尊自身によって決められたということを前提として述べられています。ところが果たしてそれは、釈尊によって提示されたものだったのかどうか？　疑ってみる必要があるのではないでしょうか。筆者は、この八つの条件が後世の男性出家者たちによって創作され、付加されたという可能性は否定できないであろうと考えます。八つの条件は、律典に記録されていますが、その律典においては男性出家者たちによって、「女性が出家したせいで正法は五百年はもたなくなった」とか、「千年はもたなくなった」などといったことが釈尊の言葉として挿入されています。そんなことをするような男性修行者たちがいたのですから、八つの条件を釈尊滅後に創作・付加したということも一概に否定できないでしょう。

「八つの条件」に感ずる違和感

『テーリー・ガーター』をはじめとする原始仏典を読んでいて、釈尊が女性に対して男性と何ら差別することなく平等に接している姿を見ると、八つの条件の一つ一つとのギャップにどうしても違和感を感じずにはおられません。

スンダリーという女性が、釈尊を訪ねてはるばるバーラーナシーからやって来たとき、釈尊は、

「良き女人よ、そなたは、ようこそ、来られました。それで、あなたは歓迎されないはずはありません[52]」

と言って歓迎しておりました。また、釈尊自身が弟子を受け入れる際には、男女の区別なく「いらっしゃい」（ehi）という最も相手を尊重した最上級の言葉遣いをもって語りかけておりました。(53)こうした言葉を見るにつけ、八つの条件に見られる男性中心的傾向とのあまりにも大きな違いが納得できなくなります。

「比丘尼が比丘に対して訓戒することは差し障りがある」といったことは、紀元前三〇〇年ごろにインドを訪れていたメガステネースが、「インドには驚くべきことがある。そこには女性の哲学者たち（philosophoi）がいて、男性の哲学者たちに伍して、難解なことを堂々と論議している」と伝えていたことと全く相反します。

また、プンニカーという女性が男性のバラモン行者を説得し、仏教に帰依させたという話とも相容れないものです。現に、智慧第一とされたケーマー尼や、説法第一とされたダンマディンナー尼という女性たちは智慧が勝れ、男性に向かってしばしば法を説いていたということです。(54)こうしたことを考慮しても、八つの条件は釈尊の滅後に男性修行者たちによって創作・付加されたと見たほうが自然ではないでしょうか。

後世に創作・付加された「八つの条件」

この八つの条件が出てくるところを原典に戻って見直してみましょう。話は、マハー・

パジャーパティーが出家を願い出たものの、許可を得られないという場面から始まります。マハー・パジャーパティーの気持ちを知ったアーナンダは、それを釈尊にとりなします。アーナンダが頼んでも、釈尊はなかなか許可しませんでした。

そこで、アーナンダは、質問の矛先《ほこさき》を変えて釈尊に尋ねました。

「女人は、如来によって説かれた法と律において出家して、聖者としての流れに入った位（預流《よる》果）、あるいは、もう一度人間界に生まれてきて覚りを得る位（一来《いちらい》果）、あるいはもはや二度と迷いの世界に戻ることのない位（不還《ふげん》果）、あるいは一切の煩悩を断じ尽くした位（阿羅漢《あらかん》果）を証得することは、果たして可能なのでしょうか？[55]」

これに対して、釈尊は、

「アーナンダよ、可能です」

と答えています。

八つの条件は、このやり取りの直後に続けて羅列されています。その上で、それに続けて釈尊が語ったとして、

「千年間は正法が存続するはずだったのに、女性が出家したので五百年しか存続しないだろう」

という趣旨の言葉が出てきます。

「女性も阿羅漢果を得ることが可能である」という言葉は、釈尊が実際に語ったと考えて間違いないでしょう。比丘尼教団の存在を疎ましく思っていた男性修行者たちが、これを後世において付加することなど考えられないからです。それに対して、「五百年しか存続しない」という言葉は、明らかに後世の男性修行者たちの創作であり、付加されたものでありましょう。

釈尊が実際に語った言葉と、そうでない後世の男性修行者たちが創作・付加した言葉が近接して並んでいます。その中間に「八つの条件」が挟まれています。「女性も阿羅漢になれる」という言葉は、男性修行者たちにとっては認めたくなくても、釈尊が語った言葉であったから、いじるにいじれなかったのでしょう。それで、釈尊の言葉を装って男性中心の「八つの条件」を付加し、さらには女性の出家のせいで正法の存続期間が短くなってしまったと論ずることによって、女性たちに負い目をもたせたのでありましょう。

『テーリー・ガーター』には釈尊在世当時の受戒の場面が、女性修行者の言葉として次のように記されています。

「……『いらっしゃい(ehi)、バッダーよ』と、〔仏陀が〕言われました。それが、私の受戒でありました[56]」

『テーラ・ガーター』にも男性修行者の次の言葉が記録されています。

「そのとき、慈悲深い師であり、全世界を慈しむ人（仏陀）は、『いらっしゃい（ehi）、修行者よ』と私に告げられました。これが私の受戒でありました[57]」

中村博士は、「初期の仏教においては、ただ『来れ』（ehi）と言われて釈尊に帰依《きえ》することが修行僧としての受戒（upasampadā）であった」「受戒というものも、もとは簡単なことであったらしい[58]」と述べておられます。初期の仏教において、受戒には何ら複雑、面倒な手続きなど必要とはされていませんでした。しかも、男性であれ、女性であれ、全く異なるところはありません。

ところが、この『パーリ律』においては、八つの条件を挙げ、女性の出家を許したことで正法の存続が千年から五百年に短縮されたということを述べておいて、マハー・パジャーパティーの出家の場面を、

「それ以後、アーナンダよ、マハー・パジャーパティー・ゴータミーは、八つの条件（八重法）を受け入れたのである。それは、まさに彼女が具足戒を受けたということである[59]」

と締めくくっています。『テーリー・ガーター』における受戒の単純さと比べても、『パーリ律』でのマハー・パジャーパティーの受戒の場面は、八つの条件というあまりにも執拗で煩雑なことが言われていることが分かります。従って、この八つの条件は釈尊によって提示されたものではなく、後世に付加されたものと断定するべきでありましょう。

「八つの条件」による女性軽視の正当化

そうすると、「比丘尼に対する八重法によって女性が成仏できないとされるにいたった」という梶山博士の考えは論理が逆であるということになります。後世の男性修行者たちが、「八つの条件は女性修行者を男性修行者よりも低く見たものである」と解釈したことによって、女性修行者が低く扱われるようになったのではなく、男性修行者たちが女性修行者たちを低く見たから、八つの条件を作って女性修行者たちを低く位置付けることを正当化したと言い換えるべきです。それは、いかにも釈尊自身が語ったようにして、しかも尼僧教団の創設者とも言うべきマハー・パジャーパティーにそれを受け入れさせるという場面設定でなされています。比丘教団と比丘尼教団にとっての二人の権威である釈尊とマハー・パジャーパティーを登場させることによって、重みを持たせるという脚色までなされていると言っても過言ではありません。

以上の考察から、小乗仏教において女性がブッダ（仏陀）になれないとされた理由として、梶山博士が挙げられた四つの理由のうち、最後の「八つの条件」に関することは取り下げるべきであることが結論されます。それは、むしろ第二の「釈尊滅後の教団における比丘尼の地位低下による」に含めるべきです。

こうして女性が、成仏や、阿羅漢果からも遠ざけられてしまい、地位の低下が行き着くところまで行き着きますと、女性を出家させることは、釈尊の真意ではなかったという伝説が成立するまでに至りました。

釈尊の言葉に託してなされた女性蔑視

その結果、小乗部派の化地部《けじぶ》の律典である『五分律』などにおいて、

「正法が千年続くはずだったのに、女性が出家したために五百年しか続かなくなってしまった」

という意味のことを釈尊の言葉に託して言い出されるようになりました。これは、釈尊が語ったように書かれておりますが、小乗仏教徒の考えを釈尊の口を借りて語らせたにすぎません。

さらには、女性の出家のきっかけを作ったアーナンダに対する非難の言葉が記録されるにも至っています。これも、『パーリ律』をはじめとする六つの律蔵すべてに例外なく記されています(60)。

女性の出家に当たっての「八つの条件」や、女性の出家のきっかけを作ったアーナンダに対する非難の言葉が、『パーリ律』を含めた六つの律蔵全部に出ているということは、アショーカ王以前に女性の出家をよく思っていなかった男性出家者たちがいて、女性軽視

の動きは既に始まっていたということを意味しています。こうした動きは、部派分裂を経てさらに加速し、前二世紀ごろにはホーナー女史が指摘しているように、比丘尼の地位は一層低下するに至りました。

こうした流れの中で、女性を差別した「三従」「五障」という考えまで仏教教団内ではじめに論じられるようになりました。

注

（1）岩本裕著『仏教と女性』、第三文明社、六頁。

（2）同右、六頁。

（3）インドのマウリア朝第三代の王。カリンガ国を征服した際、戦争の悲惨さを痛感し、仏教徒となりました。ほぼ全インドを統一し、武力による統治ではなく、「法による統治」を掲げて平等、慈悲、コスモポリタニズム、寛容といった仏教の理想に基づく政治を行ないました。その政治理念は、各地に残る石柱や、岩石法勅などによってうかがうことができます。エジプト、シリア、ギリシアなどの諸外国に使節を派遣して密接な外交を行ない、「法による統治」という政治理念を伝えました。首都パータリプトラにおいて第三回仏典結集も行なっています。

（4）*Suttanipāta*, P.T.S., London, p. 23, ll. 10–11. からの筆者の訳。中村博士の訳は『ブッダの

ことば』、岩波文庫、三五頁を参照。

(5) 出家者を意味する語として bhikkhu（食べ物を乞う人）ではなく、paribbāja（遍歴行者）が用いられているということは、この詩が極めて古いものであることを意味しています。『スッタニパータ』の詩の部分では、出家者を示すのに、このほか isi（仙人）という語も用いられています。bhikkhu という語が用いられるようになるのは、後のことです。

(6) *Suttanipāta*, P.T.S., London, p. 17, l. 25-p. 18, l. 1. からの筆者の訳。

(7) Ibid., p. 66, ll. 14-16. からの筆者の訳。

(8) Ibid., p. 67, ll. 21-22. からの筆者の訳。

(9) 植木雅俊著『差別の超克――原始仏教と法華経の人間観』、講談社学術文庫、三四二～三五四頁。

(10) *Aṅguttara-nikāya*, vol. I, P.T.S., London, pp. 23-26.

(11) パーリ語の sāvaka に対応するサンスクリット語は śrāvaka ですが、パーリ語の sāvikā に対応する語 śrāvikā は、荻原雲来編『梵和大辞典』には見当たりません。モニエルの辞典にも、śrāvikā は「聞いている」(hearing, listening to) を意味する形容詞 śrāvaka の女性形として挙げられてはいますが、「仏弟子」の女性形という意味は示されていません。小乗仏教を代表する説一切有部が用いたのはサンスクリット語でありましたが、以上の事実は、彼らが在家だけでなく女性出家者をも「仏弟子」と見なしていなかったということを意味しています。

(12) 中村元著『インド史Ⅱ』、中村元選集決定版、第六巻、春秋社、五八一～六一九頁。
(13) 中村元著『原始仏教から大乗仏教へ』、中村元選集決定版、第二〇巻、春秋社、八五頁。
(14) 説一切有部の最大の教義集成書である『大毘婆沙論』(Abhidharma-mahā-vibhāṣā-śāstra)を論述し、論中の諸説を述べた人々、あるいはそれを信奉する人々のこと。
(15) 平川彰著『インド仏教史』、上巻、春秋社、三二六頁。木村泰賢著『大乗仏教思想論』、明治書院、五三頁。
(16) 梶山雄一著『空の思想』、人文書院、一九九頁。
(17) 中村元訳『ブッダ　神々との対話』、岩波文庫、七四頁。
(18) 大正新脩大蔵経、巻二、一五六頁上。
(19) 同右、巻二五、四五九頁上。
(20) *Aṅguttara-nikāya*, vol. I, P. T. S., London, pp. 126–127. *Saṃyutta-nikāya*, vol. I, P. T. S., London, p. 87, l. 30–p. 88, l. 5.
(21) *Saṃyutta-nikāya*, vol. I, P.T.S., London, p. 88, ll. 21–22. からの筆者の訳。
(22) 中村元著『原始仏教の成立』、中村元選集決定版、第一四巻、春秋社、一五〇頁。
(23) *Saṃyutta-nikāya*, vol. I, P.T.S., London, p. 161, ll. 8–17. からの筆者の訳。
(24) *Therī-gāthā*, P.T.S., London, p. 137, ll. 3–4. からの筆者の訳。
(25) 中村元著『原始仏教から大乗仏教へ』、中村元選集決定版、第二〇巻、春秋社、四五〇頁。
(26) *Aṅguttara-nikāya*, vol. II, P.T.S., London, pp. 38–39. からの筆者の訳を以下に挙げます。

(27) *Thera-gāthā*, P.T.S., London, p. 69, ll. 28-30. からの筆者の訳。
(28) 『増一阿含経』第二八巻、大正新脩大蔵経、巻二、七〇五頁下。
(29) 大正新脩大蔵経、巻二七、九一四頁中。
(30) 理想的帝王である転輪聖王に具わるとされた三十二の身体的特徴のことで、それが後に仏の身体に転用されました。三十二相《さんじゆうにそう》とともに八十種好《はちじつしゆごう》（副次的特徴）も説かれ、両方を合わせて「相好《そうごう》」と言います。中村元博士の『仏教語大辞典』によりますと、
(1) 頭上に肉髻があり、頭の頂がまげを結ったように肉が一段と盛り上がっている（頂成肉髻相）
(2) 身体の毛、あるいは頭髪が右旋している（身毛右旋相）
(3) 前額が平正である
(4) 眉間に白く柔らかい毛があって右旋している（眉間白毫相）
(5) 目の瞳が紺碧で、睫毛《まつげ》が牝牛の如くである（眼色如紺青相）
(6) 歯が四十本あり、清らかに整い輝いている（具四十歯相）
(7) 平らな歯を持ち、歯並びがよい
(8) 歯が密で間隙がない（7と8を合わせて歯斉平密相ともいう）
(9) 歯が白くきれいである（四牙白浄相）
(10) 最上の味感を有している（得最上味相）
(11) 顎の骨が師子の如くである（師子頰相）

⑿舌が長くて細い（広長舌相）
⒀梵音、すなわち絶妙なる音声を有する（梵音声相）
⒁肩の先が甚だ円く豊満である（肩円満相）
⒂両手・両足・両肩・頂が充満して柔軟である（七処充満相）
⒃両腋の下の肉が円満であること（両腋満相）
⒄皮膚がなめらかで黄金の如くである（身金色相）
⒅直立した時にも手が長くて膝に垂れるほどである（手過膝相）
⒆上半身が師子の如くである（師子上身相）
⒇身体が広長であって、バニヤン樹の如くである（身分円満相）
(21)一つ一つの毛髪が右旋していること
(22)身体の毛がすべて上向きにはえている（身毛上靡相）
(23)男根が体の内部に隠れている（馬陰蔵相）
(24)腿が円い
(25)足の甲が高く、柔軟である（足趺高相）
(26)手足が柔軟である（手足柔軟相）
(27)手足の指の間に水鳥のような水掻きがついている（手足縵網相）
(28)指が長い（指繊長相）
(29)手足に輪のしるしがある（千輻輪相）

（30）足が平満であり凹凸がない（足安平相）
（31）足の踵が広長で豊満である（足跟円長相）
（32）脛が鹿王の足の如く繊細で円満である（腨如鹿王相）
などが挙げられます。

（31）仏教の世界観において、衆生が生まれては死に輪廻する領域としての
①欲界（kāma-dhātu）＝欲望の盛んな世界で、この中に六道がある。
②色界（rūpa-dhātu）＝欲望を離れた人の住所で、絶妙なる物質（色）からなるとされる。
③無色界（ārūpya-dhātu）＝物質を超越した世界で、精神のみが存在するとされる。
の三つの迷いの世界のこと。これらは、現実の世界を分類したものではなく、禅定の修行の発達段階として立て分けられたものである。

（32）大正新脩大蔵経、巻九、八頁中。

（33）中村元監修、阿部慈園編『原始仏教の世界』、東京書籍、二〇四～二一五頁。藤田宏達著「在家阿羅漢論」、『結城教授頌寿記念仏教思想史論集』、大蔵出版、五一～七三頁。

（34）漢訳では『弥蘭王問経』『那先比丘経』などと「経」という名前で呼ばれていますが、釈尊が説いたものではなく、紀元前二世紀後半に西北インドを支配していたギリシア人の王メナンドロス（ミリンダ）と、仏教の論師ナーガセーナとの仏教教理に関する問答です。ギリシア的思惟とインド、あるいは仏教的思惟との比較として貴重な文献といえます。原形は紀元前二世紀後半にはできていたと思われます。パーリと漢訳の対応する部分は紀元前一世紀

から紀元後一世紀にわたって成立し、その後、増広されて四三〇年ごろまでに現在のパーリ文に近いものが出来上がったと見られます。

中村元著『原始仏教から大乗仏教へ』、中村元選集決定版、第二〇巻、春秋社、五八五頁参照。

現代語訳としては、次のものがあります。

中村元・早島鏡正共訳『ミリンダ王の問い』全三巻、東洋文庫、平凡社。

(35) サンスクリット語の dhūta を音写したもので、「修治」「棄除」などと漢訳されています。原義は、「ふるい落とす」「はらい除く」の意で、煩悩の塵垢をふるい落とし、衣食住についての貪り・欲望を払い捨てて、清浄に仏道修行に励むことです。

(36) 早島鏡正著「上座仏教における在家と出家の立場」、『印度学仏教学研究』、第九巻、第一号、日本印度学仏教学会、東京、一九六一年、六〇頁。

(37) *Milinda-pañha*, P.T.S., London, p. 243. からの筆者の訳。

(38) *Therī-gāthā*, P.T.S., London, p. 166, l. 4. からの筆者の訳。

(39) 植木雅俊著『差別の超克——原始仏教と法華経の人間観』、講談社学術文庫、九三〜九四頁。

(40) 中村元著『仏弟子の生涯』、中村元選集決定版、第一三巻、春秋社、四七六頁。

(41) 植木雅俊著『仏教のなかの男女観』、岩波書店、一四三頁の注を参照。

(42) 『現代思想』一九七七年一月号（青土社）に掲載された「仏教における女性解放運動」と

いう論文、および『空の思想』（人文書院）の中の「仏教の女性観」という論文を参考にさせていただきました。

(43) 中村元訳『ブッダ最後の旅』、岩波文庫、一七〇頁。

(44) ホーナー女史は、ケンブリッジのNewnhamカレッジの図書館司書でありましたが、一八八一年に創立された「パーリ聖典協会」（Pali Text Society）の五代目の会長を務めました。

(45) Horner, I. B., *Women under Primitive Buddhism*, Motilal Banarsidass Publishers, Delhi, p. 291.

(46) *Suttanipāta*, P.T.S., London, p. 193, ll. 9-10. からの筆者の訳。

(47) P. Pradhan (ed.), *Abhidharmakośa-bhāṣya of Vasubandhu*, Tibetan Sanskrit Works Series, vol. 8, K. P. Jayaswal Research Institute, Patna, p. 186, ll. 12-16.

(48) 中村元・紀野一義訳註『般若心経・金剛般若経』、岩波文庫、一一六頁。

(49) *Milinda-pañha*, P.T.S., London, p. 75, ll. 1-29.

(50) *Vinaya*, vol. II, P.T.S., London, p. 255, ll. 6-25. からの筆者の訳。

(51) これとは逆の立場の言葉が日蓮の著作に見られます。それは、四条金吾に与えられた書簡で、

「女るひはいかなる失《とが》ありとも一向に御けうくん（教訓）までも・あるべからず、ましていさか（争）うことなかれ」（『昭定遺文』一四三八頁、『御書全集』一一七六頁）

というものです。これは、一般論化され「男性は、女性に対して教訓してはいけない」という意味で用いられているようですが、そうではありません。四条金吾の置かれた情況を踏まえて理解すべきです。そこへ日蓮の信徒であった四条金吾は、主君の信頼が厚く、同僚から妬まれていました。そこへ日蓮の佐渡流罪があり、日蓮の弟子檀那はブラックリストが作られ、追放、投獄の憂き目に遭いますが、四条金吾は主君にかばわれて何事もありませんでした。同僚たちには、そのことも面白くなかったことでしょう。ただ、弟たちは家を没収されていました。ところが、日蓮が佐渡流罪を許されると、喜びのあまり、金吾は主君に法華経の信仰を勧めます。それが主君の怒りをかいました。それまで、主君の目を気にして手出しできなかった同僚たちにチャンス到来です。しかも、領地替えで収入は激減します。そういう情況で、弟たちや、妻、妹、義妹たちは金吾のことを、口には出さないまでも、「主人（あるいは、兄）が、こんな信仰をしたからこそ、こんな目に遭ったんだ」と、思っているかもしれないと日蓮は心配していたのではないでしょうか。そこへ、言わなくてもいいことをカッとなって言ってしまう性格の金吾のことが心配でたまらなかったのでしょう。もし、そうなったら、弟たちも、妻や、妹、義妹らの「女るひ」も、金吾から離反してしまうことになるでしょう。そうなると、主君だけでなく、同僚からも睨まれている上に、身内までもが離反してしまえば、金吾は完全に孤立してしまいます。だからこそ、「御をとと（舎弟）どもには常はふびんのよしあるべし」として、一方で、弟たちには温泉旅行に行かせるぐらいの配慮をするようにと言われ、他方で、女性たちとは言い争いをしないようにと言われているのです。このように、この一文が書かれた背景を知りますと、「男性というものは、どんな場合にも女性に教訓してはいけない」と一般論化してはいけないことが分かります。

(52) 中村元訳『尼僧の告白』、岩波文庫、七〇頁。

(53) バラモンが、供養者を近くに呼び寄せる時の言葉は、供養者がバラモン、クシャトリヤ、ヴァイシャ、シュードラというカーストの違いによって使い分けられていて、ehi はそのうちのバラモンの供養者に対して用いられていたものです。詳細は、次を参照。

植木雅俊著『差別の超克——原始仏教と法華経の人間観』、講談社学術文庫、八一～八三頁。

(54) 中村元著『仏弟子の生涯』、中村元選集決定版、第一三巻、春秋社、三八九頁。平川彰著『インド仏教史』、上巻、春秋社、四九頁。

(55) *Vinaya*, vol. II, P.T.S., London, p. 254, ll. 28-33. からの筆者の訳。

(56) *Therī-gāthā*, P.T.S., London, p. 134, l. 12. からの筆者の訳。

(57) *Thera-gāthā*, P.T.S., London, p. 64, ll. 7-8. からの筆者の訳。

(58) 中村元著『原始仏教の成立』、中村元選集決定版、第一四巻、春秋社、二一〇頁。

(59) *Vinaya*, vol. II, P.T.S., London, p. 257, ll. 23-25. からの筆者の訳。

(60) その詳細については、植木雅俊著『差別の超克——原始仏教と法華経の人間観』、講談社学術文庫、一七四～一七八頁を参照。

第六章　「三従」説と「五障」説の出現

インドと中国で成立した「三従」説

「三従」は、既に述べましたように、ヒンドゥー社会の法典である『マヌ法典』に規定されているものです。

『マヌ法典』が、紀元前二世紀ごろに成立していること、および仏教教団が紀元前三世紀末に部派分裂を繰り返し小乗仏教化し始めていること、紀元前一八〇年ごろ仏教を重視していたマウリヤ王朝の崩壊でバラモン教の再興が始まったこと――などを考えますと、「三従」説は紀元前二世紀前後には仏教に取り入れられたのではないかと考えられます。

この「三従」説は、中国においても周末から秦、漢にかけての諸儒の古礼をまとめた『礼記《らいき》』、あるいは孔子（前五五一～前四七九年）の言行や、弟子との問答などをまとめた『孔子家語《こうしけご》』にも見られます。それは、

「幼にしては父母に従い、嫁しては夫に従い、老いては子に従う」

というものですが、これはインドとは独立に言われていたようです。ここにも『マヌ法

典』との類似性が見られます。ただし、両者の間の影響の有無を確認する証拠を示すのは困難です。それぞれ独立に主張されたことだと考えるしかありません。

バラモン教的色彩の「五障」説

「五障」とは、女性がなることのできないものとして挙げられた五つの「地位」「身分」のことです。五障（一部では五礙《ごげ》、五事と訳されています）の出典としては、『法華経』のほかに、上座部系化地部《けじぶ》の『五分律』、上座部系説一切有部《せついっさいうぶ》の『中阿含経《ちゅうあごんきょう》』、そして『瞿曇弥記果経《くどんみきかきょう》』が挙げられます(1)。

サンスクリット語の『法華経』(Saddharma-puṇḍarīka-sūtra）では、第十一章の「宝塔の出現」の章（鳩摩羅什訳では提婆達多品第十二）において、大海（sāgara）の中のサーガラ龍王の宮殿からマンジュシリー（文殊師利《もんじゅしり》）菩薩がやってまいります。マンジュシリーは、サーガラ龍王の宮殿において多くの衆生を教化したことを語り、その代表として不退転に到った八歳の龍女のことを紹介しました。そこへ、龍女が現れ、覚り（菩提《ぼだい》）を得たことを表明します。

それに対して声聞、すなわち小乗仏教の立場の代弁者として登場するシャーリプトラ（舎利弗《しゃりほつ》）が龍女に対して、「どんなに菩提心を発《おこ》し、不退転で、無量の智慧をそなえ、幾劫《こう》もの長きにわたって善行をなし、六波羅蜜《ろくはらみつ》を成就したとしても、女性である限り、ブッダの位に達することはできないのだ」と難癖をつけます。その理由として、

「女性は、今日まで五つの位に到達したことはないのだ(2)」

と、シャーリプトラが語ります。これは鳩摩羅什の訳では、

「また女人の身には猶《なお》、五障有り(3)」

となっています。その「五つの位」(五障)について、サンスクリット語の『法華経』は、

「第一はブラフマー神の位、第二はインドラ神の位、第三は大王の位、第四は転輪〔聖王〕の位、第五は不退転の菩薩の位である(4)」

と述べています。これは、鳩摩羅什の訳では、次のようになっています。

「一には梵天王と作《な》ることを得ず。二には帝釈、三には魔王、四には転輪聖王《てんりんじょうおう》、五には仏身なり(5)」

「五障」と訳された言葉は、サンスクリット語の「パンチャ・スターナーニ」(pañca sthānāni)です。「パンチャ」が「五」で、「スターナーニ」が中性名詞「スターナ」の複数主格または対格形です。この「スターナ」は、英語の「ステータス」「ランク」に当たる言葉で「地位、身分、階級」を意味しますから、本来は「五位」とでも訳すべきところ

です。ところが、クマーラジーヴァ（鳩摩羅什）が翻訳するときに「なることができない」という意味のほうを強調して「五障」と訳しました。

その五つの位とは、鳩摩羅什訳では、①梵天王（ブラフマー神）、②帝釈天（インドラ神）、③魔王（他化自在天《たけじざいてん》）、④転輪聖王、⑤仏（ブッダ）——の五つとなっています。サンスクリット語の『法華経』などには、⑤が「仏」ではなく「不退転の菩薩」[6]となっているものもありますが、不退転に至ったということは、仏に成るのは時間の問題であって、「不退転の菩薩」と言おうと、「仏身」と言おうと同じことです。

初めの梵天王、帝釈天、魔王（他化自在天）の三つは、いずれも古代インドにおける高位の神々であり、転輪聖王も古代インドにおける理想的な帝王のことです。この四つは、バラモン教的というか、ヒンドゥー社会の色彩が色濃いものばかりです。従って、この四つは、ヒンドゥー社会の中で言われていたことでありましょう。そこに仏教徒が、「仏身」あるいは「不退転の菩薩」を一つ追加して、「五障」としたように考えられます。

これによって、女性は、女性であるという理由だけで、いくら仏法を信じ、仏道を行じてもブッダにはなれないとされてしまいました。

「五障」に先駆けて現れた「三従」説

一体、こうした「三従」と「五障」という考えは、いつごろから仏教の経典の中に登場するようになったのでしょうか。梶山雄一博士の考えに基づいて以下、考えてみましょう。

まず、仏教において「三従」説は、「五障」説に先駆けて現れたものと考えられます。そして、いずれも、前三世紀末以後から紀元一世紀までの間のことであったと大枠を設定することができ、さらにその範囲を限定して、「三従」説は紀元前二世紀前後、「五障」説は紀元前一世紀に初めて登場したと推測することができます。

言い換えれば、「三従」「五障」のいずれの考えも、仏教がスリランカに南伝した前三世紀末以前、すなわち原始仏教の時代には存在しなかったということであり、小乗仏教の時代の産物であるということができます。

その成立時期を推測した根拠は、まず第一に、『仏説玉耶女経』というパーリ(7)、漢訳(8)両方に共通する経典群を比較して導かれることです。この系統の経典群の一部に「三従」説が見られますが、その半面、「五障」説は一切見られません。この事実は、「五障」説の成立よりも「三従」説の成立のほうが先であったということを意味しています。

第二に、その他の漢訳経典と、パーリ経典のそれぞれに対応する箇所を比較すると、「五障」説が両方にそろって出てくることはなく、一方にあって、他方には見いだされないという事実が挙げられます。このことから「五障」説は、仏教教団の部派分裂（前三世紀末）以前にはまだ存在せず、部派分裂以後に成立したということができます[9]。

第三に、マハー・プラジャーパティーによる比丘尼教団成立に関する歴史的出来事をまとめた経典群の比較から、「五障」説の成立は、比丘尼教団成立から約五百年後と考えられます。というのは、この経典群は、『四分律』のように、

「女性の出家を認めなかったならば、正法は五百年間存続したであろうに[10]」

と嘆く律典と、『五分律』のように、

「千年間存続するはずだったのに、五百年間しか存続しないことになろう[11]」

と嘆く律典の二つのグループに分けることができるからです。

この違いは、比丘尼教団成立から五百年の坂を超える前と後の時点における表現の違いであろうと考えられます。それは、「まだ五百年を経過していないが、五百年までもたないのではないか」という不安と、「五百年はもったけれども、千年はもちこたえられないのではないか」という懸念が、この表現の違いとなったと考えられるからです。

このように成立時期を異にする二つの律典のうち、前者には「五障」説への言及はなされていませんが、後者の経典群にはいずれも「五障」について触れられています。しかも、比丘尼教団の物語に続いて、「五障」説が出てくるという形式をとっていて、これは後世

の付加部分であろうと考えられます。だから、比丘尼教団成立から五百年後ごろには、既に「五障」説が言われていたと考えることができます。

比丘尼教団成立の時期については、お茶の水女子大学に提出した博士論文の中で詳しく考察いたしましたが、その結論部分だけを紹介します。アーナンダが出家したのは釈尊の成道から十五年後のことで、釈尊の侍者となったのは成道後二十年後と見られます。従って、少なくともマハー・パジャーパティーの出家が許されたのは、アーナンダの出家後でなければならず、釈尊成道後十五年以上たってからのことであったと推測されます。さらに、『パーリ律』においてマハー・パジャーパティーが出家を要請する場面でのアーナンダについての記述を見ると、出家はしていても、その時点ではまだ釈尊の侍者とはなっていないように見受けられます。従って、尼僧教団の出現は、釈尊の成道（三十五歳）から十五年目以後、二十年目以内の五年間の出来事であったと推測されます[12]。それは、釈尊の生存年代として中村元博士の説（前四六三〜前三八三年）を採用すると、紀元前四一三〜前四〇八年に相当しています。だから、比丘尼教団成立から五百年目に当たる年は、西暦八七年から九二年の間[13]だということになります。

「五障」説の成立は前一世紀ごろ

第四に、「五障」説が、紀元一世紀ごろ成立し始める初期大乗経典の『八千頌般若経《はっせんじゅはんにゃきょう》』や『法華経』において触れられていることを考慮しますと、これらの経典が成立する以前に、「五障」説が先立って現れていたとするのが自然であります。とすると、「五障」説が現れたのは、紀元前一世紀ごろと考えることができるというわけです。[14]

いずれにしても、「五障」説は、部派仏教で公認されていたことでありました。『大智度論』を見ても、「女人有五礙」の説を声聞乗の説として扱っております。[15]このことを考えても、「五障」(五礙)は当時の部派仏教の見解であったことがうかがわれます。小乗仏教の比丘たちによってなされた主張であったわけです。その背景には、従来のヒンドゥー教的な女性蔑視の観念の影響があったことも忘れてはなりません。

わが国では、この「女人五障」説によって高野山のような女人禁制の聖地がつくられました。

注

(1) 五礙や五事について触れたこれらの出典の原文は、次を参照。
植木雅俊著『差別の超克——原始仏教と法華経の人間観』、講談社学術文庫、一九一～

一九三頁。

（2）Jan Hendrik Kasper Kern and Bunyiu Nanjio (ed.), *Saddharma-puṇḍarīka-sūtra*,（以下、KN.）, Bibliotheca Buddhica X, St. Petersburg; reprinted by Motilal Banarsidass in Delhi, 1992, l. 11. からの筆者の訳。

（3）大正新脩大蔵経、巻九、三五頁下。

（4）KN. p. 264, ll. 11-13. からの筆者の訳。

（5）大正新脩大蔵経、巻九、三五頁下。

（6）「不退転」とは、修行において退くことのないこと。サンスクリット語で「アヴィヴァルティカ」（avivartika）、あるいは「アヴィニヴァルタニーヤ」（avinivartanīya）、と言い、「阿鞞跋致《あびばっち》」「阿惟越致《あゆいおっち》」などと音写されます。この位に至れば二度と退くことがないとされます。経論によっても異なりますが、菩薩の階位（五十二位）では十住のうちの第七住を不退位としています。

（7）Satta-bhariyā-sutta, *Aṅguttara-nikāya*, vol. IV, P.T.S., London, pp. 91-94.

（8）大正新脩大蔵経、巻二、八二〇下～八二一上、八六三上～下、八六三下～八六四下、八六四下～八六五下、八六五下～八六七上。

（9）以上の分析の詳細は、植木雅俊著『差別の超克――原始仏教と法華経の人間観』、講談社学術文庫、一八四～一八八頁を参照。

（10）大正新脩大蔵経、巻二二、九九二頁上以下。

（11）同右、巻二二、一八六頁上。

（12）この計算方法については、植木雅俊著『差別の超克——原始仏教と法華経の人間観』、講談社学術文庫、七二～七三頁を参照。

（13）梶山雄一博士は、アーナンダの出家を釈尊の成道から五年後と考えて、尼僧教団成立から五百年目の年を西暦七七年とされています。しかし、成道から五年後の時点でアーナンダは十歳であり、若すぎることに難点があります。水野弘元博士のように、アーナンダの出家を釈尊の成道から十五年、すなわちアーナンダが二十歳の時とするのが妥当でありましょう。そうすると、アーナンダが釈尊の侍者になるのはその五年後ということになります。

梶山雄一著『空の思想』、人文書院、二〇六頁。

水野弘元著『釈尊の生涯』、春秋社、二〇五頁、二一一頁。

中村元著『ゴータマ・ブッダⅠ』、中村元選集決定版、第一一巻、春秋社、六四三頁。

（14）サンスクリット原典の『八千頌般若経』（Aṣṭasāhasrikāprajñāpāramitā-sūtram）の同本異訳として、

鳩摩羅什訳『小品般若経』（大正新脩大蔵経、巻八、五三六～五八六頁）。

支婁迦讖訳『道行般若経』（大正新脩大蔵経、巻八、四二五～四七八頁）。

などがあります。この経は、大乗仏教の最初期における空の思想による智慧（般若）を説いた基礎的経典の一つです。現代語訳は、

梶山雄一・丹治昭義共訳『八千頌般若経Ⅰ・Ⅱ』、大乗仏典・インド編二・三、中央公

論社。

があります。

（15）大正新脩大蔵経、巻二五、一二五頁上。

第七章　大乗仏教による女性の地位回復

「五障」「三従」説の克服に努めた大乗仏教

大乗仏教が興ったのは、このように小乗仏教において「三従」「五障」ということが、まことしやかに論じられているころのことでした。

小乗仏教は、釈尊の本来の精神を見失って、保守化し、権威主義と、形式主義に陥ってしまっていましたが、大乗仏教はそれを批判し、「釈尊の原点に還れ！」という、復興（ルネッサンス）運動を展開しました。そこにおいては、当然のように小乗仏教の女性観も批判の対象になりました。

こうして大乗仏教は、その運動の目指すものの一つとして、従来のヒンドゥー教（バラモン教）的な観念の下で形成された女性蔑視の思想を宗教的にいかに乗り越えるかということに取り組みました。

なかんずく、原始仏教には存在せず、小乗仏教の時代にヒンドゥー社会の通念を反映して成立した、この「三従」と「五障」の説を克服するために大乗仏教の諸経典はたいへんな努力を払いました。

「三従」説への対応

「三従」説に言及している主な仏典として、『仏説玉耶女経』『玉耶経』『法句譬喩経』『賢愚経』『大方広仏華厳経』（四十華厳）などを挙げることができます。ところが、多くの著書、論文では、これらの出典名を列挙するのみで、それらの経典が、女性にとっての「三従」を肯定しているのか、否定しているのかについて言及されていません。それはよくないことです。ここに、それを確認しておきましょう。

女性が従うべきものとして「三従」説を挙げているのは、いずれも阿含部に属する『仏説玉耶女経』と『玉耶経』(1)の二つです。残りの三つの経典は、いずれも「三従」説に否定的な態度を貫いています。

まず、『法句譬喩経』は、「三従」説に言及しているとはいえ、「三従」説を仏教の立場としているのではなく、「三従」に悩む外道（仏教以外の教え）の女性たちを仏陀が解放するという内容となっています。次の『賢愚経』は、「三従」の制約を自らの意志で拒否して仏陀の教えを求め、夫や、息子たちをも仏教に帰依させた女性の話です。また『華厳経』（四十華厳）は、「三従」説などの偏見をもって女性を見ていた太子の認識を女性が改めさせるという物語であります。このように、一方で「三従」説を仏説であるかのようにして取り込んだものがありましたが、他方でそれを乗り越えようとするものもあったということができます。(2)

「三従」より重大問題はらむ「五障」説

このような「三従」説と、「五障」説は、いずれが女性にとって耐え難いものであるかを比べてみると、「五障」のほうが女性にとっては過酷なもののように思えます。「三従」について言及した仏典のいずれにも「不自由」「不自在」とあるように、「三従」説は女性の自由を許さないものでありました。それは、『マヌ法典』で規定されていたように、世俗の生活における女性軽視でありました。

それに対して、「五障」説のほうは仏教徒の女性にとっても致命的なものとなっています。「五障」説は、女性が仏陀（覚者、目覚めた人）になれないということを断定するものので、成仏（人格の完成）、智慧の獲得の可能性を全く否定しており、女性の全人格を否定するものであります。「三従」説の場合は、『賢愚経』に登場する女性のようにそれを無視して、それに従わなければすむ問題です。例えば、出家すればそれらの桎梏《しっこく》から免れることができます。ところが、「五障」説の場合は出家しても、しなくても女性であるというだけで成仏の可能性が完全に否定されてしまうのです。従って、「三従」説に比べれば、「五障」説のほうが、大乗仏教にとって重大な問題であったといえましょう。

「空」の思想と「変成男子」の強調

従って、大乗仏教は「五障」説の克服のほうにより力を入れました。その方法は、主に①男女の性差は「空《くう》」(śūnya) にして不二《ふに》 (advaya) 平等 (sama) という考え方と、②「変成男子」説――の二つの観点からなされました。

①の「空」「不二平等」という観点を主張した経典には、『八千頌般若経《はっせんじゅはんにゃきょう》』[3]『三昧王経《さんまいおうきょう》』[4]『勝鬘経《しょうまんきょう》』[5]『如来蔵経《にょらいぞうきょう》』[6]『首楞厳三昧経《しゅりょうごんさんまいきょう》』[7]『維摩経《ゆいまきょう》』[8]などがあります。

②の「変成男子《へんじょうなんし》」という観点を主張する経典の代表が『法華経』です。このほか、『大樹緊那羅王所問経《たいじゅきんならおうしょもんきょう》』[9]『大宝積経《だいほうしゃくきょう》』[10]『転女身経』[11]などがあります。『大樹緊那羅王所問経』は、月氏《げっし》から一七八年ごろ来支した支婁迦讖《しるかせん》[12]によって漢訳されていますから「変成男子」(転女身) の思想は、大乗仏教では早くから打ち出されていたことが分かります。

平川彰博士は、大正新脩大蔵経巻一四に収められた五五六番目の『仏説七女経』[13]から五七四番目の『堅固女経』[14]までは、二、三の例外を除いて、すべてこの「変成男子」ということを説いていると指摘されています。それらは、『龍施女経』(15)のように、阿含経《あごんきょう》以来の「女人の五礙」(五障のこと)を正面から否定しようとするもの、『順権方便経』(16)などのように、自ら願って方便として女身を現しているとするもの、『婦人遇辜経』(17)のように、女人も不退転地に至ることができるとするもの――に分類されると述べています。(18)

「空」の思想からの女性の地位回復

次に、男女の性差は「空《くう》」にして不二《ふに》平等という考え方からの女性の地位回復が、どのようになされたのかを見てみましょう。

「空」という考えは、釈尊自身も語っていたようです。原始仏典の中でも最古の経典といわれ、釈尊のなまの言葉に近いといわれる『スッタニパータ』に、

「自我に固執する見解をうち破って、世界を空《くう》なりと観ぜよ。そうすれば死を乗り超えることができるであろう(19)」

という釈尊の言葉が記録されています。自我に固執すること(我執)によって、自他・有無・彼此《ひし》といった二元相対の差別相にとらわれてしまい、真実が見えなくなってしまいます。その我執を離れたところに二元相対を超えた「空」があるというのであります。

そして大乗仏教になると、特にこの「空」という観点が脚光を浴びます。そして女性の

地位回復ということも、「空」という観点から強力に主張されました。

『首楞厳三昧経』に見る女性の名誉回復

まず、『首楞厳三昧経《しゆりようごんさんまいきよう》』を見てみますと、

「そのとき、ドリダマティ菩薩はゴーパカ天子につぎのように尋ねた。『天子よ、あなたはどれほどの善根（を積んだこと）によって、女性の身体から変身し（て、男子となっ）たのですか』

答える。『良家の子よ、大乗に進むものにとっては、女性であろうとも、男性であろうとも、そのことは欠点とはなりません。それはどうしてかというと、全知者の心は三界とともにはたらくのではないからで、女とか男とかは、（凡夫の）心によって（みだりに）あらわし出されたものにすぎません……私が（女性でありたいと）願っていたあいだは、私には女性の姿があらわれていました。良家の子よ、私に男性の姿が生じるようなときにも、私は女性としての固有の本性（法性）を捨てません……たとえば、女性であるとか男性であるとかと執着することは倒錯して執着していることです。良家の子よ、（しかし）およそ倒錯と無倒錯という二者は、不二《ふに》であって、二つに区別されないのです。それはどうしてかというと、良家の子よ、あらゆるものはまったく二元性を離れているからです[20]』」

という表現で、男女の区別は本質的なものではない、「不二」であって、「空」であると主張されます。

ここで、質問者は、男子であるか、女子であるかという概念の枠組みにとらわれてしまい、倒錯に陥ったところで人間を見ているので、大事なものが見えなくなってしまっているといえます。その点をここで突いているといえましょう。

ここで、「変成男子」についてドリダマティ菩薩が尋ねる相手をゴーパカ天子という名前にしたのは、理由があるように思えます。原始仏典の『ディーガ・ニカーヤ』[21]にゴーピカー（Gopikā）という女性が、釈尊の教えを信じて実践した結果、死後に帝釈天の息子となったという話が伝えられていることによるものでしょう。その帝釈天の息子の名前が、ゴーパカ天子でありました。ゴーピカーは、ゴーパカの女性形です。

『首楞厳三昧経』は、この原始仏典の記述を念頭において、ゴーパカ天子を登場させたのではないでしょうか。この質問者は、女性が男性として生まれてくるというこの原始仏典の記述を見て、女身は欠点あるものと考えたのでありましょう。そして、男子であるか、女子であるかという二元相対的概念の枠組みにとらわれてしまって、倒錯に陥ったところで人間を見て、大事なものが見えなくなってしまっているといえましょう。『首楞厳三昧経』は、その点を突いているのです。[22]

『維摩経』に見る女性の名誉回復

また、『維摩経《ゆいまきょう》』は、シャーリプトラと天女との対話というドラマチックな表現でそれを論じています。『維摩経』は、これまで鳩摩羅什らによる漢訳と、チベット語訳とが現存しているのみで、サンスクリット原典は現存していないとされてきました。ところが、博士論文をお茶の水女子大学に提出し、審査を受けているころに中国・チベット自治区のポタラ宮で『維摩経』原典の写本が大正大学の調査団によって発見されたことが報じられました。二〇〇一年十二月十五日付の毎日新聞によると、サンスクリット写本は縦六センチメートル、横三十センチメートルの貝葉《ばいよう》七十九枚に墨で書かれていて、八世紀に書写されたものだということでした。それは、二〇〇四年三月に大正大学総合仏教研究所によって『梵蔵漢対照「維摩経」「智光明荘厳経」』（大正大学出版会）として出版されました。大変に喜ばしいことです。

ここでは、サンスクリット原典ではなく、中村元博士の訳(23)から、シャーリプトラと天女との対話の部分を長くなりますが引用してみましょう。

その場面は、天女が天の華を弟子たちの上に散じるところから始まります。その華が、菩薩たちのところに至ると落ちてしまいますが、シャーリプトラをはじめとする大弟子（声聞《しょうもん》）たちのところに至ると身に付着してしまいます。あわてた大弟子たちは、華を取り払おうとしますが、取ろうとすればするほど取れなくなってしまいます。

そこで、天女はシャーリプトラに、

「どうして華を取り去ろうとなさるのですか」

と尋ねます。シャーリプトラは、

「これらの華は、修行僧にはふさわしくないからです」

と答えます。これに対する、天女の言葉がさえています。それは、

「これらの華を〈修行僧にふさわしくない〉とお考えになってはいけません。なぜかと申しますと、これらの華は分別するはたらきがないのです。ところがあなたが自分で分別の想《おもい》を生じておられるだけです。もしも仏法において出家したのに、しかも分別するところがあるならば、それこそ〈修行僧にふさわしくない〉ことなのです。もしも分別するはたらきがなければ、それはすなわち〈ふさわしい〉ことなのです。……煩悩の束縛の余力が未だ尽きていないから、華が身に著《つ》くだけなのです。煩悩の束縛の余力がすでに尽きてしまえば、もはや華は身に著かないのです」

というものでした。

自我に固執するがゆえに、自他・有無・彼此《ひし》などの二元相対的な差別相にとらわれてしまう。華が、あれやこれやと分別しているのではなく、シャーリプトラこそが分別してい

るがゆえに華に執着しているというのであります。それを華が付着して離れないという表現で示しました。

「一切は男に非ず、女に非ず」

シャーリプトラは、ここで天女に一本取られてしまいます。ところが、それにもこりず、またもやよけいなことを言って天女にやりこめられます。

「シャーリプトラが言った。『あなたはどうして女身を転じて男の身とならないのですか?』

天女は言った、『わたくしは十二年このかた、女人の性を求めて来ましたが、ついに不可得でありました。いったいどうして女身を転ずる要がありましょうか? 譬えば幻術師が幻の女をつくり出したようなものです。もしもひとが幻の女に〈あなたはどうして女身を転じて男の身とならないのですか?〉と問うたならば、この人は正しい問を発したと言えるでしょうか?』

シャーリプトラは答えた、『それは正しい問ではありません。幻には一定の特性はありません。どうしてそれを転ずる必要がありましょうか?』

天女は言った、『一切のことがらもまたそのとおりです。一定の特性はありません。〈女身を転じて男の身とならないのはなぜか?〉とどうして理由を問う要がありましょうか?』と。

天女は即座に神通力をもってシャーリプトラを変じて天女の如くならしめた。また天女は自ら身をかえてシャーリプトラの如くならしめた。そうしてシャーリプトラに問うて言った。『どうして女身を転じて男の身とならないのですか?』

シャーリプトラは天女のすがたをしながら答えて言った、『わたくしは女人の身となってしまいましたが、どうしてこのようなことになったのか解らないのです。』

天女が言った、『シャーリプトラさま。もしもあなたが御自身の〈女人の身〉を転ずることができるなら、一切の女人もまた女身を転ずることができるでしょう。あなたが実は女ではないのに女人を現わされたように、一切の女人もまたそれと同じです。かれらは女身を現わしているけれども、実は女ではないのです。だからこそ、仏は、一切のものは男に非ず、女に非ず、と説きたもうたのです。』

そう言って天女は即時に神通力をもとへ還し、おさめた。するとシャーリプトラの身も、女ではなくなり、もとどおりになった。天女はシャーリプトラに問うた、

『女身のすがたはいまどこへ行きましたか?』

シャーリプトラは答えた、『女身のすがたはもはやあるのでもなく、ないのでもないの

です。』

天女は言った、『一切のものもそのとおりです。あるのでもなく、ないのでもないのです。そもそも〈あるのでもなく、ないのでもない〉というのは、仏の説きたもうたことです。』」

というやり取りが行なわれます。

ここには、「女身」という固定した実体なるものはない。そんなものは、幻のようなものにすぎない。〈あるのでもなく、ないのでもない〉という「空」の論理によって、「一切のものは男に非ず、女に非ず」と述べ、外見としての男身や女身にとらわれることの間違いを打ち破ります。

性差にとらわれることを否定する「空」

ところが、フェミニストたちは、「一切は男にあらず、女にあらず」とする『維摩経』などの「空」の思想について、「性差を否定するものだ」と批判しています。しかし、これは「性差にとらわれることを否定している」と言い換えるべきです。

「男にあらず、女にあらず」という「空」の論理は、必ず小乗仏教の代弁者が、男か女かという二者択一的に男性優位を主張した直後に出てくることに注意しなければなりません。男性優位の考えに対して、「男は敵だ、女は被害者だ」として女性優位を主張しても、同じものの裏と表の関係であって、二元相対の域を出ていないことになります。二元相対的対立の思考に陥ることの不毛さを乗り越えるために「空」の論理が用いられているのです。

性差よりも「人間として何をするか」を重視

しかも、話は「空」で終わっているのではありません。男か女かという表面的な違いにとらわれ、二者択一に執着する相手の態度を「空」の論理によって否定しておいて、その次に「人間として何をするか」「どうあるか」という高次の普遍的次元から平等を説いていることを見落としてはなりません。

悪魔をやりこめたソーマー尼の話も、シャーリプトラ（舎利弗）をやりこめた天女の話も、男か女かという次元の主張に対して、男か女かという次元ではなく、その二元相対的対立を超越したところから女性たちが答えていることを見落としてはなりません。それは「人間として」という次元からの答えでありました。男女の違いから対立するのではなく、男女の生物学的違い（sex）を違いとして認めて、さらに人間としての在り方という普遍的な立脚点を提示しているのです。それがまさに、仏教の目指した「ジェンダー平等」

(gender equality) と言うべきものでありました。

仏教は、二元相対的思考に陥ることを戒めたところに特徴があります。釈尊自身の思考の特徴もそこにありました。ところが小乗仏教は、在家と出家、男と女といった二元相対的思考に陥っていました。そうした思考が虚妄なものであることを、大乗仏教は「空」の思想によって批判したのであります。それは、「空」ということ自体を主張することが目的ではありませんでした。もしも、それだけに終わっていれば、女性の地位向上は消極的なものに終わってしまったことでしょう。「空」によって、男女の差異が本質的なものでも、実体的なものでもないことを訴えて、その上で、さらに積極的に、その差異を超えて、「人間として」あるべきことへと止揚する主張もなしていたのであります。

「男であること」や「女であること」の違いよりも、「人間として何をするか」ということを重視しています。かつて読んだ丸山真男の小論「『である』ことと『する』こと」(24)のテーマを思い出します。それは原始仏典の
「生まれによって賤しい人となるのではない。生まれによってバラモンとなるのではない。行為によって賤しい人ともなり、行為によってバラモンともなる(25)」

ということとも共通しています。

ここでいう「生まれ」の一つとして、「男であること」「女であること」を挙げることが

できるでしょう。男であるか、女であるかということによって賤しくなるのでもなく、貴いとされるのでもありません。男女という「であること」の違いではなく、「行ない」、すなわち「すること」の内容によって賤しくも貴くもなるというのであります。

恵まれない条件を他者救済の原動力に

『維摩経』では、天女とシャーリプトラとの以上のやり取りを引き取るように、主人公のヴィマラキールティ（維摩詰）[26]が口を開きます。

「この天女はすでに九十二億の仏を供養しおわって、すでにぼさつの神通に遊戯して、願いを達成し、何ものも生じないという認識を得て、不退転の境地に住しているのです。ただ本願をもっての故に、こころのままに、すがたを現じて衆生を教化しているのであります」

今度は、〈あるのでもなく、ないのでもない〉という単なる「空《くう》」の論理にとどまらず、天女自身は既に不退転の菩薩の境地に住していて、いつでも仏に成ろうと思えば成れるのに、それを思いとどまって自ら願って女性の姿を現じて衆生を教化していると語ります。すなわち、本願のゆえにあえて女性として生まれてきたのであると説かれます。こうして、女性として生まれてきたことの自発性と、積極的意義を明かしました。

このように、女性と生まれたことを「衆生（女性）の救済のため」と位置付ける大乗経典には、『大宝積経』『涅槃経』『宝女所問経』『大集経』『順権方便経』などが挙げられます。

これは、ちょうど「業《ごう》」（カルマ）というヒンドゥー教（バラモン教）的観念[27]が次第に仏教に入り込み、過去に縛られたものとして現在の自己をとらえるようになってしまったことに対して、「願兼於業《がんけんおごう》」（悪業で苦しむ衆生を救うために願って悪業を兼ねること）という考え方を強力に打ち出していったのとよく似ています。

それは、俗っぽい言葉で言えば、「業があるから何なんだ」と開き直ったようなものでした。それによって、大乗仏教徒は、ヒンドゥー社会や、小乗仏教の女性観が広まった社会にあって女性として生まれてきたことを嘆くことなく、「女性に生まれたが故に、女性の苦しみが理解できる。だからこそ女性を救済できるのだ」と、主体的に、積極的にその恵まれない事実を受け止め、菩薩道という他者救済の原動力として、他の悩める、差別された女性の救済に立ち上がったのでありました。

「五障」説を全面的に否定

話を『維摩経』に戻しましょう。ヴィマラキールティが語った言葉の中に、天女が「不退転（の菩薩）の境地に住している」とあることにも注意する必要があります。既に述べたように、「五障」の一つに、「仏」に代えて「不退転の菩薩」が挙げられていることがありました。ということは、ヴィマラキールティのこの言葉は、小乗仏教徒が主張していた「五障」説を全面的に否定していることを意味しております。

また、このヴィマラキールティは在家の実業家（グリハパティ、居士《こじ》）(28)であり、在家の菩薩であったということも、大乗仏教の特徴を象徴的に示しております。大乗仏教は、在家の人たちが主体的に起こした運動だったわけです。

『法華経』に見る女性の名誉回復

次に、「変成男子」の説が出てくる『法華経』を見てみましょう。第一部第一章の冒頭に引用した「法華経より外の一切経を見候には、女人とはなりたくも候はず」という一節で、日蓮は「法華経より外の一切経を見候には」と但し書きを付けていましたが、なぜ『法華経』を例外としたのでしょうか。

それは、『法華経』第五の巻の提婆達多品第十二で、提婆達多とともに龍女の成仏が明かされているからです（本章末尾の追記参照）。これまで嫌われてきた女人の身である龍女が、この提婆達多品において、わずか八歳にして即身成仏を事実の姿で示しました。

経典によりますと、まず大海（sāgara）の龍宮で化導していた文殊師利（マンジュシリー）菩薩が登場し、龍宮で化導した衆生の数が無量であると述べます。その代表例として、サーガラ（娑竭羅《しやかつら》）龍王の娘（sāgara-nāga-rāja-duhitṛ）、すなわち八歳の龍女のことを次のように紹介します。

「智慧利根《りこん》にして、善く衆生の諸根の行業《ぎようごう》を知り、陀羅尼《だらに》を得、諸仏の所説の甚深の秘蔵悉《ことごと》く能《よ》く受持し、深く禅定に入って、諸法を了達し、刹那《せつな》の頃《あいだ》に於いて、菩提心を発《おこ》して不退転を得たり。弁才無礙《むげ》にして、衆生を慈念すること、猶《なお》、赤子の如し。功徳具足して、心に念《おも》い口に演《の》ぶること、微妙《みみよう》広大なり。慈悲仁譲《にんじよう》、志意和雅《しいわげ》にして、能《よ》く菩提に至れり(29)」

これを現代語訳すると、

「〔八歳のサーガラ龍王の娘は、〕智慧が極めてすぐれていて、衆生が諸々の感覚器官を通してなす行ないをよく知っており、ダーラニー（法を理解し記憶し心にとどめる能力）を得ており、諸々の仏が説かれた甚だ深い秘密の教えの蔵を一つ残らずすべて受持し、深く禅定に入って、あらゆるものごとの真実の姿を明らかに覚って、瞬く間に覚りを求める心を発して、もはや退転することのない境地を得ているのです。その弁舌の才能は滞ることがなく、衆生を慈しみ心に思い続けることは、赤ん坊に対してなすがごとくであります。

功徳がそなわっていて、(彼女が) 心に思い、口で語ることは、計り知れないほどすぐれて見事で、また広大なものであります。慈悲深く、思いやりがあり、控えめで、その心根は柔和で、上品であって、覚りに至ることができたのであります」

となります。

小乗仏教を代弁する智積と舎利弗

ところが、これに対して智積《ちしやく》(プラジュニャークータ) 菩薩が、疑問を投げかけます。それは、小乗仏教の女性観を反映したものでありました。

「我、釈迦如来を見たてまつるに、無量劫に於いて、難行苦行し、功を積み徳を累《かさ》ねて、菩薩の道を求むること、未だ曾《かつ》て止息したまわず……此の女《むすめ》の須臾《しゆゆ》の頃《あいだ》に於いて、便《すなわ》ち正覚を成ずることを信ぜじ(30)」

そこへ、この言葉を言い終わらないうちに龍女が登場します。そして、

「我れ大乗の教を闡《ひら》いて、苦の衆生を度脱せん(31)」

と宣言します。

ところが、舎利弗は、

「汝《なんじ》久しからずして、無上道を得たりと謂《おも》えり。是の事信じ難し。所以《ゆえん》は何《いか》ん。女身は

垢穢《くえ》にして、是れ法器に非ず。云何《いかん》ぞ能《よ》く、無上菩提を得ん。仏道は懸曠《はるか》なり。無量劫を経て、勤苦して行を積み、具《つぶ》さに諸度を修して、然して後に乃《すなわ》ち成ず[32]」

と、小乗仏教の余臭ふんぷんとして龍女の成仏に難くせをつけます。

天台大師[33]は、こうした智積菩薩《ちしゃく》と舎利弗のことについて、『法華文句《ほっけもんぐ》』で、

「智積は別教に執して疑いを為《な》し……身子《しんし》は三蔵の権《ごん》を挟んで難ず[34]」

と評しています。「三蔵」とは、中国においては小乗教の経典を意味します。「権」とは、「かり」と読ませて、仮に説かれた教えのことを意味しています。「身子」とは、舎利弗のことです[35]。

そうすると、この『法華文句』の一節は、

「智積菩薩は、菩薩のみに限定して説かれた別教に執着して龍女の成仏に疑いをなし、……舎利弗は、小乗教という仮に説かれた教えの考え方を差し挟んで論難しています」

と、現代語訳できます。

確かに舎利弗のセリフを見ますと、

「仏道は懸曠《はるか》なり」（仏道は遠く懸け離れている）

「無量劫を経て、勤苦《ごんく》して行を積み」（数えきらないほどの長遠な時間を経て、刻苦勉励・努力して修行を積んでいる）

「具《つぶ》さに諸度を修して……成ず」（ことごとく六波羅蜜《ろくはらみつ》の行を修行して……やっと成仏できる）

などという表現が列挙されています。第五章で見た通り、修行の困難さを強調することによって釈尊を人間離れしたものにまつり上げようとした小乗仏教の手法を、こうした表現にそのまま見ることができます。また、「女身は垢穢《くえ》にして、是れ法器に非ず」という小乗教的（三蔵の権《ごん》）、あるいはヒンドゥー的女性観も顔を出しています。

「五障」説を取り上げ難じた『法華経』

さらに舎利弗は、女人が、①梵天王、②帝釈天、③魔王、④転輪聖王、⑤仏身――の五つにはなることができない（五障）とまで非難します。これも、既に見たごとく、小乗仏教教団の女性観であります。こうしたことから天台大師は、「身子は三蔵の権《ごん》を挟んで難ず」と言っていたのであります。

これに対して、龍女は手にしていた宝珠を釈尊に手渡し、舎利弗に向かって、

「世尊が宝珠を納受されたのは速かったでしょうか、そうではなかったでしょうか？」

と問いかけます。舎利弗は、

「あなたは速やかに与えたし、世尊も速やかに受け取られました」

と答えます。そこで龍女は、

「大徳シャーリプトラよ、もしも私が大いなる超自然力（大神力）を持つものであるならば、〔それよりも〕さらに速やかに私は正しく完全な覚りを完全に覚ることでありましょう。しかしながら、〔それは〕この宝石の受け取り手が、〔大いなる超自然力を持つものであるから〕ではありません。あなたの神力によって、私が成仏するのをご覧なさい。世尊が宝珠を納受されたのよりも、ずっと速やかでありましょう(36)」

と、宣言して成仏するわけです。

その場面を鳩摩羅什訳から引用しますと、

「当時の衆会《しゅえ》、皆龍女の、忽然《こつねん》の間に変じて男子《なんし》と成って、菩薩の行を具して、即ち南方無垢《むく》世界に往《ゆ》いて、宝蓮華に坐して、等正覚《とうしょうかく》を成じ、三十二相《そう》、八十種好《しゅごう》あって、普く十方の一切衆生の為に、妙法を演説するを見る(37)」

となっています。

サンスクリット語の『法華経』から、この部分に相当する箇所をここに翻訳しておきます。

「するとその時、一切世間の〔人々の〕眼前において、また長老シャーリプトラの眼前において、その女性の性器が消えてなくなり、男性の性器が現れ、そして、サーガラ龍王の娘は、自ら菩薩であることをはっきりと示した。その時、その人は南の方へと行った。その時、南方においてヴィマラー（汚れのない、無垢）という名前の世界が〔あった〕。〔龍女は〕そこの七宝からなる菩提樹の根もとに坐って自ら完全な覚りを開き、三十二種類の勝れた相と、〔八十種類の〕副次的な身体的特徴を具えていて、光明によって十方を照らしてから、法を教示している〔姿を〕示した(38)」

インド人は、平然と「女性の性器が消えてなくなり、男性の性器が現れ」と書いていたようです。ところが漢訳の段階で、中国人は、少し気が引けたのか「変成男子《へんじようなんし》」（変じて男子と成る）としました。こうしたところにも、インド人のおおらかさと中国人の羞恥心という民族性の違いをうかがうことができます。

龍女とのやりとりを見ていますと、方便品、譬喩品あたりでは、相当に格好良い役だったシャーリプトラも、ここでは龍女に、してやられたという感じがして、既に見た『維摩《ゆいま》経《きよう》』ほどではないにしても、まるでピエロです。ここにおいて、智慧第一と称讃されたシャーリプトラは、小乗仏教徒の女性観を代弁する役回りに終始しています。

舎利弗は歴史的には高潔な人物

大乗経典においては、歴史的人物を一定のキャラクターとして登場させ、経典の主張を引き立たせる役割を担わせせることがしばしばです。特にシャーリプトラは、小乗仏教徒の典型としての役割を負わされることが多いようです。

中村元博士は、初期のジャイナ教徒たちがシャーリプトラを仏教教団の代表者とみなしていたと指摘されていますが(39)、歴史的人物としてのシャーリプトラは、釈尊の信頼も厚い、高潔な人物であったことを知っておかなければなりません。従って、原始仏典に登場するシャーリプトラが歴史的人物に近いと見ることができるのに対して、大乗経典におけるシャーリプトラは、小乗仏教徒、すなわち男性出家者である声聞《しょうもん》を代表する人物の象徴として描かれているということに注意する必要があります。『維摩経』がそうですし、この提婆達多品もそうです。提婆達多品は、もともと独立した一つの経典でしたが、後に『法華経』に採り入れられました。それに対して、『法華経』は舎利弗の名誉回復を方便品と譬喩品で図ったわけです。同じ経典でありながら、舎利弗の役割が方便品や譬喩品と提婆達多品との間で異なっているのは、以上のような事情があるからです。

釈尊の原点回帰めざした大乗仏教運動

以上、『首楞厳三昧経』『維摩経』『法華経』の三つを例として、その女性観をながめてきましたが、大乗仏教において女性の名誉回復はこのように多角的に行なわれました。

ところが、こうした論調は、既に原始仏典にその萌芽があったといえます。第一部第三章に引用しておいた、

「心がよく安定し、智慧が現に生じているとき、正しく真理を観察する者にとって、女人であることが、どうして妨げとなろうか[40]」

「『われは女であろうか?』『われは男であろうか?』また『われは何ものなのだろうか?』と、このように迷っている人こそ、悪魔が呼びかけるのにふさわしいのです[41]」

という言葉を見ても、女とか男とかという現象的なことにとらわれないことが強調されています。こうした点からも、大乗仏教運動は「釈尊の原点に帰れ!」というスローガンの下に展開された復興(ルネッサンス)運動であったといえるのではないでしょうか。

〈追記=『法華経』の仏国土表現からの考察〉

『法華経』提婆達多品に説かれる龍女の成仏は、女性の名誉回復のための一つの方法でありました。ところが提婆達多品は、文献学的には後代に付加されたものとされています。現存する『法華経』のサンスクリット語写本の中で、一九〇六年にファルハード・ベーク・ヤイラキで、イギリスのマーク・オーレル・スタイン(一八六二~一九四三年)によって発見された「ファルハード・ベーク本」においては提婆達多品が全部欠落しております。

クマーラジーヴァ（鳩摩羅什）の訳した『法華経』にも、初めは提婆達多品がありませんでしたが、後になって挿入されて、現行の二十八品の『法華経』となりました。

天台大師は『法華《ほっけ》文句《もんぐ》』において、提婆達多品について次のように記しています。

「長安の宮人、此品を請て淹留《えんりゅう》して内に在《お》き、江東の伝ふる所は止《た》だ二十七品を得るのみ。梁に満法師有り、経を講ずること一百遍、長沙郡に於て身を焼く、仍《な》ほ此品を以て持品の前に安ず、彼れ自ら私に安じ、未だ天下に聞えず。陳に南嶽《なんがく》禅師(42)有り、此品を次で宝塔の後に在《お》く。晩《のち》に正法華を以《もっ》て之《これ》を勘《かんが》ふるに甚だ相応す、今四瀆混和して長安の旧本を見る故に知《しん》ぬ、二師は深く経の意を得たることを(43)」

これを見ると、提婆達多品は天台大師の少し前に挿入されたであろうと推定されます。

そうなると、龍女の成仏を説く提婆達多品を欠いた『法華経』は女性を平等とする思想がなくなるのではないかという懸念が出てまいります。この点については、苅谷定彦氏の優れた論文「法華経における女性」（日本仏教学会編、『仏教と女性』所収）に詳しく論じられています。苅谷氏の論点は、『法華経』で授記された人たちの仏国土がどのように表現されているのかというところにあります。

その一端を紹介します。苅谷氏によると、『法華経』譬喩品に説かれる舎利弗の仏国土の表現は、鳩摩羅什訳では、

「天人熾盛《しじょう》」(44)

となっていますが、『正法華経』では、

「男女衆多」(45)

となっており、サンスクリット語『法華経』では、

「その世尊である華光《けこう》如来の『塵垢のない』（離垢）という名前の仏国土は……多くの人々と女性の集団が充満し、また神々が入り乱れているであろう……」(46)

となっています。鳩摩羅什訳の「天人」の「人」は、当然のように男女からなっているのであり、意味することは同じでしょう。このように「舎利弗の仏国土では、男女が平等に存在している」と表現されていることが注目されます。

そのほかの、大迦葉《だいかしょう》(47)、須菩提《しゅぼだい》(48)、迦旃延《かせんねん》(49)、目犍連《もっけんれん》(50)、阿難《あなん》(51)、憍陳如《きょうじんにょ》(52)などの五百人の声聞、学・無学(53)の二千人の場合を見ても、それぞれ多少の表現の違いこそあれ、「幾百・千・コーティ・ナユタもの多くの菩薩たち」「幾百・千・コーティ・ナユタもの無量の声聞たち」「ガンジス河の砂の数のように大勢の神々や人間たち」などで満ちあふれているとなっていて、いずれの仏国土においても女性は差別されていないという事実が指摘されています。

ただ、例外として富楼那《ふるな》(54)の場合に限って、

「比丘たちよ、さらにその時、この〔富楼那の〕ブッダの国土は、悪が消滅しており、また女性もいなくなっているであろう。また、それらの衆生たちは、すべて〔両親なしに〕自然発生（化生《けしょう》）したものたちであり、禁欲を実行するものたちであろう……」(55)

とあり、女性を排除しています。これだけ明確に「悪」と並べて「女性もいなくなっている」と断言しているのは、「一切衆生皆成仏道」を趣旨とする『法華経』においては異常なことであり、苅谷氏は、この富楼那についての記述は後世に付加されたものであろうと推測されています。筆者は、この箇所について、阿弥陀仏《あみだぶつ》の住する西方の極楽《ごくらく》世界に女性がいないとする『無量寿経』の思想が割り込んできたものだと考えています。(56)

さらに苅谷氏は、不軽品《ふぎょうぼん》に注目しています。不軽菩薩は、すべての人に礼拝讃歎して、

「我深敬汝等。不敢軽慢。所以者何。汝等皆行菩薩道。当得作仏」(57)

（我れ深く汝等《なんだち》を敬う。敢えて軽慢《きょうまん》せず。所以《ゆえん》は何《いか》ん。汝等《なんだち》、皆菩薩の道《どう》を行じて、当《まさ》に作仏《さぶつ》することを得べし）(58)

と、語りかけました。これをサンスクリット語から訳すと、

「私は、あなたがたを軽んじません。あなたがたは、軽んじられることはありません。それは、どんな理由によってか？　あなたがたは、すべて菩薩行（菩薩としての修行）を行ないなさい。あなたがたは、正しく完全に覚った尊敬されるべき如来になるでありま

しょう[59]」

となります。

この言葉は二回繰り返されていて、漢訳では訳されていませんが、それぞれの言葉の初めのほうに、

「尊者がたよ」(āyuṣmanto)

「ご婦人がたよ」(bhaginyo)

という呼びかけの言葉がついています。いわば、英語の「レディス・アンド・ジェントゥルメン！」のようなものです。

このように、『法華経』の理想とする菩薩は、「常不軽」(常に軽んぜず)という名前が示すように、女性を軽んじることなく、平等に成仏できることを語っていたのであります。

こうしたことから苅谷氏は、

「法華経の作者が『男女両性を平等に尊重するヒューマニズム』の立場にあったことを如実に示すもの[60]」

と述べられ、

「法華経はこの根本的立場からして、おのずから男女平等であって、そこには女性をして女性なるが故に差別する『性差別』はその片鱗さえも窺《うかが》いえない[61]」

と結論されています。

だから、提婆達多品の有無にかかわらず、『法華経』は男女の平等を説いていたということが分かります。

注

（1）梶山雄一博士は、「三従」説が出てくるのは『仏説玉耶女経』のみとされていますが、『玉耶経』に、「十悪」の最後の三つとして「三従」説を挙げてあるのを見落としてはなりません。
梶山雄一著『空の思想――仏教における言葉と沈黙』、人文書院、二〇五頁。

植木雅俊著『差別の超克――原始仏教と法華経の人間観』、講談社学術文庫、一八六～一八七頁。

（2）それぞれの経典の具体的な内容については、次を参照。
植木雅俊著『差別の超克――原始仏教と法華経の人間観』、講談社学術文庫、二〇一～二一九頁。

（3）第一部第六章の注(14)を参照。

（4）現代語訳は、
田村智淳・一郷正道共訳『三昧王経Ⅰ・Ⅱ』、大乗仏典・インド編一〇・一一、中央公論社。

（5）大正新脩大蔵経、巻一二、二一七～二二三頁。
現代語訳は、
高崎直道訳『如来蔵系経典』、大乗仏典・インド編一二、中央公論社所収。

（6）大正新脩大蔵経、巻一六、仏駄跋陀羅訳は四五七～四六〇頁。不空訳は四六〇～四六六頁。
現代語訳は、
高崎直道訳『如来蔵系経典』、大乗仏典・インド編一二、中央公論社所収。

（7）大正新脩大蔵経、巻一五、六二九～六四五頁。
現代語訳は、
長尾雅人・丹治昭義共訳『維摩経・首楞厳三昧経』、大乗仏典・インド編七、中央公論社所収。

（8）大正新脩大蔵経、巻一四、支謙訳は五一九～五三六頁。鳩摩羅什訳は五三七～五五七頁。
現代語訳は、
中村元編『大乗仏典』、筑摩書房所収。

長尾雅人・丹治昭義共訳『維摩経・首楞厳三昧経』、大乗仏典・インド編七、中央公論社所収。

長尾雅人訳『維摩経』、中公文庫。

植木雅俊訳『梵漢和対照・現代語訳 維摩経』、岩波書店。

植木雅俊訳『サンスクリット版全訳 維摩経 現代語訳』、角川ソフィア文庫。
植木雅俊訳『梵文「維摩経」翻訳語彙典』、法藏館。
(9) 大正新脩大蔵経、巻一五、三六七～三八九頁。
(10) 同右、巻一一、一～六八五頁。
(11) 同右、巻一四、九一五～九二一頁。
(12) 支婁迦讖(Lokakṣema)は、月氏(月支)出身で一七八年ごろに洛陽に来て、『般若経』や『般舟三昧経』などの大乗経典を訳出しました。
(13) 大正新脩大蔵経、巻一四、九〇七～九〇九頁。
(14) 同右、巻一四、九四六～九四八頁。
(15) 同右、巻一四、九〇九～九一〇頁。
(16) 同右、巻一四、九二一～九三〇頁。
(17) 同右、巻一四、九四四頁。
(18) 平川彰著『初期大乗仏教の研究I』、平川彰著作集、第三巻、春秋社、三八一～三八五頁。
(19) 中村元訳『ブッダのことば』、岩波文庫、一二三六頁。
(20) 長尾雅人・丹治昭義訳『維摩経・首楞厳三昧経』、大乗仏典・インド編七、中央公論社、二五〇頁。
(21) *Dīgha-nikāya*, vol. II, P.T.S., London, pp. 272-273. 大正新脩大蔵経、巻一、二四七頁中～上。
(22) 植木雅俊著『差別の超克――原始仏教と法華経の人間観』、講談社学術文庫、二二二～二二五頁を参照。
(23) 中村元編『大乗仏典』、筑摩書房、三三～三六頁。
(24) 丸山真男著『日本の思想』、岩波新書、一五四～一八〇頁。
(25) 中村元訳『ブッダのことば』、岩波文庫、三五頁。
(26) ヴィマラキールティ（Vimalakīrti）は、代表的な大乗仏典である『維摩経』の主人公の名前です。vimala（< vigata-mala）と kīrti の複合語で、「垢を離れた名誉ある者」を意味し、「浄名《じょうみょう》」「無垢称《むくしょう》」などと漢訳されています。音写して「維摩詰」、略して「維摩」とも書かれます。当時の先進的商業都市・ヴェーサーリー（毘舎離）に住む資産家（居士《こじ》）で、在家の菩薩であるヴィマラキールティが、出家の高弟（大声聞）たちをやり込める話が『維摩経』に展開されています。
(27) 仏教における業の観念の導入については、次を参照。
中村元著『インドと西洋の思想交流』、中村元選集決定版、第一九巻、春秋社、四六一～四六三頁。

植木雅俊著『差別の超克――原始仏教と法華経の人間観』、講談社学術文庫、二三二～二三五頁。
(28) 漢訳で「居士」と訳されたサンスクリット語の「グリハパティ」（gṛha-pati）は、「家の主人」という意味ですが、特に商工業に従事する実業家や資産家を意味する言葉として用いられていました。パーリ語では、「ガハパティ」（gaha-pati）と言います。

(29) 大正新脩大蔵経、巻九、三五頁中。

ここに引用した文章の中に、「根」という文字がいくつか出てきますが、同じ「根」という文字が使われていても、意味が異なることに注意しなければなりません。「諸根」の「根」は、「indrya」を訳したもので「感覚器官、およびそれの有する能力」のこと。「利根」の「根」は、「能力」という意味です。「善根」と訳される場合の「根」は、「mūla」のほうであって、これは「根本条件」という意味です。このように漢字のイメージからだけでは意味を取り間違えることが多いので気を付けなければなりません。特に漢字文化圏ではない人の場合、このような間違いが多いようです。Burton Watson 氏の訳された The Lotus Sutra (Columbia University Press, New York, p. 187) でこの部分を見ますと、

"Her wisdom has keen roots and she is good at understanding the root activities and deeds of living beings."

(彼女の智慧は、鋭敏な根本を持ち、また彼女は衆生の根本的な活動や行ないを理解することがたくみである)

と訳されていますが、「根」の意味の取り違えだといえます。「諸根の行業」は、root activities and deeds（根本的な活動や行ない）ではなく、「眼・耳・鼻・舌・身・意などの感覚器官による働き」のことです。漢字文化圏でない人による仏典の英訳について、中村元博士におうかがいしたら、「大変な間違いが多いですよ」と教えてくださいました。D・パウル女史の書かれた Women in Buddhism にも漢字のイメージから訳したことによるミスが目

立ちました。例えば、その四六頁に、

"Shrieking and screaming,
Pulled both ways by a black rope."
(金切り声を上げ、絶叫しながら、
黒いロープで両側へ引っ張った)

という箇所がありましたが、漢訳(大正新脩大蔵経、巻一一、五四六頁下)を参照してみると、

「号叫及大叫。幷往黒縄中」
(号叫〔地獄〕や大叫〔地獄〕、それに黒縄〔地獄〕の中に行く)

とありました。何と、「号叫」「大叫」「黒縄」という地獄の名前を列挙したところでした。

また、かつて comparative hill と訳された箇所を見て、「これは何のことだろう?」と疑問に思い、原典を確認すると、「比丘」とあり、「比」を comparative(比較の)、「丘」を hill(岡)と訳していたという本当にあった、うそのような笑い話もありました。漢字のイメージだけに頼っていると、このような間違いを犯しやすいという教訓です。日本人も気をつけないといけないと自戒しています。

(30) 大正新脩大蔵経、巻九、三五頁中。
(31) 同右、巻九、三五頁下。

龍女のこの言葉について日蓮は、次のように論じています。

「五の巻に云《いわ》く『我れ大乗教を闡《ひら》いて苦の衆生を度脱す』と。心はわれ大乗の教をひらいてと申すは法華経を申す。苦の衆生とは何ぞや。地獄の衆生にもあらず。餓鬼道の衆生にもあらず。只女人を指して苦の衆生と名《なつ》けたり。五障三従と申して三つしたがふ事有つて五つの障《さわ》りあり。龍女我女人の身を受けて女人の苦をつみしれり。然《しか》れば余をば知るべからず。女人を導かんと誓へり」

これは、次のように現代語訳できます。

「『法華経』第五巻に『私は大乗の教えを明らかに示して、苦悩している衆生を救いましょう』とあります。その意味は、『大乗の教えを明らかに示して』というのは『法華経』のことであります。『苦悩している衆生』とはだれのことでしょうか。それは、地獄の衆生のことでもなく、餓鬼道に堕ちた衆生のことでもありません。ただ女人のことを指して『苦悩している衆生』と名付けています。女には、五障・三従といって三つの従うことと、五つの障りがあります。だから、龍女は『私は女人の身を受けているからこそ、女人の苦悩を積み重ねてきており、その苦しみを知り尽くしています。他の苦悩を知ることはありません。だからこそ、女人を導いていこう』と誓いました」

これは、龍女が、『法華経』第五巻、その中でも提婆達多品第十二において「我れ大乗の教を闡いて苦の衆生を度脱せん」と宣言していたことについて、述べたものです。龍女が女性であるがゆえに、「五障」「三従」の苦しみを痛感している。だからこそ、龍女は、女性を導いて救っていこうと誓ったのだ、と日蓮は解釈しております。これも、女性に生まれたが故に女性を救えると主張するもので、『維摩経』の天女の在り方と共通しております。

（32）同右、巻九、三五頁下。

（33）天台大師は、梁・陳・隋の時代にわたって活躍した人で、中国天台宗の開祖とされます。多くの著作の中でも、『法華玄義』『法華文句』『摩訶止観』が天台三大部として重視されています。

（34）大正新脩大蔵経、巻三四、一一七頁上。

（35）舎利弗というのは、サンスクリット語の「シャーリプトラ」の音を写した当て字ですが、「身子」というのは、この「シャーリプトラ」を通俗語源解釈して訳されたものです。「シャーリプトラ」とは、もともとは「シャーリーという女性の息子」という意味です。それは、英語でも「ジョン」などの名前に、息子を意味する「ソン」を付けて「ジョンソン」（ジョンの息子）、「リチャードソン」（リチャードの息子）などという名前を付けたのと同じです。ここには、アーリア人と違い、インド土着民が母系制社会であったという名残《なごり》がうかがわれます。ところが、中国人がこの「シャーリプトラ」を翻訳するときに、「シャーリ」を、これと似ている「シャリーラ」（骨、身体）で解釈しました。そして、「プトラ」が「男の子ども」ということで「身子」と解釈されたわけです。

（36）KN. P. 265, ll. 2-3. からの筆者の訳。
このように訳した理由については、次の注を参照。
植木雅俊著『仏教のなかの男女観』、岩波書店、二二四頁、注14。

(37) 同右、巻九、三三五頁下。
(38) KN. p. 265, ll. 4-8. からの筆者の訳。
(39) 中村元著『原始仏教の成立』、中村元選集決定版、第一四巻、春秋社、四九九頁。
(40) 中村元訳『尼僧の告白』、岩波文庫、二一頁。
(41) 中村元訳『ブッダ　悪魔との対話』、岩波文庫、六八頁。
(42) 中国南北朝時代の僧（五一五〜五七七年）。天台の師で、字《あざな》は慧思《えし》という。
(43) 大正新脩大蔵経、巻三四、一一四頁下。
(44) 同右、巻九、一一頁中。
(45) 同右、巻九、七四頁中。
(46) KN. p. 65, ll. 8-10. からの筆者の訳。
(47) 迦葉は、カーシャパ（Kāśyapa）を音写したもの。正式にはマハー・カーシャパ（Mahā-kāśyapa）といい、摩訶迦葉、あるいは大迦葉と訳されました。王舎城の近くの村の婆羅門《ばらもん》の家に生まれたと言われています。釈尊の十大弟子の一人で、衣食住の面で少欲知足に徹する頭陀行第一と言われました。釈尊の滅後、彼を中心として仏典結集が行なわれました。
(48) 須菩提は、スブーティ（Subhūti）を音写したもの。スダッタ（須達多）長者の甥《おい》であり、舎衛城に住む商人でした。祇園精舎のオープニングに際して行なわれた釈尊の説法を聞いたことがきっかけで出家しました。教化に際して、外道からの非難・中傷・迫害を受けたとしても、決して争うことなく、常に柔和であることを貫きました。そのために多くの人から供養を受けることとなり、供養第一と言われています。釈尊の十大弟子の一人です。

(49) 迦旃延は、カーティヤーヤナ(Kātyāyana)を音写したもの。南インドの婆羅門の家に生まれました。釈尊の十大弟子の一人で、釈尊の教えをだれにでも分かるように説明することに長けていたことから、論議第一と言われました。また何人かの王に対して、バラモン、クシャトリヤ、ヴァイシャ、シュードラの四姓が平等であるべきことを説いて回ったと言われています。

(50) 目犍連は、マウドガリヤーヤナ(Maudgalyāyana)を音写したもの。略して目連とも言われます。マガダ国の首都・王舎城の生まれ。初めは、舎利弗とともに懐疑論者のサンジャヤの弟子でありましたが、五比丘の一人であったアシュヴァジット(Aśvajit, パーリ語でアッサジ、Assaji)から縁起の法を聞いて、舎利弗とともに釈尊の弟子となりました。釈尊の十大弟子の一人で、神通第一と言われました。

(51) 第一部第二章の注(4)を参照。

(52) 憍陳如は、サンスクリット語のカウンディヌヤ(Kauṇḍinya)、パーリ語のコンダンニャ(Koṇḍañña)を音写したもの。釈尊が誕生した時に釈尊の相を八人の婆羅門が占いましたが、憍陳如はその八人の内の一人です。彼は、「必ずやブッダになられるでしょう」と予言しました。そして、釈尊が出家したことを聞くと他の四人を伴って出家します。これが、釈尊とともに修行していた五人の比丘であり、釈尊の成道後、その説法を聞いて最初に覚ったのが憍陳如でありました。

(53) 「学」とは「有学」ともいい、「学ぶ」「修行する」を意味する動詞√śikṣ- から派生した形容詞 śaikṣa の訳で、煩悩がいまだ断じ尽くされていないで、「まだ学び修行すべきことが残っている位」のことです。それに対して、「無学」は aśaikṣa の訳で、「もはや学び修行すべきことが残っていない位」のことです。世間一般での言い方とは逆であることに注意しなければなりません。

(54) 富楼那は、プールナ・マイトラーヤニープトラ（Pūrṇa Maitrāyaṇīputra）の前半を音写したもの。カピラヴァストゥ近郊の婆羅門の村に生まれました。母親は、憍陳如の妹に当たり、富楼那は憍陳如の甥ということになります。釈尊の十大弟子の一人で、説法が最も優れていたので説法第一と言われました。

(55) KN. p. 202, ll. 4-6. からの筆者の訳。

(56) 植木雅俊著『差別の超克——原始仏教と法華経の人間観』、講談社学術文庫、二八四〜二八五頁を参照。

(57) 不軽という名前は、常不軽の略であって、「サダーパリブータ」（Sadāparibhūta）を訳したものです。これは、「Sadā」（常に）と、「paribhūta」（軽蔑された）の複合語と考えれば、「常に軽蔑された人」という意味になりますが、これでは、『法華経』の内容と一致せず不都合が生じてしまいます。渡辺照宏氏が、『法華経物語』（大法輪閣）で指摘されているように、法華経の用例では、過去受動分詞を能動の意味で用いることがしばしばでありますから、これを「Sadā」と、否定の接頭辞 a がついた「a-paribhūta」（軽蔑しない）の複合語と考えれば、「常に軽蔑しない人」となり、問題はなくなります。ここから、鳩摩羅什は、「常不軽」と訳したと考えられなくもありません。

筆者は、過去受動分詞が「受動」と「能動」の両方の意味を持ち、paribhūta に否定の a が付く場合と付かない場合のすべてを考えに入れて、次の四つの意味の掛詞として理解すべきだと考えています。

①菩薩は誰人も「常に軽んじない」(常不軽)。

②四衆は菩薩から「常に軽んじられた」(常被軽)と勘違いする。

③四衆は菩薩を「常に軽んじる」(常軽)。

④菩薩は四衆たちに理解され「常に軽んじられない」(常不被軽)ようになる。

この四つを並べると、そのまま不軽品のストーリーとなっていることに気付かれるのではないでしょうか。その詳細については、次を参照。

植木雅俊著『法華経とは何か――その思想と背景』、中公新書、二一一～二一四頁を参照。

(58) 大正新脩大蔵経、巻九、五〇頁下。

この一節が、二十四文字の漢字からなるので、「二十四文字の法華経」と呼ばれています。

(59) KN. p. 378, ll. 1-3. からの筆者の訳。

(60) 苅谷定彦著「法華経における女性」、日本仏教学会編『仏教と女性』所収、平楽寺書店、一九六頁。

(61) 同右、一九七頁。

第八章　「変成男子」の意味すること

ボーヴォワールと「変成男子」

　これまで、大乗経典における女性の扱いを見てきましたが、それでもやはり「変成男子《へんじょうなんし》」ということには少し疑問が残る人がいらっしゃるのではないでしょうか。いったん女性から男性に変じなければ成仏できなかったということは、最終的に仏に成ると言っているとはいえ、結局、女性を蔑視していることになるのではないだろうか？――という疑問です。

　この疑問を象徴するエピソードをここに紹介しましょう。それは、フランスの哲学者サルトルと、シモーヌ・ド・ボーヴォワールが一九六六年、来日した折のことでした。二人は千七百の寺院が立ち並ぶ京都を訪れ、次いで密教の寺院のある高野山へと足を延ばしています。そこで、密教の僧侶たちが実存主義に関心を抱いていること、さらにまた『第二の性』をほめたたえるのを聞いて、二人は驚いたそうです。

　ところが、その中の僧侶がボーヴォワールに「われわれの宗教によれば、あなたは今の姿では極楽に行けない。その前にいったん男に生まれ変わらなければならない」と語ったというのです。このエピソードは、C・フランシスとF・ゴンティエの共著、福井美津子訳『ボーヴォワール――ある恋の物語』（平凡社、五一九頁）に紹介されています。

ただ残念なのは、その言葉を密教の僧侶が語ったという事実だけが記述されていて、それを聞いたボーヴォワール自身の言葉なり、感想が書かれていないということです。このような書き方をしているということは、そういう考え方を真面目に言う僧侶にあきれつつも、コメントするのもばかばかしかったということなのかもしれません。

このように「変成男子」を文字通りにとらえていたということは、やはり女性を蔑視しているのではないか――ボーヴォワールもきっとそう思ったに違いないし、こうしたエピソードによって西欧社会にそのように思い込ませてしまっているのではないかと懸念されてなりません。

ヒンドゥー社会に配慮した妥協的表現

はたして、「変成男子」の考え方が女性を蔑視するものであったのかどうか。それを考えるには、『法華経』などの初期大乗仏典が成立したその時代背景に、「三障」説や「女人五障」説が小乗仏教教団だけではなく、ヒンドゥー社会に横行していたという事実があったということを思い出さなければなりません。

『法華経』が成立したのは、紀元一世紀末から三世紀初頭にかけての約百年がかりのことでした。そうした時代背景、思想状況の中で、女性の地位向上に先鞭を付けたのが大乗仏教の初期に集大成された『法華経』や『八千頌般若経《はっせんじゅはんにゃきょう》』でありました。

その「変成男子」説は、田上太秀博士が挙げておられるように、肉体的な姿が女身から男身に変わるという形で表現されたものや、「髪が落ち袈裟《けさ》を着る」として比丘（男性出家者）の姿になるという表現や、男性的な心に変わるという表現などバラエティーに富んだ表現がなされています(1)。表現は種々にありますが、いずれも最終的に女性が成仏できることを示そうとしたものに変わりはありませんでした。

しかし、女身を転じて男身となってしか成仏できなかったのでしょうか？「変成男子」（変じて男子と成る）が女人成仏の絶対的要件であったのでしょうか？それを考えるには、これまで論じてきたように、女性の平等を訴える大乗仏教運動の背景に大きくヒンドゥー社会の女性観があり、大乗仏教の徒も、そうした状況下で緊張感を持って女性の成仏を訴えていったことを考えなければなりません。

そこでまず考えられるのは、本来は大乗仏教の中心思想ではない「変成男子」説によってヒンドゥー社会からの非難攻撃を避け、その矛先《ほこさき》をかわそうとしたということです。

というのは、大乗仏教を中心的に担ったのは、既に述べましたように在家の人たちでした。それは、出家教団という閉じられた社会とは違い、真っ向からヒンドゥー教的な考え方と日常的に接触している人たちでした。それだからこそ、ある程度の妥協的表現もなされたと考えることができます。

仏教の説く平等思想は、カースト制度という階級制度を否定するものであり、社会秩序を混乱させるものとして、ヒンドゥー教（バラモン教）の学者たちは、激しく仏教を非難するに及んでいます。男女の平等を主張するに当たっても、相当の抵抗があったでありましょう。

中村元博士も、こうした事情について、

「婦人蔑視の観念に真正面から反対していることもあるが、ある場合には一応それに妥協して実質的に婦人にも男子と同様に救いが授けられるということを明らかにしている場合がある。そのために成立したのが『男子に生まれかわる』（転成男子）という思想である(2)」

と述べておられます。そして転成男子の思想について、「この思想はすでに原始仏教時代からあらわれている」とも指摘されています(3)。

『法華経』は一切衆生の成仏を説きましたが、それに対しても、種々の非難が浴びせられたようです。不軽品には男女の別なく、在家も出家も、「だれでも成仏できる」と不軽菩薩が訴え続けたのに対して、比丘《びく》・比丘尼《びくに》・優婆塞《うばそく》・優婆夷《うばい》の四衆、すなわち出家の男女と、在家の男女たちが、「無上の正しい完全な覚りに〔到るだろうという〕、望まれてもいない虚偽のことを、私たちに予言（授記）するということは、私自身を軽んじられたことになすものだ(4)」と悪口罵詈《あっくめり》し、棒や石などで迫害したとあります。勧持品にも同様のことが記されています。ましてや、女性が蔑視されているヒンドゥー社会において女性の成仏を説くことは、さらに激しい結果が予想されたことでありましょう。

女性の身体の固定性を否定

第二に考えられるのは、女性と男性という身体的差異によって女性を蔑視する観念が強かったがゆえに、女性の身体といえども固定的なものではなく、男子にも変わり得るものであるということを目に見える姿で示したということです。

こうしたことは、前章に引用した『維摩経』においては、シャーリプトラが天女の姿に、天女がシャーリプトラの姿に入れ替わるという表現によって示されました。

言い換えれば、あくまでも「五障」説にこだわり、「女身は垢穢であり、法の器たり得ない」と言い張って、女人の成仏を信じようとしないシャーリプトラに目に見える形で見せつけることに、『法華経』の「変成男子」は意味があったのではないでしょうか。

龍女の「変成男子」の場面をサンスクリット語の『法華経』から再度、引用しますと、

「するとその時、一切世間の〔人々の〕眼前において、また長老シャーリプトラの眼前において、その女性の性器が消えてなくなり、男性の性器が現れ、そして、サーガラ龍王の娘は、自ら菩薩であることをはっきりと示した」[5]

という表現になっていました。

この中の「その女性の性器が消えてなくなり、男性の性器が現れ」というところは、サンスクリット語で、

strīndriyaṃ antarhitaṃ puruṣêndriyaṃ ca prādurbhūtaṃ[6]

となっています。この部分が「変成男子」と漢訳されました。

これと似た表現として、『小品般若経《しょうぼんはんにゃきょう》』などには「転女成男」というものがあります。

これは、

strī-bhāvaṃ vivartya puruṣa-bhāvaṃ pratilabhya...
「女性であることを転じ、男性であることに達してから……」

の部分を漢訳したものです。

両者を比べると、『小品般若経』が、女性（strī）と男性（puruṣa）のbhāva（～である

こと）についての変化を述べたものであるのに対して、『法華経』の場合は、女性（strī）と男性（puruṣa）のindriya（器官）の変化を述べたものであり、『法華経』のほうが即物的で、極めて視覚に訴える表現になっていると言えます。

変成男子は小乗的女性観へのアンチテーゼ

ところで、この『法華経』から引用した一節に「一切世間の人々の眼前」、および「長老シャーリプトラの眼前」において「はっきりと示した」とありますが、この表現は、「変成男子」すること自体よりも、女性の成仏に懐疑的なシャーリプトラにその姿を示し、見せつけることのほうに重点があるように見受けられます。

男女の差異も相対的なものにすぎず、絶対的なものではないとするのが、大乗仏教の基本的見解でありました。なかんずく、『法華経』方便品第二においては、あらゆる存在（諸法）のありのままの真実の姿（実相）を探究する「諸法実相」が説かれておりました。また寿量品には「如来は実にあるがままに見る」（dṛṣṭaṃ hi tathāgatena... yathā-bhūtaṃ, 如来如実知見）[7]という言葉も見られます。ところが、小乗仏教徒の見解を代弁するシャーリプトラは、男の身か、女の身かという二者択一的な先入観にとらわれています。それで、シャーリプトラの二者択一的な先入観に沿った形を取りつつそれを否定するということで、

「変成男子」説が出てきたのではないでしょうか。シャーリプトラが執着している小乗的な女性観と同じ土俵に立って、その上でそれを論破するという構図です。

その証拠に、『法華経』提婆達多品第十二を丁寧に読み直しますと、龍女は「変成男子」する以前に既に不退転の菩薩の位を得ていたことに気がつきます。

それは、龍女が登場する直前にマンジュシリー（文殊師利）菩薩が語っていたことであり、

「諸仏の所説の甚深の秘蔵　悉《ことごと》く能《よ》く受持《じゅじ》し、深く禅定に入って、諸法を了達し、刹那《せつな》の頃《あいだ》に於いて、菩提心を発《おこ》して不退転を得たり[8]」

という一節がそれです。

不退転〔の菩薩〕を得たということは、既に述べたとおり、成仏は時間の問題にすぎず、仏も同然であります。ということは、何も身体的に「変じて男子と成る」ことが、女性の成仏にとっての必要不可欠な条件だとは言っていないということになります。

しかも、不退転の菩薩が、「五障」の一つに挙げられていたことも見逃せません。このこと自体、マンジュシリー菩薩の言葉が「五障」説を否定していることを意味しています。

こうしたことを考えても、「変成男子」を示したのは、小乗仏教徒の立場を象徴するシャーリプトラの先入観に付き合ったままのことであり、『法華経』は、女性であること

が何ら成仏の妨げにはならないということを言いたかったのではないでしょうか。いわば、「変成男子」は、小乗仏教の女性観へのアンチテーゼでありました。

また、「三十二相・八十種好」という小乗仏教教団が強調したブッダ像によって龍女の成仏が示されていること自体、シャーリプトラによって象徴される小乗仏教教団の先入観に付き合ったまでのことでありましょう。

『法華経』の変成男子は「女性に対する差別」か?

博士論文をまとめ、お茶の水女子大学に提出して審査が進行していた二〇〇一年九月、菅野博史著『法華経入門』(岩波新書)が出版されました。学位を取得し、岩波書店からそれが出版されるまでの間にそれを読んで、首を傾げるところが幾つかありました。その一つが、これまで論じてきた「変成男子」について論じられた箇所でした。

菅野博士は、その著において、「龍女の変成男子、即ち女性が変身してから成仏するという女性に対する差別と同様、時代思潮の制約から完全には自由になっていない限界のあることを感じる」(六八頁)と論じておられます。菅野博士は、変成男子が『法華経』に説かれていること自体を「女性に対する差別」であり、「時代思潮の制約から完全には自由になっていない限界」としておられます。

菅野博士は同書の一五四～一五五頁で、その龍女の成仏の場面を要約されていますが、そこから、どうしてこのような結論が導き出せるのか不思議でなりません。その疑問点を以下に述べてみましょう。

『法華経』を素直に先入観なしに読むと、文殊師利菩薩も、龍女自身も「〔龍女が〕覚りを完成した」と明言していることが分かります。菅野博士も、「この八歳の龍女がたちまちの間に悟りを完成したとはとても信じられない」（一五四頁）という智積の言葉を挙げ、さらに、龍女の言葉として「自分が文殊から『法華経』を聞いて悟りを完成したことは、仏だけが明らかに知っており……」（一五四頁）という一節を示しておられます。

菅野博士自身の表現にも明らかなように、文殊師利だけでなく、智積の言葉も、龍女の言葉も、いずれも龍女の悟りが過去形で語られていることを無視できません。智積と舎利弗は頑なに信じようとしませんが、龍女は既に悟っていたのであります。ということは、龍女の成仏にとって、「変成男子」は必要ないことであったのです。

龍女が既に悟りを完成しているにもかかわらず、智積菩薩も舎利弗もその事実を信じようとしませんでした。その理由は、龍女が女性であるということだけでした。それが、小乗仏教徒たちの考えでした。随って、「女性に対する差別」や、「時代思潮の制約から完全には自由になっていない限界」が指摘されるべきなのは、『法華経』の側にではなく、舎利弗に象徴される小乗仏教徒の側なのです。

このような情況で、女性の成仏を彼らに信じさせるには、彼らが信じているやり方で成仏の姿を見せつけるしかないのではないでしょうか。それが、変成男子と三十二相を龍女の身に具現させるという手法であったのです。それによって、初めて彼らは信じることになりました。

菅野博士も、この項を「智積も舎利弗も集会に集ったすべてのものたちもみな黙って龍女の成仏を受け入れざるをえなかったのである」（一五五頁）と締めくくっておられます。ということは、変成男子も三十二相も、小乗仏教の女性観にとらわれた舎利弗らに龍女が既に悟りを完成し、成仏していることを受け入れさせ、納得させるために導入されたテーマであったということになるのではないでしょうか。

菅野博士が、ここまで書いておられながら、『法華経』における変成男子を「女性に対する差別」だとか、「時代思潮の制約から完全には自由になっていない限界」と書かれているのは、残念でなりません。これは、『法華経』についての価値判断の重大な誤りであり、改めるべきではないかと考えます。むしろ、小乗仏教の「女性に対する差別」と、「時代思潮の制約から完全には自由になっていない限界」に対して、『法華経』はアンチテーゼを突きつけていたのです。

社会的制約の中での妥協的表現

「変成男子」といっても、現実的には、「忽然《こつねん》の間に変じて男子《なんし》と成って」ということ自体、瞬時に男に変わるなんて不可能なことであり、あり得ないことです。それ自体、象徴的、ドラマチックな表現でありました。

『法華経』においては、地球と同じくらいの大きさの七宝で飾られた塔（宝塔）が大地から出現したり、それが空中にフワリと浮いて、釈尊はもとより、弟子たちも空中に住して『法華経』が説かれるという場面設定（虚空会《こくうえ》）でストーリーが展開していきます。『法華経』には、こうしたドラマチックな表現が多用されています。虚空会や宝塔の意味することを論ずるのは、別の機会に譲ることにしますが、そうした表現を取ることによってしか表現できないものがあったのでありましょう。

このように象徴的、ドラマチックな描写を多用する『法華経』であることを考えれば、目に見える形として肉体の変化を強調したことも、その表現自体にとらわれる必要はないのではないかと思われてきます。それを通して意味しようとした事柄に重要なものがあります。

「変成男子」は、いわば、シャーリプトラに象徴される小乗仏教の出家者たちの先入観に対して視覚的に強烈に訴えるドラマチックなアンチテーゼとしての描写でありました。

『法華経』の真意は、むしろマンジュシリー菩薩が語っていたように、女身のままで不退転の菩薩の位に至り、女身のままで仏に成ることができるということ（即身成仏）を示すことにありました。

身体的変化による心理的変化の表現

このように大乗仏教の女性の地位回復運動の主張を見てきますと、「変成男子」ということを、身体的次元でとらえることは非常に浅薄なことであるように思えてきます。身体的変化という表現によって精神的次元の変化を象徴していると考えることもできます。

私には、それは男性的心、女性的心――それは心理学的には「男性原理」と「女性原理」という言葉が用いられておりますが、その点からの象徴的表現として読み直すことも可能ではないでしょうか。この「男性原理」「女性原理」という観点からの話は、第二部の第二章以降で論じることにします。

『法華経』の「変成男子」の考えは、心理的変化を目に見えるドラマとして視覚的に表現するために、身体的変化という表現を用いたものと考えることもできます。あるいは、龍女の成仏を信じようとしない舎利弗に対して、女人の成仏を目に見える姿で圧倒的に認めさせるためには、「変じて男子と成る」ことのほうが、その衝撃は大きく、訴える力も大きかったのでありましょう。
私たちは、ややもすると女性において「女性原理」のみを見、男性において「男性原理」のみを見ることに陥りやすいものですが、これは『法華経』と『維摩経』で皮肉られたシャーリプトラと同じあやまちを犯していることになります。

このように捉えることによって、『維摩経』の言わんとしたことも、『法華経』の言わんとしたことも理解できるのではないでしょうか。

さらには、次の『海龍王経』女宝錦受決品第十四(9)の言わんとすることも、すべてこうした点に集約されて理解されます。

そこには、この海龍王（サーガラ龍王）の娘の言葉として、
「志が堅く所行が清浄であれば、菩薩たる者が仏となることは困難ではなく、さとりを求める心をおこせば仏になることは手の平を見るのと同じであります。女の身でさとりを達成できないというならば、男子の身でも達成できないでしょう。何故ならば、さとりを求める心には、男も女もないからです。眼識・耳識・鼻識・舌識・身識・意識にも男女の区別はありません(10)」

ここには、「変成男子」によらないで成仏できると書いてあります。
女性差別という歴史的背景があったから「変成男子」という考えを表に出しただけのこ

とで、男性差別が前提とされていたなら「変成女子」と表現されたのではないかとすら思えてきます。

田上太秀氏の考えへの疑問

ところが、田上太秀氏は、その『仏教と性差別』という著書において、「変成男子」の考え自体を女性蔑視の考え方であると、次のように論じておられます。

「女性の場合は、いずれ男になって結果としてはブッダになることはできるとはいうが、菩提心を起こすのは男になるためだというにいたっては、これははっきりと女性に対する性差別といわなければならない(11)」

あるいは、

「大乗仏教になると、女人五障説が定着したことで、いつのまにか女身不浄がとくに強調され、これが女身を賤《いや》しみ、厭《いと》うような説法が行われる傾向を生み出したのであろう(12)」

とも述べておられます。

これが事実だとすると、大乗仏教が女人五障説を言い出し、容認していたことになり、それによって女身不浄の考えが出てきたということになってしまいます。これは、既に論じたことから全くの誤りであることは明らかです。

また、『転女身経』の

「女のからだのなかには、百匹の虫がいる。つねに苦しみと悩みとのもとになる。……この女の身体は不浄の器である。悪臭が充満している。また女の身体は枯れた井戸、空き城、廃材のようなもので、愛着すべきものではない。だから女の身体は厭い棄て去るべきである」

という一節[13]を引用して、大乗仏教が女性を蔑視していると断定しておられます。

ところが、これは当時のヒンドゥー的社会通念の残滓《ざんし》であって、大乗仏教本来の主張とは異なるものではないでしょうか。当時、このように見なされていた女性をいかに救済するかという点に大乗仏教の真意がありました。それなのに田上氏の論調は、その真意を逆に解釈されているのではないかと思えます。

不浄とされたのは女身だけではない

また田上氏は、「女身を不浄と見る考えは、原始仏教にはなく、大乗仏教になってからのことだ」という論調を貫かれていますが、果たしてそうでしょうか。

男性出家者の体験を詩に綴った『テーラ・ガーター』には、

「膿や血にみちた〔身体〕、多くの死骸の〔身体ともなるもの〕、――それは巧みな職人のつくった、美しく彩色された籠のようなものである……女のいろ・かたち、女の味、女の触られるところ、女の香りに欲情を以て執著している人は、種々の苦しみに会う。女人の五つの（感官から）の流れはすべて（男の）五つの（感官）に向かって流れる[14]」などといった表現が何カ所か見られます。このように、原始仏教においても女性の肉体に愛着を感じることを戒めておりました。

しかし、それは男性よりも劣ったものとして女性の身体を不浄としていたのではありません。それは、第一部第三章において既に述べておいた通りです。

「身体は厭わしきかな！　悪臭を放ち、悪魔の徒党であり、（体内から）滲《にじ》み出ている。そなたの身体には九つの流れがあり、常に流れている。身体のことを考えるな[15]」

「人間のこの身体は、不浄で、悪臭を放ち、（花や香を以て）まもられている。種々の汚物が充満し、ここかしこから流れ出ている[16]」

「この身体は、無常で、殺害と病気の巣窟であり、死と老に悩まされるものである[17]」

などとあるように、男性の身体についても同じく不浄としていました。それは、身体が決して望ましい至上の意義あるものではないということで、自分の身体にすら執着することをも戒めていたわけです。

こうしたことから、

「修行者であるわたしは、死体の捨て場へ行って、婦人〔の死体〕が投げすてられ、放棄され葬場の中で虫どもにみちみちて食われているのを見た[18]」

というような修行まで行なわれるようになります。さらに、死体が次第に腐敗して、ついに白骨になるまでの姿を心中に観じ、それによって煩悩や欲望を取り除こうとする「不浄観」へと発展していきます。

このようなことは、男性修行者だけが行なっていたのではなく、女性修行者たちも行なっていました。『テーリー・ガーター』には、釈尊がナンダーという尼僧に、

「ナンダーよ。病におかされ、不浄にして腐った身体を見よ。心を専注し、よく安定して、身体は不浄であるとの想いを修めよ。この身は、その身のごとく、その身は、この身のごとくであって、腐った悪臭を放つ。〔しかるに〕愚者どもは、この身体を喜ぶ。このようにこの身体を昼夜倦《う》むことなく観察して、わたしの智慧で、この身体を嫌悪し、〔その真相を〕見た[19]」

と語りかけています。

こうしたことを考慮すると、「女身を不浄と見る考えは、原始仏教にはなく、大乗仏教になってからのことだ」と、田上氏が断定されていることに違和感を感じてしまいます。

これまで本書で、釈尊の女性観、ヒンドゥー社会の女性観、小乗仏教の女性観、大乗仏

教の女性観と、一通り概観してきましたが、これからすると田上氏の言われていることに首を傾げざるを得ません。大乗仏教を意図的に悪者にされようとしているのではないだろうか、と感じるのは私だけでしょうか。

確かに大乗仏教が起こったからといって、直ちに長年の間、言われてきた女性観がすべて拭《ぬぐ》い去られるということはなかったでありましょう。しかし、既に述べてきたヒンドゥー教の根強い女身不浄という通俗観念、およびそれに影響されていた小乗仏教の考えに、大乗仏教の立場から何とか対応しようとしたことが大事であります。それなのに、田上氏の考えは、こうした大乗仏教の取り組みをも無視されているようにしか思えません。

大乗仏教で男女は同等の立場だった

このような田上氏の考えを否定するような言葉を大乗経典の中に探してみますと、例えば『大宝積経《だいほうしやくきよう》』巻一〇〇の中の「無垢施菩薩応弁会《むくせぼさつおうべんえ》(20)」があります。ここにおいては、無垢施女のことを無垢施菩薩としていますが、これは当時の男性出家者（声聞乗）が男性の優位を説いていたことに対する反論を示したものです。

また、『大智度論』巻四には、

「在家の菩薩は、総じて説かば優婆塞《うばそく》、優婆夷《うばい》の中に在り(21)」

とあります。優婆塞、優婆夷は仏法を信奉する在家の男女のことなので、この一節は、大乗仏教が在家的性格だったことを示しているばかりか、大乗仏教では男性だけでなく女性も菩薩たり得るとされていたことを物語っています。

さらに、大乗仏典では「善男子」と「善女人」が、ほとんど常に並べて用いられていますが、このことは、男性と女性を同等に見なしていることの証拠と言えます。特に『法華経』法師品では、在家と出家の男女を示すのに、釈尊在世の「四衆《ししゅ》」から、滅後の「善男子・善女人」へと用語の転換を図っている形跡が見られます。(22)「食べ物を乞う男女」を意味する比丘《びく》、比丘尼《びくに》と、「そば近く仕える男女」という意味を持つ優婆塞《うばそく》、優婆夷《うばい》からなる「四衆」には、権威主義と卑下、優越と差別といった差別的な色合いがこびりついております。それに対して、「善男子・善女人」は、在家と出家の差別も、男女間の性差も乗り越えたものでありました。さらには、「ものを乞う」とか「そば近く仕える」といったことではなく、「行ないが立派な人」という意味が込められております。(23)これは、原始仏典において「人は生まれによってではなく、行ないによって貴くも賤しくもなる」とする釈尊の本来の精神に通ずる言葉で、大乗仏教の平等思想を象徴しております。

こうした意図を持って『法華経』では、善男子・善女人という語は「行ないの立派な人」という意味を込めて、男性・女性を問わず、在家に対しても、出家に対しても用いられていますし、菩薩にも、法師にも用いられております。[24] そこに差別の要素は感じられません。

こうしたことを見ただけでも、田上氏の主張に同意できないことがお分かりになると思います。

女人不成仏の克服が大乗の課題の一つ

「転女成男」「転女身」といったことは、『小品般若経《しょうぼんはんにゃきょう》』『法華経』などの初期大乗仏典をはじめとして、後期大乗仏典の『大宝積経《だいほうしゃくきょう》』や『大集経《だいじっきょう》』にまで長期にわたって取り上げられています。ということは、「女人不作仏《にょにんふさぶつ》」という小乗仏教の考えは、大乗仏教徒にとってそれだけ乗り越えなければならない大きな課題であったことを物語っています。

これに対して、小乗仏教では、女性の修行者については全く言及されることはなく、女性が軽んじられていたことが分かります。

『勝鬘経』における女性の名誉回復

小乗仏教の偏った女性観を乗り越えるための、このような大乗仏教の思想運動が広範に展開された結果、遅くに成立した『勝鬘経《しょうまんきょう》』になりますと、「転女身」ということ自体については全く言及されることはなく、シュリーマーラー（勝鬘）という女性が釈尊に代わって法を説くという形式を取るまでに至っております。この点について平川博士は、「後代には女性の成仏のためには女身を転ずることを言う必要もなくなったのであろう[25]」と述べておられます。

このシュリーマーラーが、菩薩の十の段階（十地[26]）のうちでどの段階に達していたのかということが、多くの注釈者によって論じられていますが、吉蔵の『勝鬘経宝窟[27]』によると、王妃シュリーマーラーは、菩薩の八番目の段階である不退転の菩薩となっています。また、聖徳太子の注釈書『勝鬘経義疏[28]』によると、王妃シュリーマーラーは不退転の位にまさに入ろうとする第七番目の段階の菩薩であるとされています。これらの段階の菩薩は、いずれも修行の完成した菩薩のことを意味しており、女身のままで成仏ができることを表明していることになります。女性の名誉回復を求めて、「転女成男」「転女身」ということから始まった大乗仏教の運動は、ここまで主張するようになったということであります。

また、阿弥陀仏《あみだぶつ》の浄土には女性は一人もいないとされていましたが、『阿閦仏国経《あしゆくぶつこくきよう》[29]』においては、アクショービヤ（阿閦《あしゆく》[30]）仏の国土に女性は女身のままで生まれるとされ、しかもそこに生まれた女性はたいへんに優れているとされていることも注目に値します。

現実との格闘の足跡と理解すべき大乗仏典

女性の名誉回復に関しての大乗仏教運動は、以上のように概観することができますが、どんな思想といえども、その時代の思想との相互の関係は無視できないものです。小乗仏教が、インドの社会通念としてのヒンドゥー教的女性観の影響を受けていたのに対して、大乗仏教は女性の地位向上のために、それなりの訴え、主張を行なったと見るべきではないかと思います。それは、大いに評価すべきことであります。ある意味では、教団内という閉じた社会の中で実現されていた原始仏教の純粋な理想的平等観が、時代・社会という現実の試練の中でその思想の真価が問われ、それに対して格闘した足跡だといっても過言ではありません。

その証拠に、紀元後二世紀ごろナーガールジュナ（龍樹）によって著されたとする『大《だい》智度論《ちどろん》』巻五六の一節を見ますと、

「復《ま》た次に経中に説く。『女人に五つの礙《さわり》あり。釈提桓因《しゃくだいかんいん》と梵王と魔王と転輪聖王《てんりんじょうおう》と、そして仏になることを得ず』と。是の五つの礙にて仏と作《な》ることを得ずと聞きて、女人はこころ退き、発意《ほつい》すること能《あた》わず。或《ある》いは説法する者あるも、女人の為には仏道を説かず。この故に仏は、この間に説きたまう。『善男子《ぜんなんし》・善女人《ぜんにょにん》よ、女人も仏と作ることを得べし。女身を転ぜざるにはあらざるなり』と(31)」

という記述があります。ここに、「五障」の登場と、「変成男子」が説かれたこととの関係が論じられています。

これを、簡単に現代語訳してみましょう。

「また経典には、『女性に五つの礙り（五障）があり、釈提桓因（帝釈天）と梵天王と魔王と転輪聖王と仏の五つにはなることができません』と言われています。この五つの礙りによって仏になることができないと聞いて、女性たちは心を退かせてしまい、覚りを求める心を発《おこ》すことがありません。あるいは、説法する人がいても、女性に対しては仏道を説こうともしません。こうしたことから仏は、次のように説かれました。ただ、『〔行ないの立派な〕良家の男子と、良家の女子よ、女性も仏となることができます。ただ、女の身のままではなく、女の身を転じて男の身となることによってであります』と」

ここには、小乗仏教の時代になってから「女人五障」という考え方が登場したことと、それによって仏道を志す女性がいなくなったり、また、女性に対して仏の教えが説かれなくなったりするなど、女性が仏教から相手にされなくなったという歴史的背景があって、その救済策として「変成男子」説が説かれたという事情が語られております。

この『大智度論』の一節は、「五障」説から女性を解放するために「変成男子」という考え方が出てきたということを裏付けるものです。このことからも、変成男子説が性差別であり、大乗仏教が五障説を言い出し、容認していたとする田上氏の見解は誤りであることが明らかです。

「五障」説が論じられたのも、「変成男子」説が説かれたのも、当然、釈尊滅後の出来事でした。ところが、ほとんどの経典がそうであるように、ここでも、釈尊が語ったという設定でその主張がなされております。

仏典は、一般に、

evaṃ mayā śrutam /

という書き出しで始まります。これは、

「如是我聞《にょぜがもん》」（是くの如く我れ聞けり）

と漢訳されていますが、

「このように私は聞きました」

という意味です。これは、第一回仏典結集の席でアーナンダ（阿難）がこの言葉で語り出したという話に基づいて定式化し、後の大乗経典においてもそのまま受け継がれています。このような形式は、ある意味では、釈尊の真意に迫ろうという思いの表れと見ることができますが、歴史的な事実関係をとらえるときには注意する必要があります。

注

（1）田上太秀著『仏教と性差別』、東京書籍、一〇九頁。
（2）中村元著『原始仏教の生活倫理』、中村元選集決定版、第一七巻、春秋社、一二三五頁。
（3）ゴーピカーという女性信者が、釈尊の教えを信じて実践した結果、死後に三十三天に生まれて帝釈天の子となったという話が伝えられていますが、その女性の感懐を記した韻文に、
「わたしはかつて女の身でありましたが、いまは男なのです。天の楽しみを得た神ですぞ」(Digha-nikāya, vol. II, p. 273.)
という言葉が見られます。このように「転成男子」といった思想は、原始仏教時代から既に現れておりました。
（4）KN. p. 378, ll. 11-12. からの筆者の訳。
（5）KN. p. 265, ll. 4-6. からの筆者の訳。
（6）KN. p. 265, l. 5.
（7）KN. p. 318, ll. 8-9.
（8）大正新脩大蔵経、巻九、三五頁中。
（9）同右、巻一五、一四九頁中～一五〇頁下。
（10）岩本裕著『仏教と女性』、第三文明社、七五頁より引用。
（11）田上太秀著『仏教と性差別』、東京書籍、一六三頁。
（12）同右、一二五頁。

(13) 大正新脩大蔵経、巻一四、九一九頁上からの田上氏による現代語訳。
(14) 中村元訳『仏弟子の告白』、岩波文庫、一五四頁。
(15) 同右、七八頁。
(16) 同右、一〇五頁。
(17) 同右、二〇二頁。
(18) 同右、八四頁。
(19) 中村元訳『尼僧の告白』、岩波文庫、二五頁。
(20) 大正新脩大蔵経、巻一一、五六三頁中。
(21) 同右、巻二五、八五頁上。
(22) 植木雅俊著『差別の超克——原始仏教と法華経の人間観』、講談社学術文庫、三五四〜三五九頁。
(23) 善男子と善女人は、サンスクリット語の「クラプトラ」(kula-putra)、「クラドゥヒトゥリ」(kula-duhitṛ) を訳したもので、元々は「良家の男子」「良家の女子」、あるいは「すぐれた家系に生まれた息子」「すぐれた家系に生まれた娘」という意味です。それが、仏教においては、「行ないの立派な男性」「行ないの立派な女性」として用いられました。
中村元著『原始仏教の生活倫理』、中村元選集決定版、第一七巻、春秋社、一五四頁。

植木雅俊著『差別の超克——原始仏教と法華経の人間観』、講談社学術文庫、三一七〜三一九頁。

植木雅俊著『思想としての法華経』、岩波書店、二〇〇四～二五二頁。

(24) 平川彰博士は、その著『初期大乗仏教の研究Ⅰ』(平川彰著作集、第三巻、春秋社、三五六～三七二頁) において、「善男子・善女人」という語が多用された理由について論じられていますが、いささか無理な論法や、サンスクリット文法を無視した解釈、自語相違などもあり、筆者はその批判的検証を行ないました。その内容は、次を参照。

植木雅俊著『差別の超克――原始仏教と法華経の人間観』、講談社学術文庫、三一八～三四二頁。

(25) 平川彰著『初期大乗仏教の研究Ⅰ』、平川彰著作集、第三巻、春秋社、三九九頁。

(26) 十地とは、仏を目指して修行する菩薩の境地を十の段階に分類したものです。五十二の段階のうち特に第四十一位から第五十位までのことをいいます。法(真理)を体得した喜びにあふれる①歓喜地を出発点として、②離垢地、③発光地、④焔慧地、⑤難勝地、⑥現前地、⑦遠行地、⑧不動地、⑨善慧地、⑩法雲地――とたどって仏の境地に入っていくとされます。

(27) Diana Y. Paul: *Women in Buddhism*, University of California Press, p. 286.

(28) 大正新脩大蔵経、巻五六、二頁中。

(29) 同右、巻一一、七五一～七六四頁。

(30) 阿閦とは、アクショービヤ(Akṣobhya)を音写したもの。大乗仏教で説かれる仏の一人で、東方に住するとされます。

(31) 大正新脩大蔵経、巻二五、四五九頁上。

第二部　男性原理・女性原理で読む日蓮

第一章　日蓮の男性観、女性観

「男女はきらふべからず」

第一部で述べてきたことを前提として、日蓮（一二二二～一二八二年）の仏法における男性観・女性観を見てみましょう。『諸法実相抄』で日蓮は、

「末法《まっぽう》にして妙法蓮華経の五字を弘めん者は男女《なんにょ》はきらふべからず(1)」

と、断言しております。

これは、「生まれによってではなく、その人の行為によって賤しくも貴くもなる」という釈尊の人間観と共通しております。『諸法実相抄』も、生まれによって差異の生じた身体的な意味での男女の浄・不浄だとか、貴賤ではなく、「妙法蓮華経の五字を弘めん」という行為、すなわちその人の持つ法と、その実践、振る舞いいかんによってこそ、貴賤が決まるという人間観であります。

また、それは『法華経』の女性観にも通ずるものです。『法華経』法師品《ほっしぼん》には、

「若《も》し善男子《ぜんなんし》・善女人《ぜんにょにん》有って、如来の滅後に、四衆の為に是の法華経を説かんと欲せば、

云何が応に説くべき。是の善男子・善女人は、如来の室に入り、如来の衣を着、如来の座に坐して、爾して乃し四衆の為に広く斯の経を説くべし。如来の室とは一切衆生の中の大慈悲心是れなり。如来の衣とは柔和忍辱の心是れなり。如来の座とは一切法空是れなり。是の中に安住して、然《しか》して後に、不懈怠《ふけたい》の心を以って諸の菩薩、及び四衆の為に、広く是の法華経を説くべし」②

とあります。ここで、二箇所に「善男子・善女人」とあるのは、いずれもサンスクリット原典では「偉大な人である菩薩」となっています。しかし、これに続く文では、「良家の子は如来の室に入り」「良家の息子・良家の娘は如来の衣を着て」「良家の子は如来の座に坐るべきである」とあって、「偉大な人である菩薩」を「良家の息子」（善男子）と「良家の娘」（善女人）と言い直しております。さらには、善男子・善女人のことを法師とも見なしております。③

第一部の第五章で見たように、「四衆」という言葉には在家と出家の差別的なニュアンスが伴っているのに対して、善男子・善女人という言葉は、在家と出家の差別も、男女の性差も乗り越えたものであります。『法華経』法師品では、そのような「四衆」の止揚として「善男子・善女人」が多用され、その「善男子・善女人」を「法師」という在り方へと発展させ、それとともに「菩薩」という在り方が「法師」という在り方へと止揚されていると結論することができます。ここにおいては、一貫して善男子・善女人が並び称されていて、男女が同等に扱われていると言えます。(4)

しかも、女性たちも善男子と同様に「法師としての菩薩」(bodhisattvā dharma-bhāṇakā) とされ、如来の〈衣《え》・座《ざ》・室《しつ》〉の三軌(5)に則って『法華経』を説くことを奨められていました。日蓮は、それを踏まえて「末法にして妙法蓮華経の五字を弘めん者は男女はきらふべからず」と述べていました。

『月水御書』に見る女性観

このように、日蓮は女性を蔑視していませんでした。その具体例を、まず『月水御書』に見てみましょう。

日蓮は、この手紙の中で、女性の月経(月水《げっすい》)のことについて触れていますが、これを読むと日蓮の合理的、かつ道理にかなった思考を読み取ることができます。その姿勢は、日蓮自身が、

「仏法と申すは道理なり(6)」

と述べているとおりです。

この手紙は、比企《ひき》大学三郎能本《よしもと》の夫人(7)が「月水の時は経を読まないでいるべきなので

しょうか」と質問してきたことに対して答えられたものです。当時、「月水」を忌み嫌うというような発想があったのでありましょう。

その手紙の中で日蓮は、

「日蓮、粗聖教《ほぼしょうぎょう》を見候にも、酒肉・五辛・婬事なんどの様に、不浄を分明《ふんみょう》に月日をさして禁《いまし》めたる様に、月水をいみたる経論を未だ勘《かんが》へず候なり。在世の時、多く盛んの女人、尼になり、仏法を行ぜしかども、月水の時と申して嫌はれたる事なし。是をもて推し量り侍《はべ》るに、月水と申す物は外より来れる不浄にもあらず。只女人のくせ（癖）かたわ、生死の種を継ぐべき理《ことわり》にや。又長病《ながわずらい》の様なる物なり。例せば屎尿なんどは、人の身より出れども、能《よ》く浄くなしぬれば、別にい（忌）みもなし是体《これてい》に侍《はべ》る事か」[8]

と言われています。

これを現代語訳しますと、

「日蓮は、ほぼすべての聖教に目を通しました。しかし、月日を明確に決めて、酒や肉、〔葱《ねぎ》・薤《らっきょう》・韮《にら》・蒜《にんにく》・薑《はじかみ》の〕五種類の辛味のある野菜、そして婬事などのように、また不浄を明らかに月日を指して禁じているように、月水を忌み嫌っている経や論は、いまだに思い当たりません。釈尊在世の時に多くの女盛りの女性が出家して尼になって仏法を修行しましたけれども、月水の時だからといって嫌われるようなことはありませんでした。このことから考えましても、月水というものは外からやってくる不浄（穢れ）ではありません。単に女性の体に生理現象として周期的に現れる変調であり、生命の種を継承する原理に基づいたものであり、また〔その時に体調が崩れるのも〕長病のようなものにすぎません。それは、ちょうど屎尿が人体から排泄し、清潔にされますけれども、浄化し、清潔にすれば、何の忌み嫌うべきこともないのと同じです。〔月水というものは〕この程度ものではないでしょうか」

と、なります。

ここには、迷信じみた発想はかけらもありません。合理的思考が貫かれています。死や人間の排泄物などとともに、血を不浄なもの、穢れたものとしていたヒンドゥー社会の観念と全く対照的です(9)。

その後の十四世紀ごろ、中国から日本に『血盆経(10)』という経典が入ってきます。これは、中国で十世紀以降に中国の禅宗の僧がつくったもので、いわゆる偽経です。その内容は、出産や月経の時の出血によって大地や河川だけでなく、神仏までも汚している女性は、大きな罪を犯しているというものです。これによって、女性が穢れているという思想が強められていきました。日蓮の言っていることは、こうしたこととも対照的です。

女性を「聖人」「法華経の行者」と賛嘆

このように日蓮は、道理にかなった発想の持ち主であり、女性のことについても「男女はきらふべからず」と、その平等性を機会あるごとに書き残しておりました。

日蓮の著作を見ますと、女性に対して与えられた書簡は約九十通にも上ります。それは、四百五十編近くある『遺文』、あるいは『御書』全体の五分の一の量を占めています(11)。女性に対する手紙には、慈愛に満ちた文章がしたためられていて、心が熱くなるのを禁じ得ないほどであります(12)。

例えば、富木常忍《ときじょうにん》の夫人のことを見てみましょう。彼女は子連れで、富木常忍の後妻として再婚いたしました。富木常忍は知的エリートでした。しかも、富木家には高齢でもかくしゃくとした姑《しゅうとめ》がいました。夫人は病気がちで床に伏せることが多かったようです。これだけ書くと、夫人の富木家における立場が見えてきます。きっと、「私がこんなだから主人の足を引っ張ってしまって……」と自己嫌悪のようなものを抱いていたのではないかと思えます。

日蓮は、そんな夫人の気持ちが手に取るように分かったのでしょう。例えば、富木常忍は母親が九十歳で亡くなったとき、そのお骨を持って身延《みのぶ》まで日蓮を訪ねたことがありました。その帰りに、日蓮は、夫人あての手紙を持たせます。日蓮はその中に、富木常忍が日蓮のもとで語った言葉をあえて書き入れています。「あなたのご主人は、『妻が、私の母によく対応してくれて、看病してくれたことの嬉しさはいつの世にも忘れることはありません』と、私に話していましたよ」と。これは、きっと、「富木常忍は、あなたに面と向かって感謝の言葉を言わないかもしれませんが、私のところでは言っておりましたよ」「あなたのことを誉めていましたよ」という意味が込められていると思います。

　この手紙の中では、さらに、

「や（箭）のはしる事は弓のちから。くも（雲）のゆくことはりう（龍）のちから。をとこ（夫）のしわざはめ（妻）のちからなり」[13]

という言葉も出てきます。これは、「夫を生かすも殺すも妻次第である」「夫をしっかりさせるには、まず妻がしっかりしなければいけない」といったニュアンスで語られたりすることがあるようですが、原文を素直に読むと、少し意味が違っていることが分かります。

　私たちには飛んでくる矢しか見えませんが、その勢いを見れば、向こうのほうにあるはずの弓の強弱が分かります。雨雲の勢いを見れば、雲の中にいるはずの龍の力が分かります。それと同じように、私の目の前に富木常忍はいますが、あなたはいません。けれども、その富木常忍を見れば、あなたが見えてきます。あなたは、自分を卑下したり、自己嫌悪に陥ったりされているかもしれませんが、富木常忍がこうして私のもとへ来ることができるのも、あなたがあればこそのことなのです——といった夫人を励ます声が私には聞こえてきます。

女性信徒の中には、佐渡流罪中の日蓮のもとへと幼い娘（乙御前《おとごぜん》）とともにはるばると訪ねてきた乙御前の母もいました。その女性の深い信心に対して、

「日本第一の法華経の行者の女人なり。故に名を一つつけたてまつりて不軽菩薩の義になぞらへん。日妙聖人等云云」(14)

と、「聖人」という尊称を与えています。

さらには、子どもに導かれて信仰を貫き通した光日尼に対しても、

「何《いか》に況《いわん》や、今の光日上人は子を思うあまりに法華経の行者と成り給ふ」(15)

と、「上人」の尊称で呼んでいます。

この両者の場合を見ただけでも、日蓮は不退転の信心の有無によって人を判断しているのであり、男性か女性かという観点ではなかったということがうかがえます。ここには、日蓮が最も重視していた「法華経の行者」という言葉まで用いていますが、ここにも「行為」によって人の貴賤が決まるとする観点が現れています。

こうしたことを見ても、本章の冒頭に引用した、

「末法にして妙法蓮華経の五字を弘めん者は男女《なんにょ》はきらふべからず」

という言葉は、単なるスローガンではなく、日蓮の実際の女性観として貫かれていたということができます。

注

(1) 『昭定遺文』七二六頁、『御書全集』一三六〇頁。

(2) 大正新脩大蔵経、巻九、三一頁下。

(3) 法師とは、サンスクリット語でダルマバーナカ (dharma-bhāṇaka) といい、「説法者」「教えを説く人」「衆生を導く人」のことです。『法華経』の法師品と法師功徳品には、受《じゅ》持《じ》・読《どく》・誦《じゅ》・解説《げせつ》・書写《しょしゃ》を行なう五種類の法師を挙げて、その功徳が説かれています。

(4) ①善男子・善女人という語の用法、②善男子・善女人についての平川彰博士の見解に対する筆者の疑問、③『法華経』における善男子・善女人の用例、④四衆から善男子・善女人への転換、⑤善男子・善女人から法師への発展――については、下記の拙著において詳細に論じています。

植木雅俊著『差別の超克――原始仏教と法華経の人間観』、講談社学術文庫、三一四～三五九頁。

(5) 衣・座・室の三軌とは、『法華経』法師品に説かれる弘教者の三つの軌範のことです。「衣」とは「柔和忍辱の衣」のことで、あらゆる侮辱や迫害をも堪え忍び、ものやわらかで怒りの心を起こさないことです。「座」とは「一切法空の座」のことで、あらゆるものごとが「空」であると知って、何ものにも執着しないことをいいます。「室」とは「慈悲の室」のことで、一切衆生をあわれみ慈しむことです。

(6)『昭定遺文』一三八四頁、『御書全集』一一六九頁。

(7)大学三郎は、日蓮在世当時の弟子で、比企《ひき》能員《よしかず》の子といわれる大学三郎能本《よしもと》のことです。鎌倉幕府において儒学を講ずる学者でした。

(8)『昭定遺文』二九一頁、『御書全集』一二〇二頁。

(9)植木雅俊著『人間主義者、ブッダに学ぶ——インド探訪』、学芸みらい社、七四〜八四頁。

(10)卍続蔵経、一、八七、四。筆者と妻・眞紀子による『血盆経』本文の英訳と解説は、Robin Wang (ed.), *Images of Women in Chinese Thought and Culture*, Hackett Publishing Company Inc., Cambridge (Massachusetts), 2003, pp. 291-293.

(11)桑名貫正著「日蓮聖人の女性観」、日本仏教学会編『仏教と女性』所収、平楽寺書店、九八頁。

(12)詳細は、植木雅俊著『日蓮の手紙』、角川ソフィア文庫を参照。

(13)『昭定遺文』一一四七頁、『御書全集』九七五頁

(14)『昭定遺文』六四七頁、『御書全集』一二一七頁。

(15)『昭定遺文』一八八〇頁、『御書全集』九三四頁。

第二章　男性原理と女性原理の本迹

「男は本・女は迹」

ところで、日蓮は、その著『百六箇抄《ひゃくろくかしょう》』[1]におきまして、

「男は本《ほん》・女は迹《しゃく》、知り難き勝劣なり。能《よ》く能く伝流口決《でんるぐけつ》す可きなり[2]」

という言葉を残しております。またまた、これは大変なことになりました。

しかし、この『百六箇抄』の一節のタイトルを見ますと、「久遠《くおん》自受用報身《じじゅゆうほうしん》の本迹《ほんじゃく》」とあって、「久遠自受用報身」についての本迹を立て分け、勝劣を論じていることが分かります。

「本」とは「本地《ほんち》」（本来の在り方）のことで、「迹」とは「垂迹《すいじゃく》」（仮の姿）のことですが、詳しいことは次の章で触れることにします。

「久遠」というのは、

「久遠とははたらかさず、つくろわず、もとの儘《まま》[3]」

とか「久遠即末法[4]」とも言われるように、「元初《がんじょ》の一念[5]」であり、現在の瞬間の生命の

本源ということであります。その次元で、男・女の本迹が論じられていることに注意しなければなりません。

また、ここに出てくる「自受用報身」は「自受用身」と「報身」の複合語で、前者は「内心の智慧が明らかで、常に真理を照らし、自らその楽を楽しむ仏身」（中村元著『佛教語大辞典』）のことであり、後者の「報身」は天台大師が『摩訶止観』巻六下で「境について法身となし、智について報身となし、起用について応身となす」として仏の智慧の身のことだと論じています。

従って、ここで日蓮は、智慧の側面から本迹を立て分けていると理解できます。「応身《おうじん》」、すなわち目に見える身体的な姿としての差異に伴う本迹ではない、ということが大事です。あくまでも、「報身」という智慧、あるいは精神的次元において男（男性原理）・女（女性原理）の本迹・勝劣が論じられていることを見逃してはなりません。もし、身体的「応身」において本迹・勝劣を論ずるというのであれば、女性を低くあつかっていることになってしまいます。

久遠を今、現在に体現する

「久遠とははたらかさず、つくろわず、もとの儘《まま》」という一節をよく見ると、ここで言われているのは、時間の概念ではなく、「状態」のことだということが分かります。生命の本来のありのままが現れてきた状態が久遠であるというのです。これは、「時間としての久遠」ではなく、「状態としての久遠」です。

ややもすると、我々は背伸びしたり、自分をよく見せようと飾り立てたり、意識したり、こだわってみたり、なかなか無作《むさ》にはなれません。あるいは我々が事物をとらえるときは、思議分別して「自他《じた》」「彼此《ひし》」といった二元相対の世界にとらわれ、ものごとのありのままを見ることができません。そこで、「はたらかす」「つくろう」ということにあくせくしてしまいます。「何か」にとらわれ、執着してしまいます。それは、その「何か」に束縛されていることであって、自由、自在の境地とは言えません。

それに対して、「はたらかさず、つくろわず、もとの儘」の本来的自己（中村元博士がよく言われる「真の自己」）に立ち返ることを「無作」と言い、その状態を「久遠」と言っています。

このような意味で、日蓮のいう久遠は「時間的な過去」ではなくて、「状態」としてとらえられています。「本来ありのままの姿」としてとらえられています。だから、今が久遠なのです。それを、「久遠即末法」と表現しています。ここでいう「末法」というのは、末法万年という言い方のような「期間」をいうのではなく、「末法である今現在の瞬間」

という意味です。

そこで、久遠ということについて、もっと考えてみましょう。

『法華経』寿量品によると、釈尊は、五百塵点劫《ごひゃくじんてんごう》という遥かな昔（久遠）において既に覚りを開いていたことを明かし、そこを本仏としての生命の原点、本源としました。しかし、我々はややもすると、それを遥かな過去の一時点に固定しがちです。そうなると、ある意味で、我々が生きている今現在とは懸け離れてしまい、無縁となってしまうように思えます。

それに対して、日蓮は、久遠ということを必ずしも過去という意味に取りませんでした。

「久遠即末法」「久遠は今に在り、今は即ちこれ久遠なり」(6)というように、今現在の瞬間の生命の奥底に、久遠の生命があると言いました。久遠とははたらかさず、つくろわず、もとの儘と云う義なり」とあるように、「状態としての久遠」という意味になっています。それに敢えて名前をつければ、南無妙法蓮華経となり、文字として顕したものが本尊であると日蓮は言っています。

要するに、今現在の瞬間の生命の本源、ここに実は久遠の生命があるというのです。

『法華経』化城喩品《けじょうゆぼん》第七の
「観彼久遠。猶如今日」（彼《か》の久遠《くおん》を観《み》ること猶今日《なおこんにち》の如《ごと》し）(7)

という文について、日蓮は『御義口伝《おんぎくでん》』で、

「此の文は、元初《がんじょ》の一念、一法界より外に更に六道四聖とて有る可からざるなり。所謂《いわゆる》南無妙法蓮華経は三世一念なり。今日《こんにち》とは末法を指して今日と云うなり」(8)(9)

と述べています。

これは、「久遠」という「元初の一念」は、「南無妙法蓮華経」と名づけられるもので、それは過去・現在・未来の三世を現在の一念に統《す》べるものであり、その「久遠」という「元初の一念」を観るということは、末法における今日の今現在の瞬間の生命の本源を観るということであるということを意味しています。

時間というものは、一般的に「過去、現在、未来」で表されますが、漢訳仏典では「過去世・現在世・未来世」とか「前世・現世・来世」あるいは「過・現・未」「已・今・当」だとかいう言い方がなされています。(10)

ここに「三世一念」とありましたが、日蓮の著作には、この「三世」と「一念」について、

「過去と未来と現在とは三なりと雖《いえど》も一念の心中の理なれば無分別なり」(11)

「命已《すで》に一念にすぎざれば……」(12)

「心が過去・現在・未来の十方の仏と顕る」(13)

「南無妙法蓮華経は三世一念[14]」

「久遠一念の南無妙法蓮華経[15]」

などといった言葉が見られます。

要するに、時間といっても今現在しかない。過去といい、未来といっても、観念の産物である。過去といっても「現在」の記憶によるものであり、未来といっても「現在」の期待感によっている。その意味で、過去といい未来といっても、「現在」を抜きにしてはありません。

『開目抄』に「心地観経に曰《いわ》く[16]」と断って、

「過去の因を知らんと欲せば、現在の果を見よ。未来の果を知らんと欲せば、現在の因を見よ[17]」

という一節が引用されていますが、これも、過去や未来が、現在を離れてどこかに客観的にあるのではないことを言っています。あるのは今現在のみであって、常に「永遠の今」というわけです。

本果妙から本因妙への転換で成仏

このように私たちは、常に今現在に生きております。ところが、その「今」は過去の結果として見ることもできますし、未来への因として位置付けることもできます。それぞれの立場は、「本果妙」「本因妙」と呼ばれることがしばしばなされるようです。

その場合、この『百六箇抄』の「男は本・女は迹」という一節と同趣旨の表現として、本因妙《ほんいんみょう》は男性原理であるが、本果妙《ほんがみょう》は女性原理である、という言い方ができると思います。本因妙とは、平たく言えば、常にスタートに立って「さあ、これからだ」と、未来へ向かっていく姿勢のことです。それに対して、本果妙は、過去の因行と現在の果徳に甘んじて、未来への志向性が弱いと言えます。

この本因妙の姿勢が男性原理であり、成仏につながるものでありますが、本果妙の姿勢は女性原理であって、成仏からはほど遠いものです。そういう観点から「男は本・女は迹」と言われているようです。このように考えますと、身体的性別という意味での「変成男子」はヒンドゥー社会を意識した妥協的産物としての便宜的な表現でありましたが、男性原理と女性原理の観点からとらえ直すと、「変成男子」も新たな意味を持ってくると思います。すなわち、「変成男子」の意味するところは、本果妙から本因妙への転換によって成仏が可能となるということになります。

生命の傾向性において、本因妙（男性原理）に立てば成仏につながり、本果妙（女性原理）に陥れば成仏から遠ざかる。この論じ方は、もはや男性、女性という身体的差異というよりも、生命論的な次元での男女論に飛躍しています。これは、外見としての表面的、身体的な差異にとらわれていません。

「如来性」は男性的な在り方

このような観点に立って、肉体面ではなく精神面での〝男性〟と〝女性〟の相違を論じた言葉が法顕《ほっけん》訳の『涅槃経《ねはんきょう》』に見えています。

「善男子・善女人よ。摩訶衍般泥洹経《まかえんはつないおんきょう》に於いて、当《まさ》に方便をもって、丈夫の志を立てることに勤むべし。所以《ゆえん》は何《いか》ん。如来性《にょらいしょう》は丈夫の法なるが故なり。女人の志は一切法に於いて多く染著を生じ、力《つと》めて摩訶衍深経の妙味を発《ひら》くに堪忍せず。……若《も》し、善男子・善女人が方便して女人の法を離れんことを欲せば、当に此の摩訶衍般泥洹経を修習すべし。所以《ゆえん》は何ん。此の摩訶衍般泥洹経は如来性は丈夫の法なりと説く故なり。若し、衆生の自身に如来性あることを知らざるものあらば、世間に男子と名を称すと雖《いえど》も、我、此の輩《やから》は是れ女人と説く。若し、女人の能《よ》く自身に如来性あることを知らば、世間に女人と名を称すと雖も、我、此等は男子と説く[18]」

この一節のキーワードである「如来性」とは、サンスクリット語で「タターガタットヴァ」(tathāgatatva)、あるいは「タターガタター」(tathāgatatā)と言います。「タターガタ」(tathāgata)が「如来」のことで、その後に続く「トヴァ」(tva)、あるいは「ター」(tā)が、それぞれ中性と女性の抽象名詞をつくる接尾辞です。漢訳では、「性《しょう》」と訳されておりますが、必ずしも「性質」などといった意味ではありません。むしろ、「本性」などの意味であって、「如来性」とは「如来の本性」、あるいは「如来を如来たらしめるもの」という意味になります。これは、よく使われる「仏性《ぶっしょう》」という言葉で置き換えてもかまわないと思います。

この一節の前半部分を現代語訳しますと、

「良家の息子と良家の娘よ。大乗涅槃経において努力して男性的な志を立てるように努めなさい。それはなぜかというと、如来性、すなわち〔如来を如来たらしめる〕如来の本性は男性的な在り方をしているからです。女性的な志は、あらゆるものごと(一切法)に対していろいろと因われ執着する心を生じてしまうので、大乗の深い教えの妙味を開くことができません。……もしも、良家の男子と良家の女子が、努力して女性的な在り方から離れることを願うならば、この大乗涅槃経を修行し、学習すべきであります。それはなぜかといえば、この大乗涅槃経は『如来の本性は男性的な在り方をしている』と説いているからです」

となります。

ここでは、「女人の志」すなわち「女性的な志」ではなく、「丈夫の志」すなわち「男性的な志」を立てることが強調されています。その理由は、あらゆるものごと（一切法）に因われ、執着しやすい女性的な志と違い、如来性（仏性）は男性的な在り方（丈夫の法）をしているからであると説いています。しかも、「善男子・善女人が……女人の法を離れんことを欲せば……」とあるように、「女人の法」を離れることを善女人だけではなく、善男子にも要求されていることが注目されます。このことから「丈夫の法」「女人の法」は、生物学的な性差とは次元を異にしていることが分かります。

生命論的な観点からの平等観

続いて後半部分を現代語訳しますと、この「如来性は丈夫の法なり」という観点を踏まえて、次のように結論されています。

「もしも衆生自身に如来性（仏性）があることを覚知することがないならば、世間においてこの人のことを男子と呼んでいるとしても、私は此の人のことを女人であると説きます。逆にもし女人が、自分自身に如来性があることを覚知したならば、世間の人がその人のことを女人と呼んでいるとしても、私はこの人のことを男子であると説きます」

ここでは、肉体的な男性と女性の違いということではなく、心の内面における男性と女性の違いを強調しています。すなわち、肉体的、生物学的な差異としての男女ではなく、心の内面における男女、すなわち男性原理と女性原理のことと言ってもよいでありましょう。この「丈夫の法」と「女人の法」は、それぞれ「男性原理」と「女性原理」と訳しても差し支えない概念だと思います。

こう考えると、女性原理が必ずしも女性に限られるものではなく、男性にも具わっているものであることが分かります。逆に男性原理も女性に具わっていることになります。ちょうど、女性ホルモンといえども男性にも備わり、男性ホルモンが女性にもあるようなものです。ただ、男性原理、女性原理のいずれが優勢になりやすいか、という違いがあるにすぎません。

第一部第七章に引用した『首楞厳三昧経《しゆりようごんさんまいきよう》』に、

「私に男性の姿が生じるようなときにも、私は女性としての固有の本性（法性）を捨てません」

とあったのも、このような意味で言われていたのではないでしょうか。

こうなると、極めて生命論的な観点が強くなってきます。仏教史的に見ると、小乗仏教では男性と女性という身体的な意味での性差別が表になってその優劣が論じられ、第一部で見たように、ものすごい女性蔑視論が展開されておりました。そこには、ヒンドゥー教の影響が大きかったということも指摘しておきました。

これに対して、大乗仏教では、生命論的な観点から女性の地位向上への努力が図られました。特に『維摩経』には、智慧第一の誉れ高いシャーリプトラ（舎利弗）が小乗仏教徒の見解を代弁する役を演じて、女人にやりこめられる場面も挿入されておりました。

ある経には、「大乗の法において男なく女なし」とか、男女の区別は元来なくて「因縁《いんねん》所成《しょじょう》」、すなわち因（内在的な直接原因）と縁（外在的条件としての間接原因）が仮に和合することによって成立させられているものであって、男とか女とかいった実体としての不変の区別があるのではないとも説かれています。小乗仏教による女性蔑視に対して、女性の地位向上を目指す大乗仏教の運動という背景があって、『法華経』におきまして、龍女をはじめ、マハー・プラジャーパティー（摩訶波闍波提《まかはじゃはだい》）、ヤショーダラー（耶輸陀羅《やしゅだら》）[19]、およびその眷属などの女性たちに成仏の記別（未来の予言）が与えられていったわけです。

注

（1）『百六箇抄』は、弘安三年（一二八〇年）に日蓮が弟子・日興に対して授与した相伝書だと言われています。『本因妙抄』とともに両巻相承、両巻抄として血脈抄とも呼ばれています。百六箇条にわたって本迹を立て分けて論じ、下種仏法の内容を明らかにすることに主眼が置かれているとのことです。
(2)『昭定遺文』なし、『御書全集』八六二頁。
(3)『昭定遺文』二六七一頁、『御書全集』七五九頁。
(4)「久遠即末法」とは、久遠は単なる過去のことではなく、末法という現在の時を離れてはあり得ないということです。我が身に妙法を覚知すること、それは「真の自己」を覚知することでもありますが、それにより、末法という現在の瞬間に永遠（久遠）を開くことともいえます。詳細は、次を参照。
植木雅俊著『日蓮の手紙』、角川ソフィア文庫、一三四〜一四〇頁。

また、日蓮の時間論については、次を参照。

植木雅俊著「日蓮の時間意識」、『印度学仏教学研究』、第四四巻第一号、一九九五年、二五九頁。
(5)『昭定遺文』二七〇八頁、『御書全集』七八八頁。
(6)樫樹日寛著『日寛上人文段集』、聖教新聞社、二四二頁。
(7)大正新脩大蔵経、巻九、二二頁中。
(8)「六道」とは、地獄道・餓鬼道・畜生道・修羅道・人間道・天道のことで、迷いのある世界を意味し、「四聖」とは、声聞・縁覚・菩薩・仏のことです。
(9)『昭定遺文』二七〇八頁、『御書全集』七八八頁。
(10)中国や日本では、「過去・現在・未来」の順に並べますが、インドでは現在を重視して

「過去・未来・現在」という表現を用います。

(11)『昭定遺文』一六九一頁、『御書全集』五六二頁。

(12)『昭定遺文』二八三頁、『御書全集』四六六頁。

(13)『昭定遺文』六九頁、『御書全集』四〇〇頁。

(14)『昭定遺文』二七〇八頁、『御書全集』七八八頁。

(15)『昭定遺文』なし、『御書全集』八七一頁。

(16)日蓮は、『心地観経』からの引用としていますが、『心地観経』にこの言葉は出てきません。『諸経要集』に「経に云く」として経典名を挙げずに出てきますが、経典名は書いてありません。日蓮が佐渡流罪中のことで、資料も手もとにないまま、一気に書き上げたために勘違いされたものと思われます。

(17)『昭定遺文』六〇〇頁、『御書全集』一二三一頁。

(18)大正新脩大蔵経、巻一二、八九四頁下。

(19)ヤショーダラー（Yaśodharā）は、釈尊が出家する前の妃であり、またラーフラ（Rāhula, 羅《ら》睺《ご》羅《ら》）の母です。音写して「耶輸陀羅」と書かれます。釈尊が、義母で叔母のマハー・プラジャーパティーの出家を許して、その後に出家したのがヤショーダラーでした。

第三章　「二求両願」に見る男性観、女性観

本章以下において、観世音菩薩普門品《かんぜおんぼさつふもんぼん》（観音品《かんのんぼん》と略称）の一節から日蓮が独自の展開をした男性原理と女性原理について考察することになりますので、その前に観音品と、観世音菩薩（観音菩薩と略称）について検討しておきたいと思います。欧米の研究者は、観音菩薩をジェンダー・フリーの象徴と見なしているようですが、その是非についても考えてみることにします。

観音菩薩の起源

『法華経』の最後の六品は、どちらかというと、『法華経』成立の後期に西北インドに流行していた民間信仰を採り入れたものだと言えます。観音品もその一つでした。これは、『観音経』という名の単独の経典でしたが、『法華経』に摂取されて観音品となりました。

この経典は、観音菩薩の名前を唱える人はだれでも、船の難破や、火災、風災、水災、あるいは殺されたり、手かせ足かせをはめられたり、強盗にあったりするというあらゆる災難から守られると説いています。男の子や、女の子が欲しい人の願いをかなえてくれる

とも説かれています。この菩薩の助けを求める人のためには、いつでも、どこでも、相手に応じて三十三種類の姿で現れて救出してくれるというのです。

紀元前後に興った大乗仏教は、それぞれの経典において象徴的な菩薩を導入しました。その中で最も代表的な菩薩の一人が観音菩薩で、アジアの全域を通じて崇拝されました。観音菩薩の観念は、西北インドのガンダーラで現れました。観音菩薩は、イランの神の影響を受けて形成されたとも言われています。ガンダーラとマトゥラーで製作された観音菩薩の彫像の年代を調べると、観音菩薩の彫像は二世紀か、三世紀には既に製作されていて、当時の人たちが、この菩薩を崇拝していたことも明らかになります。観音菩薩は、中央アジアと敦煌《とんこう》を経由して、ガンダーラから中国や東アジアの国々へともたらされ、「観音」と呼ばれました。

観音菩薩はジェンダー・フリーの象徴か？

欧米の研究者の間では、観音は男性と女性の両方の姿を取ることができるとされていることから、ジェンダー・フリーの体現者だと解釈され、評価されているようです。ロヨラ・メリーマウント大学のロビン・ワング（Robin Wang）博士が、筆者に「中国文化と思想における女性像」についての共同研究(1)の企画書を送ってこられたとき、こうした趣旨から観音品も取り上げてもらいたいと要望が添えられていました。観音についての私の見解を書いて送ると、ジェンダー・フリーについての否定的な見解に驚かれながらも、私の考えに同意していただきました。

鳩摩羅什の漢訳によると、観音は三十三身を現すとされ、その内の七つは、①女性出家者、②女性在家信者、③長者の夫人、④資産家（居士《こじ》）の夫人、⑤宰官の夫人、⑥バラモンの夫人、⑦少女――の女性の姿だといいます。けれども、サンスクリット原典によると、観音は十六の姿を現すとされ、そのすべてが男性であります。しかも、ガンダーラの観音菩薩の彫像は、ほとんどが口ひげを蓄えており、この菩薩はインドでは、男性であったことを示しています。サンスクリット原典では、女性の姿はあり得ないことでした。ところが、中国において、この菩薩は女性化し、中国と日本では現在、女性の菩薩として広く信仰されています。中国において観音が女性化したことと、鳩摩羅什訳に観音の化身に女性の姿が追加されたこととは、大いに関係があると思います。

さらには、鳩摩羅什訳には見られないサンスクリット原典の第三十一偈（詩句）には、観音が導師となる阿弥陀仏の浄土には、女性はだれも生まれてこないとあります。このように、サンスクリット原典から見ると、観音がジェンダー・フリーの象徴であるという考えは、もろくも崩れ去ってしまいます。

そのことを確認した上で、次にサンスクリット原典を考慮に入れずに、鳩摩羅什訳だけからジェンダー・フリーと言えるかどうか検討してみましょう。中国、日本などでは、鳩摩羅什訳で『法華経』を読んできたのであり、漢訳からの検証が必要です。まず初めに、観音が男女のいずれの姿をも化現することができるということと、龍女が現在の身のままで成仏の姿を示したこととを比較してみたいと思います。

漢訳によると、確かに観音は男性の姿だけでなく、女性の姿にもなって出現することができると書かれています。しかし、そのことは、すべての女性が観音の化身であるということを意味しているのではありません。観音は、困ったときに助けを求めてすがる対象なのです。困った人に応じて、三十三種の姿を取るだけで、困った人自身が観音の化身なのではありません。

それに対して、龍女が身をもって即身成仏の姿を示して見せたことは、「挙《こ》一《いつ》例《れい》諸《しょ》」（一を挙げて諸を例す）(2)という言葉があるように、また、日蓮が、

「龍女が成仏、此れ一人にはあらず。一切の女人の成仏をあらはす(3)」

と述べているように、すべての女性が仏陀と成りうることを例示して見せたものでありました。両者は、極めて対照的であります。

さらには、観音菩薩と、法師品や、不軽品などに描かれる他の菩薩たちとの間の特徴の

違いにも、もっと注意を払わなければなりません。観音品は、それを読誦《どくじゅ》する人に、観音菩薩に救ってもらうという受け身の立場を取らせようとします。それに対して、漢訳『法華経』の法師品第十から嘱累品第二十二までを読誦すると、自分自身が菩薩となることを鼓舞され、他者を救うことに献身する法師として能動的な立場に立っている自分を見いだします。これは、ジョン・F・ケネディの大統領就任演説、「国に何かをしてもらうのではなく、国のために何をするのかを自らに問え」（趣旨）――それは上杉鷹山《ようざん》の言葉を焼き直したもののようですが、そこで問われたことと同じことが指摘できます。観音は、私たちにとって「何かをしてくれる菩薩」であり、『法華経』本来の理想とする菩薩は、私たち「自らが菩薩となって利他行に務める」というものでした。法師としての菩薩も、地《じ》涌《ゆ》の菩薩も、不軽菩薩も皆そうです。

これらの本質的で、大きな違いは、何に起因しているのでしょうか。それは、『法華経』編纂《へんさん》過程において、薬王品第二十三から普賢品第二十八までの六品が、後世に付加されたものであることによります。『法華経』は、一世紀末から三世紀初頭にかけての百年間に編纂されたと言われています。観音品を含む最後の六品は、その後の段階に付け加えられました。それは、現世利益信仰や民間信仰の傾向が著しくなった時代でした。

中国での観音信仰の普及

サンスクリット語の『サッダルマ・プンダリーカ・スートラ』(白蓮華のように最も勝れた正しい教えの経)が『正法華経』(二八六年)、あるいは『妙法蓮華経』(四〇六年)という名で漢訳されたことで、観音信仰は中国に広まりました。さらに『無量寿経』(二五二年)や、『観無量寿経』(四二四~四四二年)、『華厳経』(四一八~四二〇年)が漢訳され、観音信仰は中国に急速に普及していきました。

観音の奇跡的なご利益を称える多くの話が、仏教説話として記録されました。西暦二二〇年の後漢の末から、五八一年の隋統一まで、観音信仰による奇跡的な体験を集めた多くの説話集が編纂されています。『高僧伝』[4](五一九年)にも観音にまつわる多くの話が収録されています。五世紀の終わりごろ、『冥祥記』という、その当時の仏教徒の信仰の実態を反映した書が著されました。そこには、子どもに恵まれない五十歳を過ぎた男についての話が出てきます。近くのお寺の僧侶から教えられて、彼は『観音経』を読誦しました。二、三日すると、夢の中でお告げがあり、すぐに彼の妻が妊娠し、男の子どもを授かったというのです。

観音信仰は、唐(六一八~九〇六年)の時代に、さらに盛んになりました。六六八年に、観音の奇跡についてのさらに多くの話を含んだ『法苑珠林』が出版されています。

これらの話の大部分は、牢獄に入れられたり、強盗に襲われたり、捕らわれの身となったりした人が、観音の名前を唱えたことで、死を免れることができたという筋書きからなっています。

観音への祈りの内容は、変化に富んでいました。病気の回復のための祈りや、地位とお金を得たいという祈り、よい子どもに恵まれたいという祈り、そして、災難から逃れたいという祈りが、その主なものでした。多くの人々が、現世利益をもたらしてくれることを観音に願ったのです。

さらに清（一六一六～一九一二年）の時代になると、『観音慈林集』と『観音経持験記』が編纂されました。特に後者には、その当時の信仰の実態を証言する観音信仰の奇跡的な体験談が百十六含まれています。観音信仰は、このように儒教倫理の支配する社会にあって、男の子に恵まれたいと願う人々の間に子宝信仰として広く普及しました。

儒教社会の不安解消としての観音信仰

『法華経』の前半部には、一切衆生の成仏を説いた「一仏乗《いちぶつじょう》」という平等思想や、そのような思想を自ら法師となって弘通していく菩薩のことや、女性の成仏可能なことを明かした龍女の成仏などが説かれています。また、他の大乗経典には、「一切は男にあらず、女にあらず」とする「空《くう》」の思想や、女性に生まれたがゆえに他の女性の苦しみを理解することができるし、救うこともできるという考えも説かれてはいました。けれども、中国社会の一般大衆の間に広く受け入れられたのは、むしろ子宝に恵まれることなどの現世利益をもたらしてくれるとされた観音信仰のほうでありました。

男尊女卑の儒教社会である中国は、男子中心の社会でありました。『詩経』には男の児が生まれたら床（牀）に寝かせ、玉をもって遊ばせるとありますが、女の児が生まれたら地面に寝かせて瓦（素焼きの糸巻き）で遊ばせると歌っていて、男女の差別は甚だしいものです。家系を継ぐのは男であり、長子相続であったので、祖先崇拝を強調する儒教倫理では、家系を継ぐ男子がなく、家系が絶たれることは、不孝の最たるものとされていました。従って『礼記《らいき》』には、妻が離縁される七つの理由（七去《しちきょ》）の一つとして、「嫁《か》して三年、子なきは去る」とあります。すなわち、結婚は男の子を産むためでありました。嫁は、子を産む道具にすぎず、人格を認められることもなく、「もの」同然に見なされていました。(5)

儒教社会におけるそのような不安から救われたい中国の人々によって観音信仰が受け入れられたということは否定できないことです。それに対して、仏教の男女平等の思想はどの程度、中国で受け入れられたのでしょうか？　また、中国に仏教がもたらされて後、中国の女性の生き方に影響を与えたことはあるのでしょうか。結論から言えば、仏教のジェンダー平等の思想は、男尊女卑を掲げる儒教倫理を乗り越えることはなかったと言っても過言ではありません。

従って、観音菩薩はジェンダーフリーの象徴などではなく、むしろ男尊女卑の儒教倫理に悩む人たちのすがるものではあったとしても、女性の地位を向上させることや、女性自らの価値や、平等意識、あるいは女性の自立に目覚めさせることからも遠く懸け離れたものだったということが結論されると思います。むしろ儒教倫理に甘んじさせるものであったと言えます。あるいは、男尊女卑の著しい中国社会において、自立した女性像を描いた経典の存在を女性に知られないようにしたとも考えられます。

このように、観音菩薩のご利益の一つである子宝に恵まれるという話は、民間信仰の域を出ていないものでした。ところが、日蓮は、それを換骨奪胎して、独自の男女観を展開しました。それを次に見ていきましょう。

「世間の果報」と「出世の果報」

前章で、本因妙と本果妙の違いについて触れました。それでは、なぜ本因妙、本果妙という二つの姿勢が生ずるのでしょうか。そのメカニズムを、日蓮は『御義口伝《おんぎくでん》』(6)において

『法華経』観世音菩薩普門品第二十五の「求男《ぐなん》」「求女《ぐにょ》」という言葉に即して述べています。

それは、

「第四　二求《にぐ》両願の事　御義口伝に云く、二求とは求男求女なり。求女とは世間の果報、求男とは出世の果報、仍《よ》って現世《げんせ》安穏《あんのん》は求女の徳なり。後生善処《ごしょうぜんしょ》は求男の徳なり(7)」

という一節です。

この「二求」、すなわち「求男」「求女」は、『法華経』観世音菩薩普門品において、

「若《も》し女人有って、設《たと》い男を求めんと欲し、観世音菩薩を礼拝し供養せば、便《すなわ》ち福徳智慧の男を生まん。設い女を求めんと欲せば、便《すなわ》ち端正有相の女の、宿《むかし》徳本を植えて、衆人に愛敬せらるるを生まん(8)」

と描写されています。だから「二求」とは、もともとの経典では、生まれてくる赤ちゃんについて、「男であればよいな」とか、「女の子がいいな」といった「親の求める二つの願望」のことでありました。この点、『法華経』という著しく普遍性を追求した経典にしてから、やはり民間信仰のようなものを取り入れざるを得なかったのか、と思うと興味深いものがあります。

これを文字通りにとらえますと民間信仰の域を出ませんが、日蓮はその意味をガラリと塗り替えてしまいました。『御義口伝』の特徴は、『法華経』の元々のストーリーにあまり

とらわれることなく、そこに用いられた漢字の多義性にのっとりながら日蓮独自の思想を読み込んでいるというところにあります。言い換えれば、日蓮独自の法門を展開するためのたたき台として、『法華経』の一文一句を用いているといってもかまいません。

「求男」は男性原理、「求女」は女性原理

すなわち、日蓮が『御義口伝』において、この「求男」「求女」という言葉を使う場合は、「男性的在り方を求めること」「女性的在り方を求めること」という意味に読み換えています。その両者を求める主体は、男の子、あるいは女の子を産む「父」であり、「母」でありますが、これもまた男性原理、女性原理としての「父母」であることを忘れてはなりません。「父母」といっても、二人の人がいるのではなく、一人の人格における男性原理、女性原理として位置付けられています。

「父母」として男性原理、女性原理の両面を兼ね備えた一個の人格が、具体的な生き方として何かを求め、目指していく、それを「求男」「求女」に例えられています。すなわち、男の子に象徴される男性的在り方を求めることを「求男」、女の子に象徴される女性的在り方を求めることが「求女」というわけです。

これによって、「求男」は男性的価値観（男性原理）を求めることであり、「求女」は女

性的価値観（女性原理）を求めることという意味に言い換えられ、また、その「父母」として、その両者を追求する主体としての男性原理、女性原理という関係に位置付けされています。

これは、特に中国仏教において用いられた「体《たい》」と「用《ゆう》」、すなわち「本体」とその「働き」「属性」に相当しております。それは例えば、薬自体が「体」にあたり、その効能書きに示された効能が「用」にあたると言っていいでしょう。男性原理、女性原理の「体」と「用」が、それぞれ「父母」と「求男・求女」として示されたものと言えます。

こうした言い換えに伴い、男性原理として求められる在り方（求男）は「福徳智慧の男」であり、女性原理として求められる在り方（求女）が「端正有相の女」「衆人に愛敬せらるる」ということになります。

こうしたことを踏まえて、「求女とは世間の果報」「求男とは出世の果報」とされています。すなわち、女性的価値観（求女＝女性原理）は、「世間」、すなわち日常性の中での果報を求めるところにあるということです。

これに対して、「求男とは出世の果報」となります。この場合の「出世」とは、会社で出世するというような意味ではなく、「出世間」（世間を出離すること）の略で、日常性を超えたところのことであります。そこにおいて果報を求めるのが、男性的価値観（求男＝

男性原理）であるというのです。

「現世安穏」と「後生善処」

このように、男性原理と女性原理の特質を押さえた上で、『法華経』薬草喩品第五の「現世《げんせ》安穏《あんのん》・後生善処《ごしょうぜんしょ》」（現世は安穏にして、後に善処に生ぜん）(9)の文を、これにからめて展開されています。

この八文字を、「現世安穏」と「後生善処」の前後二つに分け、まず、その前半について「現世安穏は求女の徳なり」とされます。「現世安穏」だから、今現在と、身の回りのことに重点があるということです。その半面、未来への展望と広い視野に立つことが、この段階では欠けています。この「現世安穏」を求めることが女性的在り方を求めることであり、それが「求女」でもあり、女性原理でもあります。

それに対して、後半部分については、「後生善処は求男の徳なり」とされます。現在という目の前のことよりも、むしろ「後生」、すなわち未来の理想に目が向いているということでありましょう。この「後生善処」を求めることが、男性的在り方を求めることであり、それが「求男」であり、男性原理となります。

こうした両者の在り方が、本因妙、本果妙という姿勢となってくるのであります。すなわち、「現世安穏」として現在の結果に満足する本果妙と、「後生善処」として現在の因から未来を志向する本因妙としてであります。こうした違いを踏まえて、あえて男性原理と女性原理を本迹に分ければ、『百六箇抄』の「男は本・女は迹」となるというわけです。

根本と枝葉末節を明確にする「本迹」

しかし、この男女の本迹を論じた『百六箇抄』には、

「立つ浪、吹く風に、万物に就《つ》いて本迹を分け、勝劣を弁ず可きなり(10)」

という言葉もあります。

「吹く風」があるから「立つ浪」があるのであって、決してその逆ではありません。本末転倒した物事のとらえ方をいましめるために、「本迹」を論ずる必要性を強調されています。価値判断として、「迹」を無用のものとして切り捨て、「本」のみを選び取るべきであると言っているのではありません。本論の視点から言えば、男性原理、女性原理の両者がそろってはじめて完結することを前提としています。

『百六箇抄』は、このようにあらゆることを本迹という観点から位置付け、本末転倒した物事の捉え方を正し、何を根本とすべきかを明らかにし、その上で「本」と「迹」の両者の在り方を正そうとしていると言ってもよいと思います。この「本」と「迹」は、「本

末転倒」の「本」と「末」の関係と似ています。

「本」とは「本地」の略で「本来の在り方」ということです。「迹」とは「跡《あと》」と同義で、「あと」を意味します。両者は、「足」に対する「足跡」の関係になります。ここでは、手の平と、その影の関係として論ずることにしましょう。太陽に手の平をかざせば、地面にその影ができます。この場合、手の平が「本」であり、地面に映った影が「迹」となります。〈影があるから手の平がある〉のではないことは、だれにだって分かることです。

手の平が目の前にない場合には、その影があるから、きっと手の平があるはずだと推論することでしょう。これは、推論の順序として〈影があるから手の平があるはずだ〉という順番になります。しかし、それは、あくまでも推論の順序であって、そこには、〈手の平があるから影がある〉という前提があります。影の発生という点で、どちらが根本かと言えば、手の平のほうです。

このように、先の『百六箇抄』の一節は、「本末」を明確にして、何が根本で、何が枝葉末節であるのかを見定めることの大切さを言っています。

ここに挙げた例が、「手の平」と「影」だから、「そんなこと分かりきっている」と思われるかもしれませんが、自然科学や、社会科学における因果関係、あるいは「只我が一念の心、不思議なる処を妙とは云うなり(11)」と形容される心のさまざまな働きにおいては、しばしば本末転倒した認識がなされているように見受けられます。こうした認識の誤りに付け込んで、さまざまな迷信、インチキ宗教がはびこりやすいから、「本迹」を立て分けて弁ずることが重要になってくるわけです。

こうした議論は、天台大師が『法華玄義《ほっけげんぎ》』、巻七上に、「不識天月《ふしきてんげつ》・但観池月《たんかんちげつ》」(12)（天月を識《し》らずして、但《ただ》池の月を観《み》る）という言葉を残しているように、「天月」と「池月《ちげつ》」という例でも盛んに議論されています。それほどに私たちの認識が本末転倒したものになりやすいということでしょう。

男性原理と女性原理の補完的関係

男性原理、女性原理についても、その両者の関係を「本迹」として位置付けられているのであって、女性原理を不用のものとしているのではありません。

女性原理たる「現世安穏」、男性原理たる「後生善処」、このそれぞれ一方のみでは、目先のことにとらわれてしまって、全体観や長期的展望を欠いてしまったり、逆に未来の夢想を追い求めるのみで、足もとが地についていないというように、いずれの在り方も行き詰まりやすく、偏頗《へんぱ》になりやすいものです。

また、この両者がお互いに争っても、その立っている基盤が全く食い違っていますから、いつまでも平行線をたどるのみでありましょう。

それでは、どうしたらよいのでしょうか。両者が、それぞれの長所をもって、それぞれの短所を補い合う、相互補完的関係となることではないでしょうか。だから、『法華経』の功徳を「現世安穏・後生善処」として、両方を併記されているのであります。

成仏とは人格完成のこと

先ほどからの『御義口伝』の結論部分でも、

「今日《いま》蓮等の類《たぐ》い南無妙法蓮華経と唱え奉る行者は、求男求女を満足して父母の成仏決《けつ》定《じょう》するなり」(13)

と書かれ、「求男」「求女」の両方を満足すると言われています。これは、性別としての生物学的な意味での男か女かということとは無関係であることは言うまでもありません。男性原理としての「求男」、女性原理としての「求女」の両方を満足するがゆえに即身成仏、すなわち「人格の完成」があり得るといえます。仏教が目指したことは、〝真の自己〟に目覚めることを通して人格を完成させることにあったと思います。

仏についての十種の名前（十号）を見ましても、いずれも人格の完成という意味を読み取ることができます。まず、初めに「タターガタ」（tathāgata, 如来《にょらい》）は、「タター」（tathā）と「ガタ」（gata）の合成語と見れば「このように行《い》った（人）」（如去《にょこ》）となり、「タター」と「アーガタ」（āgata）の合成語と見れば「このように来た（人）」（如来）ということになり、そこから「修行を完成した人」、あるいは「人格を完成した人」という意味になります。「スガタ」（sugata）は「よく行《い》った（人）」（善逝《ぜんぜい》）ということで、英語の well done（うまくいった）というような意味であって、「人格をよく完成した（人）」ということになります。「アルハン」（阿羅漢）は「尊敬されるべき人」であり、「ローカヴィッド」（世間解《せけんげ》）は「世間をよく知る人」、「アヌッタラ」（無《む》上士《じょうじ》）は「人間として最高の人」、「ブッダ」（仏陀）は「目覚めた人」、「バガヴァット」（世尊）は「世に尊敬される人」という意味であり、このように見てきただけでも、いずれも人間離れしたものではなく、人格の完成ということが大きな内容を占めていることが分かります。

このように、「成仏」ということを現代的に言い直せば「人格の完成」と言うことができるのではないかと思います。

「求男」「求女」両面の満足で人格の完成

その「人格の完成」をここでは、男性原理（求男）と女性原理（求女）の両面の満足として論じられているのであります。育児を見ても、一個の人格を形成するうえには、男性原理（父性原理）と女性原理（母性原理）のいずれかが欠けても、何かどこかに歪みを生ずると言われています。

それでは、父親不在、あるいは母親不在の家庭では子どもの人格形成に不備があるのかといえば、必ずしもそうとは言えないことを心理学者の河合隼雄氏が話されておりました。(14)たとえ、父親、または母親が不在であっても、母性的在り方、あるいは父性的在り方で臨機応変に対応し、一人で男性原理と女性原理を使い分けて、うまくいっているということです。むしろ、父親、母親がそろっていても男性原理・女性原理に偏頗さがあれば人格形成に問題点を残してしまいます。

慈悲にも男性原理と女性原理

仏の「化導」のことを、別の言葉で「教化《きょうけ》」とも言われておりますが、「教化」には、教育と大変に似ている面が多々あります。衆生を教化するに当たって、仏は慈悲をもって行なうとされます。その「慈悲」という言葉自体、男性原理と女性原理の両面の要素を含んでおります。

「慈」は、サンスクリット語で「マイトリー」（maitrī）といい、「友」「親しき者」を意味する「ミトラ」（mitra）から派生した語であり、真の友情、純粋の親愛の念のことであります。「悲」は、サンスクリット語で「カルナー」(karuṇā) といい、「哀憐」「同情」を意味しております。

天台大師は、この「慈悲」という文字を二つに分け、それぞれに意味付けを行ないました。「慈」は「他者に利益と安楽をもたらすこと」(与楽《よらく》)、「悲」が「他者から不利益と苦を取り除くこと」(抜苦《ばっく》) という具合いにです。そして、それぞれを父親の愛と、母親の愛とに例え、「慈父《じふ》」「悲母《ひも》」という言葉も用いられるようになりました。

章安大師が、「慈無くして詐《いつわ》り親しむは、是れ彼が怨《あだ》なり」と言っているように、「慈」は、妥協することのない厳格さを意味し、「父」(父性原理) に当たりますが、「悲」は、相手に同情しともに悲しむということで、「母」(母性原理) に相当しております。これは、仏の化導ということも男性原理と女性原理の両面からなされるということを意味しております。

以上の議論からも、男性原理 (父性原理) と女性原理 (母性原理) ということは、何も生物学的な意味での性別に固定されたものではなく、男性原理と女性原理のいずれか一方を取って他方を捨てるというような関係であってもならないということがお分かりになると思います。

注

（1）共同研究の成果は、下記の本として出版されました。私の解説、および妻、眞紀子との共訳による仏典の英訳は二六六～二九三頁に収録されています。
Robin Wang (ed.), *Images of Women in Chinese Thought and Culture*, Hackett Publ. Company Inc., Cambridge (Massachusetts), 2003.
（2）『昭定遺文』五八九頁、『御書全集』一二一三頁。
（3）『昭定遺文』五八九頁、『御書全集』一二一三頁。
（4）大正新脩大蔵経、巻五〇、三二一～四二四頁。
（5）道端良秀著『中国仏教史全集』、第七巻、書苑、一二六九～一二七〇頁。
（6）『御義口伝』は、日蓮が晩年に身延において『法華経』の要文について講義したものを、弟子の日興が筆録してまとめたものだと言われています。一部に偽書説もあるようですが、中村元博士が『比較思想論』（岩波書店）で「思想そのものを問題とする場合には、真作か偽作かということは大して問題とならない」（二四六頁）として、馮友蘭《ふうゆうらん》教授の「根本において価値があるならば、決して偽書だからといって価値を失うことはない。また真実であっても、根本において価値がないならば、決して真書だからといって、価値を有することはない」という言葉を紹介されていることにならい、ここでは文献学としてではなく、思想として論ずることにしたい。
（7）『昭定遺文』一二六九三頁、『御書全集』七七七頁。

（8）大正新脩大蔵経、巻九、五七頁上。
（9）同右、巻九、一九頁中。
（10）『昭定遺文』なし、『御書全集』八六九頁。
（11）『昭定遺文』四四頁、『御書全集』三八四頁。
（12）大正新脩大蔵経、巻三三、七六六頁中では、
「如不識天月。但観池月。若光若桂若輪」（天月を識らずして、但だ池月の若《も》しは光、若しは桂、若しは輪を観ずるが如し）となっています。
（13）『昭定遺文』二六九三頁、『御書全集』七七七頁。
（14）『新しい親子のあり方』、河合隼雄氏講演（一九八九年七月二十八日、富山県高岡文化ホール）、新潮カセットライブラリー。

第四章　提婆と龍女の成仏は一体

「求女は生死即涅槃を顕すなり」

ここまでは、「現世安穏・後生善処」の観点から「求男」「求女」について論じられてきましたが、『御義口伝』は、さらに「生死即涅槃」「煩悩即菩提」ということにも話が及んでおります。

それは、

「求女は龍女が成仏、生死即涅槃《しょうじそくねはん》を顕すなり。求男は提婆《だいば》が成仏、煩悩即菩提《ぼんのうそくぼだい》を顕すなり。我等が即身成仏を顕すなり。今日蓮等の類《たぐ》い南無妙法蓮華経と唱え奉る行者は、求男求女を満足して、父母の成仏決定《けつじょう》するなり云云」(1)

という一節です。

「生死即涅槃」とは、生死《しょうじ》、生死と繰り返す迷いと苦の生存の世界を、覚った仏智から見ると、不生不滅の清浄な安らぎの境地（涅槃）と開けるということであり、「煩悩即菩提」とは、心を乱し悩ませる貪《むさぼり》・瞋《いかり》・癡《おろか》などの煩悩を転じて覚り（菩提）と開くことであります。

まず、「求女は龍女が成仏、生死即涅槃を顕すなり」ときます。龍女の成仏は、生死が即涅槃と開けることを意味するというのです。

ここで、「求女」としての女性原理を「生死」と関連させているのが面白いと思います。「生死」とは、生死、生死と繰り返す迷いと苦の生存のことであり、またそのように生存している世界、あるいは主体のことです。それは翻って、存在自体、あるいは〝結果〟としてある今の生活に伴う苦を意味します。あるいは、感性的な面も含めて、身体的というか、先天的なものであります。

「求男は煩悩即菩提を顕すなり」

それに対するものが、「求男は提婆が成仏、煩悩即菩提を顕すなり」であります。提婆《だいば》達多《だった》は、伝説によりますと、多くの弟子たちに慕われる釈尊を妬む心が燃え盛っておりました。その妬みの心から、教団を分裂させたり、釈尊を殺そうとまでしたと言われております。その提婆達多が成仏したということは、あらゆる人の煩悩即菩提を顕しているというのです。

ここで、「求男」としての男性原理を「煩悩」と結びつけていますが、「煩悩」とは、現在の生活よりは夢や願望、名声、ロマンのほうに比重がかかっています。極めて知性的、意識的であって、後天的なものだと思います。

以上のことは、次の『始聞仏乗義《しもんぶつじょうぎ》』の一節、

「生死《しょうじ》とは、我等が苦果の依身なり。所謂《いわゆる》五陰《ごおん》・十二入《にゅう》・十八界《かい》なり。煩悩とは、見《けん》思《じ》・塵沙《じんじゃ》・無明《むみょう》の三惑なり(2)」

からもうかがうことができます。

「生死」は「身」、「煩悩」は「意」に関係

ここにも「生死」というのは、私たちの苦しみという結果としての「身」と、その生存する世界(五陰・十二入・十八界)に関係することであるとされています。また、煩悩についても、三惑に代表される「意《こころ》」の問題であると述べられています。

「五陰」とは、衆生を構成する五つの要素のことで、色《しき》(いろ・かたち=物質存在)、受《じゅ》(感受作用)、想《そう》(表象作用)、行《ぎょう》(意志的形成作用)、識《しき》(識別作用)からなります。

「十二入」とは、〈眼《げん》・耳《に》・鼻《び》・舌《ぜつ》・身《しん》・意《い》〉という六つの感覚器官(六根《ろっこん》)と、それぞれに対する〈色《しき》・声《しょう》・香《こう》・味《み》・触《そく》・法《ほう》〉という六つの対境(六境)のことであります。この六根から入ってきた六境それぞれについて認識(識別)する六つの働きである〈眼識《げんしき》・

耳識《にしき》・鼻識《びしき》・舌識《ぜつしき》・身識《しんしき》・意識《いしき》〉の六識を「十二入」に加えて「十八界」となります。

以上の「五陰・十二入・十八界」という言葉で、主観と客観のすべての世界が表されています。自己と切り離したところで世界をとらえないことが仏教の特徴であるといえます。

「三惑」とは、情的・知的両面における迷いである「見思惑《けんじわく》」、塵や沙（砂）ほどに無数にある現実、特に人間関係における迷いである「塵沙惑《じんじゃわく》」、物事や人生、生命についての無知からくる迷いである「無明惑《むみょうわく》」の三つのことです。

このように、生死は「身」に関し、煩悩は「意」に関係しておりまして、「身」と「意」に関する迷い、執着を転ずるところに「生死即涅槃《しょうじそくねはん》」「煩悩即菩提《ぼんのうそくぼだい》」があるというのであります。それが、

「身とは生死即涅槃なり。意とは煩悩即菩提なり(3)」

という『御義口伝』の一節に示されております。

これは、『法華経』の

「身意泰然・快得安穏」（身も意も泰然として、快く安穏なることを得たり(4)）

という一節について述べたものです。「身」も「意」も泰然として快く安穏であるとはどういうことを意味するのか、日蓮は、「身の泰然」というのは「生死即涅槃」ということであり、「意の泰然」とは「煩悩即菩提」のことであると言っています。このように、

「生死即涅槃」は「身」に関係し、「煩悩即菩提」は「意」に関係しております。

男性原理は観念的、女性原理は身体的

以上のように、提婆達多に象徴される男性原理は、「こころ」というか、精神面に重きがあり、龍女に象徴される女性原理は、身体的な側面に関係しているというのであります。男は、見た目よりも、どちらかというと「こころ」というか、気位のほうを重視します。女性は比較的に、身なりや、姿形に重点を置くということでありましょうか。その意味もあるにはあるでしょう。しかし、それよりも「男は頭でウソをつくが、女は全身でウソをつく」という言葉が、端的に示していると思います。

男性原理は観念的であり、それに対して女性原理は身体的であり、存在自体にとらわれがちであります。こうした在り方を具体的に述べているのが、『佐渡御書』の「男子ははぢ（恥）に命をすて、女人は男の為に命をすつ」[5]であります。

「恥に命を捨てる」ということは、裏を返せば名誉のために生きているということです。名誉というものは、物質的・身体的なものではありません。そういったものを通じて追求されるかもしれませんが、そのもの自体が目的ではありません。共同幻想として、極めて

観念的なものです。それは、へたをすると見栄や虚栄心、功名心になりやすいことも事実であります。

一方、「男のために命を捨てる」ということは、裏を返せば、自らの存在感を男性にかまわれることによって満たそうとすることが多いということでしょうか。これは、極めて身体的なところに重心があります。

前に触れた「求女」について『法華経』では、「端正有相の女の……衆人に愛敬せらる」という言葉が使われていましたが、これもまさにその意味であります。容姿端麗で衆人に愛敬される、すなわち身体的なところに重点があります。

それに対して『法華経』では、「求男」について「福徳智慧の男」という表現がなされていましたが、これ自体、精神面に重きを置く男性原理の側面を表しています。

「身の成仏」と「こころの成仏」

こうした議論は、いずれも「身」と「意」（あるいは「こころ」）の両面から男性原理と女性原理を論じたものであります。このような関係から、「身」にとらわれると生死の束縛に苦しむことになり、「意」にとらわれて悪い面が現れると煩悩という形で苦しむことになります。その束縛、とらわれを断ち切るところに生死即涅槃・煩悩即菩提が開けます。

『法華経』において、こうした在り方を象徴する人物が龍女であり、提婆達多であったと言えます。その関係を分かりやすく述べているのが、

「提婆《だいば》はこころの成仏をあらはす(6)」

「身とは生死即涅槃なり。意とは煩悩即菩提なり(7)」

「提婆は我等が煩悩即菩提を顕すなり。龍女は生死即涅槃を顕すなり(8)」

という三つの文章です。

この三つの文章は、「提婆達多」「意《こころ》」「煩悩即菩提」という三角形の頂点を結び合わせる働きをしています。「龍女」「身」「生死即涅槃」の三つについても全く同じであります。

提婆と龍女の成仏の意味するもの

提婆達多は、男性原理（求男）を表していることから、まず「提婆はこころの成仏をあらはし」と言われ、その「こころの成仏」の内容を具体的に「意とは煩悩即菩提なり」と示されます。この二点を踏まえて、今度は「提婆は我等が煩悩即菩提を顕すなり」と結論されることで、三つの点が結ばれて三角形が形成されます。

女性原理（求女）である龍女についても、「龍女は身の成仏をあらはす」と述べ、その内容を「身とは生死即涅槃なり」と押さえて、「龍女は生死即涅槃を顕すなり」と結ばれ

て、ここにも三角形が出来上がります。この最後の結論は、「提婆は我等が煩悩即菩提を顕すなり」の一節の「我等が」という言葉が、ここまでかかっていると考えたほうが自然です。とすると、「我等が」を補って、

「龍女は我等が生死即涅槃を顕すなり」

と言い換えてもよいと思います。

提婆達多の成仏は、『法華経』の登場人物としての提婆達多個人の成仏を顕すのみではなく、「我等」が「こころの成仏」と「煩悩即菩提」を表していたのであり、龍女の成仏も、龍女個人の成仏ではなく、「我等」が「身の成仏」と「生死即涅槃」を表していたのであります。

このように提婆達多に象徴される「煩悩即菩提」と、龍女に象徴される「生死即涅槃」は、「身」と「意《こころ》」の両面、あるいは男性原理、女性原理という二つの側面から即身成仏（人格の完成）を論じたものであって、この両面が相まって初めて、

「我等が即身成仏を顕すなり(9)」

と述べられてくるのであります。ここに至りますと、外見上の男性か、女性かということはもはや問題外となっています。

このように、男性原理、女性原理については、「現世安穏と後生善処」「身と意」「生死

即涅槃と煩悩即菩提」などのいろいろな角度から論じられております。そのそれぞれの特質の両面から即身成仏を表そうとしたのが、提婆達多と龍女の成仏でありました。この両者は一体であり、ワン・セットでなければなりません。

この男性的在り方として求められること（求男）、および女性的在り方として求められること（求女）の両方を満足する。すなわち、「現世安穏」と「後生善処」、あるいは「身の成仏」と「こころの成仏」、さらには「生死即涅槃」と「煩悩即菩提」――のそれぞれの両者を満足した時、それと同時に、それを求める主体としての「父母」（「体」としての男性原理と女性原理）の成仏も確定するというのであります。

それが、『御義口伝』の「二求両願の事」の結びの言葉、

「求男求女を満足して父母の成仏決定《けつじょう》するなり(10)」

の意味するところでありましょう。

「倶体倶用」としての人格の完成

これによって、男性原理、女性原理の「体《たい》」である「父母」も、「用《ゆう》」である「求男・求女」も成仏となり、「倶体倶用《くたいくゆう》」として真の成仏（人格の完成）となるのであります。

「倶体倶用」とは、「体」も「用」もいずれも欠けることなく、倶《とも》に具わっていることを

意味します。「体」とは本体のこと、「用」とはその働き、属性のことで、あらゆる存在は本来、「体」を離れて「用」はなく、「用」のない「体」もあり得ません。それなのに、「用」を離れて「体」のみが単独で存在する（但体無用《たんたいむゆう》）かのごとく説かれたり、逆に「体」を離れたところで「用」のみが独立して説かれたりすることがあります。それは、「兎の角や、亀の毛」（兎角《とかく》・亀毛《きもう》）という言葉は存在しても、そのようなものが実在しないのと同様、「体」と「用」が分離してバラバラとなっているようなものはあるはずもなく、そんなものは現実に何の役にも立ちません。「倶体倶用」となって初めて現実的な力を発揮することができます。

提婆と龍女の独創的捉え方

岩本裕氏は、

「（サーガラ龍王の娘の成仏の）エピソードはそれ自体で纏《まと》まった一つの構成を持っていることは事実である。しかし、このエピソードが何故にデーヴァダッタのエピソードのすぐ後に述べられているか、文面に脈絡もなく、その理由は判らないと言わねばならぬ(11)」

と述べて、提婆達多品になぜ龍女の話が登場するのかということを疑問視しています。

提婆達多の話の後に何の関係もなく突然、龍女のことが出てきているというのですが、言われてみれば確かにそうです。しかし、男性原理（後生善処、煩悩即菩提、こころの成仏）、女性原理（現世安穏、生死即涅槃、身の成仏）の両面から即身成仏を論じたものであると理解すれば、何の問題もありません。むしろ、そのことを指摘した日蓮の独創的なとらえ方に感銘すら覚えます。

岩本氏は、先の一節に続けて、

「（提婆達多と龍女のエピソードの）両者が一つにまとめられて『妙法華』でいう提婆達多品を構成している事実を無視することはできない。……ここに変成男子説の起源と秘密が匿されているかと思われる(12)」

と指摘されていますが、その答えが、これまで論じてきたとおり、日蓮によって与えられていると見ることはできないでありましょうか。

変成男子を身体的に捉えるのではなく、女性原理から男性原理への転換として捉え、さらに提婆達多と龍女を男性原理と女性原理の両面を表すものとして捉えるという考え自体が、まさにその答えであります。

注

（1）『昭定遺文』二六九三頁、『御書全集』七七七頁。

(2)『昭定遺文』一四五三頁、『御書全集』九八三頁。
(3)『昭定遺文』二六二四頁、『御書全集』七二三頁。
(4) 大正新脩大蔵経、巻九、一〇頁下。
(5)『昭定遺文』六一一頁、『御書全集』九五六頁。
(6)『昭定遺文』一六三四頁、『御書全集』一五五六頁。
(7)『昭定遺文』二六二四頁、『御書全集』七二三頁。
(8)『昭定遺文』二六五四頁、『御書全集』七四六頁。
(9)『昭定遺文』二六九三頁、『御書全集』七七七頁。
(10)『昭定遺文』二六九三頁、『御書全集』七七七頁。
(11) 岩本裕著『仏教と女性』、第三文明社、五一頁。
(12) 同右、五二頁。

第五章　「一念三千」と「南無妙法蓮華経」の概略

次の章に「一念三千《いちねんさんぜん》の成仏」という概念が出てきます。また、これまでにも「南無妙法蓮華経」という語が頻出しました。いずれも日蓮の思想を理解するには重要なキーワードですので、ここで「一念三千」と「南無妙法蓮華経」についての概略を見ておきたいと思います。

一念三千論の概略

「一念三千」とは、『法華経』に説かれた法理に基づいて、中国の天台大師によって体系化された法門です。瞬間の一念の具体的現れを地獄界・餓鬼界・畜生界・修羅界・人界・天界・声聞《しょうもん》界・縁覚《えんがく》界・菩薩界・仏界の〈十界《じっかい》〉に分類し、十界それぞれの融合として〈十界互具《ごぐ》〉、また存在の在り方、因果論として〈十如是《じゅうによぜ》〉、主体と環境、およびその不可分性として〈三世間《さんせけん》〉、さらに現象と本質の不可分性など三千にわたる次元から論じ、〈一念三千〉という体系を構築しました[1]。
それぞれの項目を簡単に【表】にして説明しておきます。

【十界】瞬間瞬間の心の現れを十種に分類したもの。
①地獄界＝苦悩・煩悶の境地。
②餓鬼界＝貪欲さに支配された境地。
③畜生界＝動物のように本能的欲求に支配された境地。
④修羅界＝自我に因われ他に勝っていないと気がすまない自己中心的境地。
⑤人　界＝激しい感情の起伏もなく平穏な人間らしい境地。
⑥天　界＝喜びに満たされた境地。
⑦声聞界＝仏の教えを聞くことによって煩悩を断じることを目指す境地。
⑧縁覚界＝自然現象を縁としてただ独りで覚りを求めようとする境地。
⑨菩薩界＝一切衆生を救済しようと利他の実践を貫く慈悲の境地。
⑩仏　界＝円融円満な人格を完成した創造的で、能動的、かつ清らかな生命。

【十界互具】十界のそれぞれが断絶しているのでなく、互いに融合し合っていること。

【十如是】諸法（あらゆるものごと）の存在の仕方を十の観点で捉えたもの。
①如是相《にょぜそう》＝外面に現れた姿・形・振る舞い。
②如是性《しょう》＝内面的な性質・性分。
③如是体《たい》＝本質・本体。
④如是力《りき》＝内在的な能力。
⑤如是作《さ》＝「力」が具体的に顕現した作用・働き。
⑥如是因《いん》＝「果」を招く内在的な直接原因。
⑦如是縁《えん》＝「因」を助ける補助的な間接原因。
⑧如是果《か》＝「因」と「縁」によって成立した内在的結果。
⑨如是報《ほう》＝内在的「果」が具体的な現象として現れたもの。
⑩如是本末究竟等《ほんまつくきょうとう》＝これらの「相」から「報」までのすべてが、融合していること。
【三世間】生命活動を織りなす場（世界）の広がりを三段階に分類したもの。
①五陰《ごおん》世間＝肉体（色《しき》）と精神（受《じゅ》・想《そう》・行《ぎょう》・識《しき》）の働きが織りなされる場としての個の衆生。
②衆生世間＝五陰が和合して成立した生きとし生けるものの世界。

③国土世間＝衆生が住する山川草木などの自然や社会などの環境としての世界。器世間ともいう。

この一念三千の概括的な意味については、妙楽大師が『摩《ま》訶《か》止《し》観《かん》輔《ふ》行《ぎょう》伝《でん》弘《ぐ》決《けつ》』巻五に、「一念の心に於て十界に約せざれば事を収むること遍《あまね》からず。三諦《さんたい》に約せざれば理を摂《と》ること周《あまね》からず。十如を語らざれば因果備わらず。三世間無《な》くんば依正《えしょう》尽きず」と言っている通りであります。瞬間の心（一念）の現れを、十界という尺度で見るから具体的現象の全体像をとらえることができるし、空仮中《くうけちゅう》の三諦《さんたい》で論ずるから真理を普遍的に押さえることができます。また、十如是を言うことによって因果の理法が備わってくるし、三世間によって依報《えほう》（環境）・正報《しょうほう》（主体）にわたる一念の広がりを明らかにすることができるということです。

この「世間」について、「世間とは差別の義なり」という言葉がありますが、これは「世間」という言葉が、イコール「差別」ということではないことに注意する必要があります。「世間」は、サンスクリット語で「ローカ」(loka) といいますが、これはラテン語の「ロコ」(loco)、英語の「ローカル」(local) と語源が同じで、場所を意味します。種々の現象が生じては滅する場としての空間的広がりをいいます。そこ（世間）において織りなされる事象を見ると、千差万別の差別相からなっています。以上のことを、途中を省いて「世間とは差別の義なり」と言っていたわけです。

ところで妙楽大師は、また同書において、

「一身一念、法界《ほうかい》に遍《あまね》し」

とも言っております。このことを日蓮は、

「十界三千の依正色心《えしょうしきしん》、非情草木《そうもく》、虚空刹土《こくうせつど》、いづれも除かず、ちり（塵）も残らず、一念の心に収めて、此の一念の心、法界に遍満す[2]」

と述べ、主体と環境（依報《えほう》と正報《しょうほう》）、物質と精神（色心《しきしん》）、非情（心を持たないもの）の草木、国土、さらにはミクロ（塵＝原子）とマクロ（虚空《こくう》＝宇宙）にまで遍満する一念の雄大さを説いています。

また、一念に具わる善悪両面の心を明かし、いかにして悪に染まらぬ主体的自己（仏界）を開くかということを説いたのが一念三千といえます。

日蓮は、『開目抄』において、

「一念三千の法門は、但《ただ》法華経の本門・寿量品の文《もん》の底に（秘し）しづめたり[3]」

と述べ、「事の一念三千」を具体化した本尊を顕しています。

南無妙法蓮華経の言語学的説明

日蓮の著作を読む上で最も重要なキーワードが、「南無妙法蓮華経」と言えるでしょう。ここで日蓮の言葉に沿って、それを解説しておきましょう。

『御義口伝《おんぎくでん》』の冒頭に「南無妙法蓮華経の事」という項目が見られます。そこでは、まず南無妙法蓮華経について次のような言語学的な説明がなされています。

「南無妙法蓮華経の南無《なむ》とは梵語《ぼんご》、妙法蓮華経は漢語なり。梵漢共時《ぼんかんぐじ》に南無妙法蓮華経と云《い》うなり。又云《いわ》く梵語には薩達磨《さだるま》・芬陀梨伽《ふんだりきゃ》・蘇多覧《そたらん》と云う。此《ここ》には妙法蓮華経と云うなり(4)」

南無妙法蓮華経は、サンスクリット語の「ナマス」(namas) を音写した「南無」と、『サッダルマ・プンダリーカ・スートラム』(Sad-dharma-puṇḍarīka-sūtram, 薩達磨・芬陀梨伽・蘇多覧) を漢訳した「妙法蓮華経」との複合語だということです。「妙法蓮華経」は、『法華経』と言い習わされている鳩摩羅什訳の経典の正式名称です。『サッダルマ・プンダリーカ・スートラム』は、「正しい教えの白蓮」(5) と現代語訳されたりしているようですが、それは誤りで、プンダリーカを用いた複合語に関するサンスクリット文法の規定(6)によれば、「白蓮華のように最も勝れた正しい教えの経典」と訳すべきです。また、竺法護《じくほうご》が「正法華経《しょうほけきょう》」と訳したのに対して、鳩摩羅什が「正」でなく「妙」と訳したことを批判する人もいますが、先のサンスクリット文法を知れば、その批判のほうが誤りであることが分かります。鳩摩羅什は、「最も勝れた」という意味を「妙」という文字に込めて訳していたのであり、〝絶妙〟の訳と言えます。(7)

「梵漢共時」とは、インターナショナル

このように、「南無妙法蓮華経」は、サンスクリット語(梵語)と、漢語からなっております。こうしたことを、日蓮は「梵漢共時《ぼんかんぐじ》に南無妙法蓮華経と云うなり」と言っています。南無妙法蓮華経がインターナショナルなものであるということでしょう。当時の世界認識として、「梵漢」とは、大まかにではあれ、インターナショナルな言語という意味でありました。当時、全世界を意味した本朝(日本)・震旦(8)(中国)・天竺(9)(インド)の三国で用いられていた言語です。現代においても、そのことは何ら変わっていないといってもよいと思います。というのは、サンスクリット語は、インド・ヨーロッパ語族に入っておりまして、欧米語とルーツは同じだからです。(10)

だから、「梵漢」という言葉で中国、日本、東南アジア、中東、ヨーロッパなど、言葉のルーツを同じくするほとんどの国々を網羅しております。文字通りインターナショナルを意味しております。インド・ヨーロッパ語族の言葉を話している人たちは、世界の人口

の約半分を占めています(11)。それに、漢字文化圏を入れると、中国だけで十億人ほど、それに日本が一億人以上ですから、「梵漢」の言語を用いている人々は、世界の大半を占めることになります。

「南無」とは「人」と「法」への帰命

次に、「南無」について「南無妙法蓮華経の事」には、次のように述べられています。

「南無《なむ》とは梵語《ぼんご》なり。此《ここ》には帰命《きみよう》と云《い》う。人法《にんぼう》之れ有り。人とは釈尊に帰命《きみよう》し奉るなり。法とは法華経に帰命し奉るなり(12)」

「南無」は、サンスクリット語のナマスを音写したものです。インドの挨拶の言葉は、「ナマス・テー」で、これ一つで朝、昼、夜の挨拶にも、「ありがとう」の感謝の言葉としても使えます。もとの意味は、「あなた（テー）に敬礼します（ナマス）」です。この「ナマス」が仏教では、「帰命」「帰依《きえ》」「敬礼」と訳されました。「心から仏や仏の教えに従う」といった意味です。

日蓮は、帰命すべき対象として「人《にん》」と「法《ほう》」の二つを挙げています。「人」というのは、人格的なものです。人格をそなえ、喜怒哀楽を持ち、肉体をもって登場した歴史上の人物ということです。人格の完成には、偉大な人格に触れることは大切なことです。そのような「人」としての帰命すべき対象を、日蓮は「人とは釈尊に帰命し奉るなり」と述べています。

それに対して、「法」というのは普遍的な真理です。人格的な側面はありません。日蓮は、「法とは法華経に帰命し奉るなり」と述べています。『法華経』に説かれている普遍的な真理としての「法」に帰命していくということです。

ここに帰命の対象として「人」と「法」の両方が挙げられているのは理由があります。「人」のみでは、具体的人物を強調するあまり、特定の人が特別の存在とされるという差別が生じてしまいかねません。「法」のみでは、平等性や、普遍性が出てきますが、具体性が乏しく観念的、抽象的になりやすくなります。人格的具体性と、その人格の根拠としての普遍性を兼ね具えて、その両方の弱点を乗り越えるために、両者が欠かせなかったわけです(13)。

このような「人」と「法」という考え方は、インド仏教の当初からありました。釈尊自ら、次のように語っております。

「実に法を見るものは私を見る。私を見るものは法を見る。実に法を見ながら私を見るのであって、私を見ながら法を見るのである(14)」

このような「人」と「法」の関係は、「人に即して法」「法に即して人」、あるいは「人《にん》法体一《ぼうたいいち》」と表現されています。この両者のうち、いずれがより根本的であるかといえば、「依法不依人《えほうふえにん》」(法に依って人に依らざれ)という言葉があるように、「法」を重視していました。

「妙」は法性、「法」は無明

「南無妙法蓮華経の事」には、「南無」に続いて、「妙法蓮華経」を「妙」「法」「蓮華」「経」と区切って、その意味するところを分析し、次のように定義しております。

「妙とは法性《ほつしよう》なり。法とは無明《むみよう》なり。無明法性一体なるを妙法と云うなり。蓮華とは因果の二法なり。是又因果一体なり。経とは一切衆生の言語《ごんご》音声《おんじよう》を経と云うなり。釈に云く、声仏事を為《な》す。之を名けて経と為すと。或《あるい》は三世常恒《じようごう》なるを経と云うなり。法界《ほうかい》は妙法なり。法界は蓮華なり。法界は経なり」(15)

まず、初めに「妙」と「法」の関係について、「妙とは法性なり。法とは無明なり。無明法性一体なるを妙法と云うなり」と論じられます。

順序は逆になりますが、「法とは無明なり」のほうから見ていきましょう。中国において「法」と漢訳された「ダルマ」(dharma)という語は、インド哲学で重要な言葉で、多くの意味を持っています。その主な意味だけでも、「真理」「法則」「教え」「宗教」「行為の規範」「義務」「社会的秩序」「善」「美徳」「事物」などを挙げることができます。日蓮は、ここで「法」を千差万別の現象（ものごと）という意味で用いています。

すなわち、ここでいう「法」とは、現象として現れてきた「もの」や、「こと」「事象」という意味です。それは、目に見える現象として現れたものであり、それは限定されたものとしてあります。その限定されたものにとらわれ、執着してしまえば、そこに迷いが生じます。もしも私たちが、それらの現象（ものごと）の差違――例えば男女の違いにとらわれるならば、私たちの心は、ものごとをありのままに見ることもなく、妄想にとらわれてしまい、さらには、好き嫌いや、愛憎の対立に染まってしまうことでしょう。こうした意味で、日蓮は、「法とは無明なり」と結論づけています。「法は無明に結びつくものである」ということでしょう。

それに対して、日蓮は、「妙」について「妙とは法性なり」と述べています。「妙」を「法性」と関連付けています。「法性」とは、「法の本性」「事物の本性」「法を法たらしめるもの」といった意味です。

一方、「妙」について『一生成仏抄』では次のように論じています。

「抑《そもそも》、妙とは何と云《い》う心ぞや。只我が一念の心、不思議なる処《ところ》を妙とは云うなり。不思議とは心も及ばず語も及ばずと云う事なり。然《しか》れば、すなはち起るところの一念の心を尋ね見れば、有りと云はんとすれば色も質もなし。又無しと云はんとすれば様様に心起る。有と思ふべきに非ず。無と思ふべきにも非ず。有無の二の語も及ばず、有無の二の心も及ばず。有無に非ずして而《しか》も有無に遍して中道一実の妙体にして、不思議なるを妙とは名くるなり(16)」

ここでは、有るのか、無いのかという二元的に偏った在り方ではなく、有無のいずれかに決め付けることもできないが、しかし有無という二つの在り方を示して、いずれかに偏ることもない「不可思議」(思議によってとらえられない)、「言語道断」(言語の道も断えて、表現を超えている)なものとして「妙」を定義しています。

このように不可思議の領域にある「妙」は、あらゆる事物の本性に関連しています。そこにおいては、すべての現象的な差違が消滅し、すべてが本質的に平等であります。従って、日蓮は「妙とは法性なり」と結論したわけです。これは、「妙は法性に結びついている」ということでしょう。

「法」と「法性」の関係

ここに、「法」と「法性」という言葉が出てきましたので、もう少し考察しておきましょう。「法」はダルマ(dharma)の訳で、この場合は、「事物」「ものごと」「現象」といった意味です。それに対して、「法性」はサンスクリット語のダルマター（dharmatā）の訳です。ダルマターは、ダルマに女性の抽象名詞を作る接尾辞ター（tā）をつけたものです。この「ター」が語尾に付くと、「～の本性」「～を～たらしめるもの」という意味になります。漢訳では、「～性《しょう》」と訳されます。だから、「性」は抽象名詞の接尾辞「ター」（tā）に相当するものでありまして、必ずしも「性質」という意味ではありません。「本性」というほどの意味です。従って、「法性」は、「法（事物）の本性」「法（事物）を法（事物）たらしめるもの」という意味になります。

確かにダルマ（法）自体にも、「事物」「現象」という意味と同時に、「真理」「本性」といった意味があります。従って、ダルマ（法）という語だけでは両者を使い分けることは困難になります。そこで、あえて両者の混乱を避けるために、ダルマ（法）のほかにダルマター（法性）を用いて使い分けたのでしょう。これからすると、「法」は千差万別の差別相からなります。「法性」のほうはその差別相の背後の普遍性を見るものです。

こうした関係と類似する話を紹介しましょう。インド人は「この紙は白い」という言い方よりも「この紙は白性を持っている」という言い方を好みます。「白い」というのは具体的現象を表現したものです。それに対して「白性」というのは、紙を「白たらしめるもの」ということで、具体的現象の背後の普遍性を意味しています。「法」という差違に満ちた具体性にとらわれると、差別にとらわれて好悪・愛憎といった煩悩や迷いが生じます。「法性」という普遍性からものごとを見ていると、現象の差違に振り回されることはありません。そのような違いを、「妙とは法性《ほっしょう》なり。法とは無明《むみょう》なり」と言ったわけです。ここで「法性」は、「法の本性」という意味から、「法の本性」の覚知に伴う「覚り」といった意味に転じられ、「無明」の対立概念として用いられていることに注意しなければなりません。

しかし、「法性」といえども、現実の事物や現象としての「法」を離れてあることはなく、「法」の根源、本性を見ていけば、そこに「法性」というものが厳然と具わっています。「法」とは、「無明」の因となりやすい種々の事象の世界ではありますが、その背後には「妙」と形容される「法性」の世界があります。その「法性」の世界から、現実の諸法の領域へと具体化したものが「法」であります。「無明」としてある現実の事象や、ものごと（法）に、「法性」を見ていったときに、「妙」と「法」が一体となった「妙法」というものが明らかになってくるといっても同じことでしょう。

このように、「無明」と「法性」は全く別々のものとしてあるのではなく、一体不二の関係としてあります。そういう理由で、「無明法性一体なるを妙法と云うなり」と日蓮は言ったわけです。具体性と普遍性は一体でなければならないということでしょう。

凡夫と仏の一体性を象徴する「蓮華」

「南無妙法蓮華経の事」では次に、「妙法蓮華経」の中の「蓮華」という文字について述べています。それが、「蓮華とは因果の二法なり是又因果一体なり」という一節です。

「蓮華」というのは、この場合、白蓮華《びゃくれんげ》（プンダリーカ、芬陀梨伽《ふんだりきゃ》）のことです。インドにおいて、蓮華は、あらゆる植物の中でも極めて勝れているものとされています。それには、紅蓮華《ぐれんげ》（パドマ）、白スイレン（クムダ）、青スイレン（ウトパラ）、青蓮（ニーロートパラ）などもありますが、なかでも白蓮華は随一とされています。その最も勝れた白蓮華が、『法華経』の最勝たることを譬喩するのに用いられました。

ところが、中国でこれが「蓮華」と漢訳されると、「蓮」と「華」に分けて意義付けが行なわれました。サンスクリット語では、「木の実」「果実」のことを「パラ」（phala）と言いますが、これには、「結果」という意味もあります。それに対して「華」は、結実するための因となり、「華」が因に、「蓮」が果に割り当てられました。そのうえで、「蓮華」は果実と華とが同時になるということが強調されて、「因果倶時《いんがぐじ》」を象徴するものとされました。この場合、「因」とは、仏陀になることを目指している凡夫のことです。「果」とは、結果としての仏陀ということになります。

この場合の「因果」という語の用法が、少し異なっていることに注意しなければなりません。「水を加熱したら、お湯になった」という場合、一般的には加熱したことが原因で、お湯になったことが結果だとされます。ところが、この場合の言い方では、水が因で、お湯が果となります。これは、私たちの言い慣れた表現では「使用前」「使用後」といったニュアンスに近いと言えます。

その因果を十界論で見ると、仏界以外の九界が因で、仏界が果となります。その場合、「因果倶時」というのは、九界という「因」と、仏界という「果」が別々であるというのではなく、一体であるということです。普通は、地獄界から餓鬼界へ、餓鬼界から畜生界へ、畜生界から修羅界へ……と下位のものを否定してより上位を目指し、こうして段階的に菩薩界にたどり着き、そして最後の仏界に到るという段階的成仏論が考えられておりました。ここにおいては、因は否定されるべきものとして果とは切り離されております。

それに対して、この「因果一体」、あるいは「因果倶時《いんがぐじ》」ということは、このような成仏観を根底からひっくり返したものです。九界を否定して、九界から仏界へというようにして段階的に成仏するのではなく、九界のままで成仏する。凡夫のままで成仏するということを説いたものでありました。それは、「厭離断九の仏《おんりだんきゅう》」（九界を厭離し断じてから成る仏）に対する「九界即仏界」（九界を厭い離れるのではなく、九界に即した仏界）や、「十界同時の成仏」という言葉で表現されています。

「因果異時」として因と果を切り離してしまいますと、「果勝因劣」（果が勝れて因は劣っている）ということになり、九界の巷《ちまた》をさ迷う凡夫の私たちは駄目な存在であり、現在の自分を否定して全く別の存在に生まれ変わるというか、変身することによって成仏するという人間観、あるいは成仏観になります。ということは、全く別の人格になることが成仏であるという論理が出てくるわけです。

それに対して、因果一体、因果倶時であることは、凡夫（九界）を離れて仏はない、仏といっても凡夫自身が具えているという人間観になります。そこにおいて、「成仏」とは、本来我が身に具わる仏の本性を開き現すことになります。それを実現するのが、「妙法蓮華経」であり、「南無妙法蓮華経」であると、日蓮は言っているわけです。

この譬喩は、一切衆生が本質的に仏性を具えているということを意味しています。だから、日蓮は「成仏」（仏に成る）について、「成《じょう》は開く義なり」(17)として、「仏に成る」のではなく「仏を開く」のだと、長年使い古されてきた漢訳語の意味を改めています。

「蓮華」を因果と関連付けるという観点は、中国において論じられたものですが、インドにおいては、「如蓮華在水」(18)として語られました。蓮華は、泥沼から生じます。けれども汚泥に汚されることなく高貴な華を咲かせ、その清らかな美しさで人々を楽しませます。このような華の姿は、現実世界の中で、その汚れに染まることなく他者のために行動する菩薩や仏陀の姿を象徴しております。

「経」とは仏事をなす声

最後に、「妙法蓮華経」の中の「経」について言及されます。ここで「経」は、だれかが語った言葉を文字として記録したものであるということから、「言葉」「言語」「音声」といった意味で用いられているようです。初めに、「経とは一切衆生の言語《ごんご》音声《おんじょう》を経と云うなり」と、広い意味で「経」を定義されます。あらゆる生き物の発する声、音声、言語、文字など表現されたものは、すべてが「経」だというのです。

そういう意味では、生命の発露として表された言葉、表現されたもの、それは全部「経」といえます。ミュージシャンであれば、作曲された音楽も、演奏も「経」でありま す。画家であれば、絵として表現されたものも「経」です。

広い意味の定義では、何も仏の声に限ったことではなく、犬がワンとほえるのも、畜生の心の思いを表現したものですから「経」に変わりはありません。地獄で獄卒に責められている人のうめき声も、地獄の「経」であります。怒って金切り声を上げている修羅の「経」もあるでしょう。

声によって「心の思い」を伝えるわけですが、それは地獄の声もあれば、餓鬼の声もあり、天の声もあれば、菩薩の声、仏の声もあることになります。このように、声、言葉というものは、自身の心の思いを声に托し、それによって相手に思いを伝えるものです。そういう意味で、声というものは重要な働きを持っています。その中でも仏事（仏の働き）をなすためには、声、言葉というものが欠かせません。だから「声仏事を為《な》す」と言われているわけです。

以上のことを踏まえて、次に仏の説く「経」ということに限定して論じられます。宇宙と生命に普遍的な真理としての「法」は、本来、「言語道断」（言語の道、断《た》ゆ）、「不可思議」（思議すべからず）と言われるように、言葉で言い尽くせるものではありません。それを仏が説くことによって、言葉となり、文字となったもの、これが「経」であります。

このように、「経」を表現されたもの、特に言葉や言語としてとらえたときに、

「釈に云く、声仏事を為《な》す。之を名けて経と為すと」

と展開されています。声が、仏の働きをするということです。そのようなものが「経」であるということです。これは、天台大師の『法華玄義』の序として章安大師が書いた言葉です[19]。

ここで注意しなければならないのは、論理を逆立ちさせてはならないということです。「声仏事を為す」と読むと、声であれば何でもいいのかということになりそうです。そう

ではありません。「仏事を為すためには声、言葉というものが不可欠である」ということです。こういう場合、中村元先生は「声もて仏事を為す」と読み下されておりました。

「一心を妙と知り、余心をも妙法と知る処を妙経」

この「経」ということについて、『一生成仏抄』に大事なことが書いてありますので、ここで触れておきます。それは、

「一心を妙と知りぬれば、亦《また》転じて余心をも妙法と知る処《ところ》を妙経とは云《い》うなり(20)」

という一節です。ここで「一心」というのは、だれかある人の心ととらえてよいと思います。仮に自分の心と取りますと、自分の心を妙と知った、確かに自分の生命は妙法の当体であると覚知したならば、今度は目を転じて他人の心（余心）を見たときに、その人の心も確かに妙法の当体であることが見えてくる。あるいは、そのように信ずることができる。その人は、そのことに気付いていないかもしれませんが、確かにその人も妙法の当体であるということが疑いもなく事実の姿として実感できるということです。であるがゆえに、それを相手にも知らせたい、何とか分かってもらいたいということになる。そこに、「妙経」としての言葉と声が発せられることになってくるというわけです。

言い換えれば、言葉が自らに必然的なものになってくる。国文学者の大野晋《すすむ》博士（学

習院大学名誉教授）の表現を借りますと、「言葉が出来上がる」ということでしょう。(21)

お互いが妙法の当体でありますが、一方はそれを覚知しているけど、他方はそれをまだ気付いていない。だから、その人にもそれを語っていこう。それを覚知させてあげようという行為に結び付き、言葉として表現する。これが「経」です。しかも、「妙経」（最も勝れた経）と言われております。こういう前提があるがゆえに、声は仏事をなすことができるわけです。

こういう関係におきましては、「私は知っているけど、あなたは知らない。だから私が教えてやる」といった高見に立ったところからの言葉となることはありません。たまたま自分が先に知ったけれども、妙法の当体であるということは相手も全く同じである、妙法の当体であることに目覚めているか、いないかの違いがあるだけです。その違いを越えて、「何とか分かってもらいたい」という思いから言葉を発する。だからこそ「仏事」をなすことができると思います。(22) そういう関係における言葉を日蓮は、単なる「経」ではなく、「妙経」と言ったのであります。私たちが仏陀の行為をなすとすれば、それは私たちの「妙経」としての声や、言語によってであり、対話によってということです

三世常恒について

これまでは、「経」という文字について、声、音声、言語といった観点から論じられました。今度は、時間的な観点から論じられます。それが、「三世常恒《じょうごう》なるを経と云うなり」のところです。

漢訳仏典で「経」と訳された言葉は、サンスクリット語で「スートラ」といいました。「縦糸」のことです。インドでは、糸に花を通して花環を作りますが、その糸が「スートラ」と呼ばれていました。

インドでは経典が、細長い長方形に切られた棕櫚科のターラ樹の葉（貝多羅葉《ばいたらよう》）に書かれていて、それを何枚も束ねてあります。それが、バラバラにならないように、中央に穴を開けて、糸というか、紐《ひも》を通してあります。面白いことに、仏教が伝来する以前の中国でも『詩経』『易経』などの儒教の聖人が書いた書や、聖人の言行を書いた書物を「経」と言っていました。「経」も「縦糸」を意味し、それらの書物が竹片や木片に書かれて「縦糸」で綴《つづ》られていたことによります。地図を見ると「経度」や「緯度」という言葉が出てきますが、これも縦糸（経）と横糸（緯）に関連している言葉です。

声として表現された仏の教えを書き記したその経典は、前のページから今のページへ、今のページから次のページへと縦に連綿と、「スートラ」（縦糸）によって繋がれています。

既に読んだページを過去、今読んでいるページを現在、これから読むページを未来とすると、過去、現在、未来へと三世に変わることなく教え（法）が連なっていることを象徴しているように思えます。

あるいは、上田万年ほか編『新大字典』（講談社）によれば、「経」という文字には「たて糸」のほかに、「つね」「いつも変わらない」「（時を）へる」「通過する」「月日がたつ」という意味があり、これらを見ると、「三世常恒」という意味も出てまいります。

こうしたことから、日蓮は「経は三世にわたる永遠性と不変性を示している」と言ったわけです。

法界と「妙」「法」「蓮華」「経」について

以上で、「妙」「法」「蓮華」「経」というそれぞれの文字についての日蓮による意義付けが終わりました。そこで今度は、これらの「妙」「法」「蓮華」「経」という在り方をしているのが何であるのか？　それは「法界」であると話を展開されていきます。すなわち、「法界は妙法なり。法界は蓮華なり。法界は経なり」というのが、それです。

この「法界」は、サンスクリット語では「ダルマダートゥ」（dharma-dhātu）と言います。「ダルマ」が「法」、「ダートゥ」が成分、要素、根源などの意があり、「ダルマダートゥ」は「事物の根源」「法の根源」という意味です。また「法界」を「あらゆる現象（諸法）が織り成される世界」と解釈して、「宇宙」という意味にも用いられたりしています。

「法」は「ものごと」のことであると先ほど述べましたが、それを根底から支えているものが妙法である。現実を織りなすいろいろな現象を見ておりますと、差別と対立の無明の世界のように見えますが、それらは「法性」に根差しております。そのようにして「法界」はあります。そこにおいては、無明法性一体でありました。そういう意味で、「法界は妙法なり」」であります。

また、現実の事象の織りなす世界におきましては、因果というものは時間的にずれて現れます。自然現象としての因果は一体ではありません。種をまいて芽が出るまで、芽が出て花が咲くまで、花が咲いて実がなるまでに時間を要します。ところが、「法界」、すなわち「法の根源」におきましては、「蓮華」という言葉が象徴するように因（凡夫）と果（仏果）は同時であります。

さらにまた、「法の根源」は、過去・現在・未来の三世に一貫して不変の常恒のものであります。

以上のように、事物や存在の根源である「法界」（ダルマダートゥ）は、無明法性一体という意味で「妙法」としてあり、かつまた因果一体という意味で「蓮華」としてあり、また三世常恒という意味で「経」として存在しているのであります。

「南無妙法蓮華経」に込められた豊かなイメージ

「南無妙法蓮華経」を構成する文字について、種々の観点から分析し、論じられました。その観点は、帰命する対象としての「人と法」という観点をはじめ、「因と果」、言語学的に見た南無妙法蓮華経の世界性、凡夫（九界）と仏（仏界）、および無明と法性との関係、言語の持つ働き、三世にわたる永遠性などであります。このように、さまざまな角度から南無妙法蓮華経について論じることによって、南無妙法蓮華経にまつわるイメージを壮大なものとして広げているように思います。

私たちの貧困なイメージとは違い、南無妙法蓮華経には、これだけの豊かなイメージが込められているんだぞということを明かしたのがこの「南無妙法蓮華経の事」ではないでしょうか。

要約すれば、私たちは現象的な世界に住んでいるけれども、現象的な差違にとらわれて誤って導かれることなく、インターナショナルで、普遍的な真理に基づいて生きるための智慧を南無妙法蓮華経は意味していると言うことができるのではないでしょうか。また、南無妙法蓮華経は、私たちが凡夫のままで仏陀となることや、この現象世界において汚されることなく私たちの高貴な人格を完成することを可能にしてくれる永遠で不変の真理である——そういうメッセージを日蓮は南無妙法蓮華経に込めたということでしょう。

注

(1) 一念三千の概略については、植木雅俊著『江戸の大詩人 元政上人——京都深草で育んだ詩心と仏教』中公叢書、二二〇~二三〇頁などを参照。
(2) 『昭定遺文』四二頁、『御書全集』三八三頁。
(3) 『昭定遺文』五三九頁、『御書全集』一八九頁。
(4) 『昭定遺文』二六〇五頁、『御書全集』七〇八頁。
(5) 坂本幸男・岩本裕訳注『法華経』、上巻、岩波文庫、九頁。
(6) Pāṇini, *Śabdānuśāsana* (*Aṣṭādhyāyī*), II. 1. 56.
この文法書は、前五~前四世紀のインドの文法学者、パーニニによってまとめられました。サンスクリットの言語を意味のある最小単位に分解・分析することによって、文法的法則性を導き出し体系化しました。それは、音韻論、形態論、造語法、文章論にまでわたり、その客観的分析と帰納的研究方法は、近代言語学に多大な影響を与えました。
(7) 鳩摩羅什が「妙」と訳したことが、最も適切であったことと、「正しい教えの白蓮」と訳すことが、サンスクリット文法だけでなく、英・仏・独文法や、国文法に照らしても誤りであることを次の論文で論じております。

植木雅俊著「『法華経』の Saddharma-puṇḍarīka の意味――〝最勝〟を譬喩する白蓮華の考察」、お茶の水女子大学文教育学部哲学科・科研費研究成果報告書（研究代表者・頼住光子助教授、二〇〇三年）、七八～一〇二頁。

（8）植木雅俊著『法華経とは何か――その思想と背景』、中公新書、三～一四頁。

「震旦」は、サンスクリット語の「チーナ・スターナ」（cīna-sthāna）を音写したものです。「チーナ」は「支那」の音をサンスクリット語に写したもので、「スターナ」は「位置するところ」という意味です。中央アジアでは、語尾の「a」の音が脱落するので、「チーン・スターン」となり、これが「震旦」と音写されたわけです。いわば逆輸入です。「三国一の花嫁」の「三国」は「天竺・震旦・本朝」、すなわち「インド・中国・日本」で、当時としては世界を意味していました。

（9）インドのことを意味する言葉には、「天竺」のほかに「印度」「信度」「賢豆」「身毒」「中国」「月氏」などの言葉があります。このうち、「天竺」「印度」「信度」「賢豆」「身毒」の語源は同じで、西北インドのインダス河流域の地域の名前であったシンドゥが、ギリシア人たちによって亜大陸全体の名前として用いられ、それが他の国で種々に発音が変化していったことによります。詳細は、次を参照。

植木雅俊著『人間主義者、ブッダに学ぶ――インド探訪』、学芸みらい社、一四三～一四六頁。

(10) 梵語と欧米語の類似性を以下に挙げると、例えば「名前」は梵語でナーマン(nāman)、英語でネーム(name)、独語でナーメ(name)、「心臓」は梵語でフリド(hṛd)、英語でハート(heart)、独語でヘルツ(herz)です。インド哲学で問題となる「我」を意味するアートマン(ātman)は、もともと「呼吸」を意味する言葉で、独語のアートメン(atmen, 呼吸する)と語源が同じです。

日本語で「だんなさん」という言葉が定着していますが、これはサンスクリット語のダーナパティ(dānapati)のことです。「パティ」(pati)は、「主」のことですが、ダーナ(dāna)のほうを音写して「檀那」となりました。お布施をする在家信者のことです。「旦那」と書くと、働いて給料をもらってきて奥さんに与える人のことです。相手こそ違え、金品を与えるという行為は類似しております。「ダーナ」は「布施」を意味しています。身近な言葉で言えば「贈与」のことです。これと語源を同じくする英語に、臓器移植の「提供者」を意味する「ドナー」(donor)があります。あるいは、「ドネーション」(donation=寄贈)という言葉もあります。

「心」は梵語でマナス(manas)、英語でマインド(mind)です。仏教の開祖ゴータマ・シッダールタのゴー(go)は、ガウ(gau)とも書きますが、「牛」を意味しており、英語のカウ(cow)と語源を同じくしております。「道」を意味するパトゥ(path)は、英語でもパス(path)と書きます。漢訳仏典で「天」と訳されたデーヴァ(deva)は、神を意味しておりますが、これはバラモン教のヴェーダ聖典ではディヤウス（dyaus）として登場しています。これは、ギリシア神話のゼウス（zeus）に当たります。その派生語には、「神の」を意味するダイヴァ（daiva, 梵語）、ディヴァイン（devine, 英語）があります。

仏典に、悪逆の代表として登場する提婆達多は、デーヴァダッタ（Devadatta）と書きますが、これはデーヴァ（Deva）が「神」、ダッタ（datta）が「与えられた」なので、「神によって与えられた（人）」を意味しております。これは、インドにはポピュラーな名前で文法書の例文によく出てくる名前です。アレクサンドロス大王のインド遠征の後、西北インドを治めたギリシア人の王にテオドトス（Theodotos）という人がいました。テオ（Theo）が「神」、ドトス（dotos）が「与えられた」を意味していて、語源も構造も全く同じです。ダッタに対応する語は英語のデイト（date, 日付）、データ（data, 資料）も挙げることができます。いずれも、「与えられた（もの）」という意味が語源です。

仏典で「不死」を意味する「甘露」という文字が見られますが、これはサンスクリット語でアムリタ（amṛta）と言います。冒頭のア（a）は否定を示す接頭辞で、ムリタ（mṛta）が「死んだ」という意味です。このムリタは、英語のモータル（mortal）と語源を同じくしております。

数字を見ても、「三」がトゥリ（tri, 梵）、スリー（three, 英）、ドライ（drei, 独）、トゥリ（tri, ラテン語）などとなります。「四」も、チャトゥル（catur, 梵）、キャトゥル（quatre, 仏）と類似しております。

「歯の」というダンタ（danta, 梵）とデンタル（dental, 英）、「幸運」を意味するラクス（laks, 梵）とラック（luck, 英）、「手」を意味するハスタ（hasta, 梵）とハンド（hand, 英）、「見る」という動詞のローク（lok, 梵）とルック（look, 英）、「座る」という動詞のサッド（sad, 梵）とシット（sit, 英）――このように挙げればきりがありません。

(11) 風間喜代三著『印欧語の故郷を探る』、岩波新書、一一～一四頁。

(12)『昭定遺文』二六〇五頁、『御書全集』七〇八頁。

(13) 植木雅俊著『今を生きるための仏教100話』、平凡社新書、二一三～二一六頁。

(14) *Saṃyutta-nikāya*, vol. III, P.T.S., London, p. 120, ll. 27-31. からの筆者の訳。

(15)『昭定遺文』二六〇五頁、『御書全集』七〇八頁。

(16)『昭定遺文』四四頁、『御書全集』三八四頁。

(17)『昭定遺文』二六六三頁、『御書全集』七五三頁。

(18)『法華経』で「如蓮華在水」と漢訳された箇所に出てくるのは、padma（紅蓮華）であって、puṇḍarīka（白蓮華）ではありません。同じ「如蓮華在水」を言うのにも紅蓮華を用いるのは、仏陀以外について語る場合で、白蓮華は仏陀、如来について語る場合にと使い分けられています。ここは、菩薩のことを言っているところなので紅蓮華が用いられています。

それについては、次の拙論で詳細に論じております。

植木雅俊著「『法華経』の Saddharma-puṇḍarīka の意味――〝最勝〟を譬喩する白蓮華の考察」、お茶の水女子大学文教育学部哲学科・科研費研究成果報告書（研究代表者・

頼住光子助教授、二〇〇三年）、八五頁。
植木雅俊著『法華経とは何か——その思想と背景』、中公新書、六〜八頁。

(19) 大正新脩大蔵経、巻三三、六八一頁下。

(20) 『昭定遺文』四四頁、『御書全集』三八四頁。

(21) 「言葉による意思疎通を可能にするものは何か?」と題する大野晋博士と筆者との対談（京都仏眼協会広報紙『仏眼』二〇〇〇年七月十五日号、九月十五日号掲載）で、次のようなやりとりがありました。

植木　僕は、実は中学ぐらいまで、高校もそうかなぁ、作文が全く駄目だったのです。小学校で遠足の翌日、よく作文を書かせられました。「僕は、朝六時に起きました。そして、顔を洗い、歯を磨きました。朝御飯を食べました……」と書き出す。その日あったことは全部書かなければいけないと思っていたのです。すると、決められた枚数では書ききれない。そのことが、書いている途中で分かってくる。そこで、鉛筆が止まってしまう。だから書けなかったんです。それで作文は、大の苦手だった。それを無理やりに書かせられるわけです。ところが、大学時代に先ほどの先輩の質問に何も答えられなかったということで、自分のちっぽけさに悩み、自己嫌悪に陥り、極度の鬱病にまでなった。それを乗り越えたときに、何かほかの人も僕と同じようなことで悩んでいる人たちがいるように思えたのです。「その人たちのために何か自分の思いを伝えたい、言ってあげたい」となったときに、書けるようになった……。

大野　本当の意味で、言葉が出来上がってきたわけですね。

植木　それは、非常にありがたい言葉です。一人一人にとって、言葉が出来上がるというのは、そういうことだったんですね……。

(22)「声」と「仏事」の関係を象徴的に示しているのが、釈尊の成道から、説法の躊躇《ちゅうちょ》、説法の決断、そして初転法輪《しょてんぼうりん》で弟子が初めて釈尊の言葉を理解するに到るまでの場面であります。それは、次を参照。

植木雅俊著『人間主義者、ブッダに学ぶ――インド探訪』、学芸みらい社、一七〇～一七六、二二八～二三〇頁。

『仏教に学ぶ対話の精神』、中外日報社、一〇三～一四三頁。

第六章　一念三千の成仏から見た提婆と龍女

『法華経』の女人成仏の独自性

男性原理と女性原理の両面がワン・セットでいずれも欠かせないとした場合、それぞれをどのように価値的な在り方にしていくのか、言い換えれば、生死を即涅槃《ねはん》とするものは何か、煩悩を即菩提と開くものは何か、ということが次に問題になってきます。結論として言えば、それは「本有《ほんぬ》の尊形《そんぎょう》」という在り方でありますが、まずは、即身成仏ということ、そして、それに不可欠である本尊の原理に関連して考えてみたいと思います。

日蓮は、三十七歳のときに書いた『一代聖教大意《いちだいしょうぎょうたいい》』の中で、諸経にも提婆達多《だいばだった》、阿闍《あじゃ》世《せ》王などの悪人成仏や、女人成仏、釈女の成仏、畜生の成仏、二乗の成仏、凡夫の成仏、女人の転女身が説かれているけれども、『法華経』に説かれる二乗、龍女、提婆達多、菩薩の授記とどのような違いがあるのか、という問いを提起しています。

これに対して、

「答う。予《よ》の習い伝うる処《ところ》の法門、此の答に顕《あらわ》るべし。此の答に法華経の諸経に超過し、又諸経の成仏を許し許さぬは聞《きこ》うべし。秘蔵の故に顕露《あらわ》に書《しる》さず(1)」
として、ここでは答えを保留しています。(2)その答えが、『観心本尊抄《かんじんのほんぞんしょう》』(3)『開目抄《かいもくしょう》』(4)に明かされたと言えます。

『観心本尊抄』には、

「詮ずる所は一念三千の仏種《ぶっしゅ》に非ずんば、有情《うじょう》の成仏・木画《もくえ》二像の本尊は有名無実《うみょうむじつ》なり(5)」

とあり、『法華経』の独自性を「一念三千の仏種」にあるとしています。

また、『開目抄』においては、提婆達多と龍女の即身成仏を論ずるなかで、「改転の成仏」と「一念三千の成仏」を比較した上で、「一念三千の成仏」こそ真の即身成仏であると述べています。

それは、

「龍女が成仏此れ一人にはあらず、一切の女人の成仏をあらはす。法華已前の諸の小乗経には女人の成仏をゆるさず。諸《もろもろ》の大乗経には成仏・往生をゆるすやうなれども、或《あるい》は改転の成仏にして一念三千の成仏にあらざれば、有名無実《うみょうむじつ》の成仏往生《おうじょう》なり。挙一例諸《こいつれいしょ》と申して、龍女が成仏は、末代の女人の成仏・往生の道をふみあけたるなるべし(6)」

という一節です。これを現代語訳すると、

「法華経において龍女が成仏したということは、龍女一人に限られたものではなく、一切の女性の成仏を代表しています。法華経より前に説かれた諸々の小乗経典では、女性の成仏を許していませんでした。また諸々の大乗経典では、女性の成仏・往生を許しているように見えますが、それは、女身としての現在の我が身を改め転ずることによって得られるとする成仏であって、女身のままの現在の我が身に即して一念三千の当体を開く成仏ではありません。だから、それは名のみあって実体の伴わない成仏・往生であります。『一を挙げて諸々の例とする』と言って、龍女の成仏は、末代の女性の成仏・往生を切り開いたものであります」

となります。

前章で一念三千について概説しましたが、その一念三千という生命の法理に則った成仏、すなわち人格の完成を「一念三千の成仏」といいます。

この「一念三千の成仏」を明かされた経典こそ『法華経』であるということで、日蓮は、「法華経以外の経典を見たら女人とは生まれてきたくなくなる」として、『法華経』を除外していたわけです。

また日蓮は、

「一切の女人は、法華経より外の一切経には女人成仏せずと嫌うとも、法華経にだにも女人成仏ゆるされなば、なにかくるしかるべき」(7)

とも述べております。

既に述べましたように、確かに「変成男子」などによって女人の成仏を説いた経典はありました。しかし、一念三千の法理に裏付けされた女人成仏は、『法華経』にしか説かれていないと日蓮は言っております。その『法華経』に登場する龍女は、「挙一例諸《こいつれいしょ》」（一を挙げて諸に例す）といって、龍女一人だけではなく、一切衆生が具える女性原理を表しています。だから、一人の龍女の成仏は、一切の女人の成仏を表しているというのです。

「改転の成仏」と「一念三千の成仏」

「改転の成仏」とは、この文脈からすれば現在の我が身を改め転じて成仏することです。女性が成仏するためには、女の身を否定して男の身になることが欠かせないとすることでありましょう。

これをもっと一般的に言えば、「改め、転ずる」というのですから、現在の自分を否定し全く別のものになる、という意味合いを含んでいます。十界論でいえば、地獄界から餓鬼界、餓鬼界から畜生界、畜生界から修羅界……、そして最終的には仏界へというように、下位のものを否定して、より上位へと段階的に上りつめて成仏するという発想です。

チベット木版画で、象が曲がりくねった道づたいに山に登っているものを見たことがあります。低い所にいる時は全身真っ黒なんですが、道を登るにつれて白い部分が増え、中間の高さになると、体の半分が白で、残り半分は黒となっています。頂上にたどりついた象は、全身真っ白になっているというものです。ここで、白い色が成仏を意味していることは、言うまでもないことでしょう。これも、段階的成仏論の発想から出てきたものでありましょう。これも「改転」ということに当たると思います。

しかし、「一念三千の成仏」とは、諸法（あらゆる事物や事象）を実相（ありのままの真実の姿）と開くことによって実現する成仏のことであります。天台は、あらゆる事象を十界とその互具・十如是・三世間として分析し、それを「一念」の全体像として「三千」の数量にまとめて示しました。

それは、十界・三千の諸法（あらゆる事象）を実相と開くことに意義がありました。日蓮は、『諸法実相抄』において、

「地獄は地獄のすがたを見せたるが実の相なり。餓鬼と変ぜば、地獄の実のすがたには非ず(8)」

と述べていますが、これは段階的成仏論ではありません。

『御義口伝』の数カ所に散見される

「十界同時の成仏(9)」

ということ自体が、段階的成仏論を否定しています。

この「一念三千の成仏」を文字として顕されたのが本尊であります。中央の「南無妙法蓮華経」を挟んで、左右に十界〔三千〕を表す名前がしたためられています。そのいずれもが、「南無妙法蓮華経」の光明に照らされて「本有《ほんぬ》の尊形《そんぎょう》」として輝いていると言います。

提婆達多のエピソード

これは、『御本尊相貌抄《ごほんぞんそうみょうしょう》』の異名を持つ『日女《にちにょ》御《ご》前《ぜ》御《ご》返事《へんじ》』の趣旨でもあります。そこで、この『日女御前御返事』に即して男性原理、女性原理について考えてみましょう。同書から本テーマに関係する部分を取り出してみましょう。

「されば首題の五字は中央にかかり……悪逆の達多《だった》・愚癡《ぐち》の龍女一座をはり、三千世界の人の寿命を奪ふ悪鬼たる鬼子母神《きしもじん》・十羅刹女《じゅうらせつにょ》等……つらなる……宝塔品に云く『諸の大衆を接して皆虚空《こくう》に在り』云云。此等の仏菩薩・大聖等、総じて序品列坐の二界八番の雑《ぞう》衆《しゅう》等一人ももれず、此の御本尊の中に住し給い、妙法五字の光明にてらされて本有《ほんぬ》の尊《そん》形《ぎょう》となる。是を本尊とは申すなり(10)」

この中で、男性である提婆達多には「悪逆」という形容詞がついています。仏教史を見ても、悪逆を尽くしたのは男性でありました。アジャータシャトル（阿闍世）しかり、善《ぜん》星比丘《しょうびく》しかりです。なかでも、デーヴァダッタ（提婆達多）は有名であります。彼は、釈尊の従弟《いとこ》であり、出家者の衣食住などの在り方として、教条主義的に五つのことがらを要求し、純粋さを装って釈尊を批判して、釈尊の弟子五百人を引き連れて教団（和合僧）を分裂させたりしています。ところが、後世になるに連れ、デーヴァダッタ批判がエスカレートし、悪者ぶりの内容が激しいものになっていきました。(11)例えば、デーヴァダッタは釈尊より三十歳も年下であったにもかかわらず、結婚相手としてヤショーダラー（耶輪陀羅）姫を釈尊と争って敗れ、釈尊に恨みを抱いたとする伝説まで作られました。出家して釈尊の弟子になりますが、その後、酔象（発情した象）を放ったり、山上から大石を落としたりして、釈尊を殺そうとしたとまで言われるに至っております。それによって、釈尊の足の指にけがをさせたり、仏弟子を死に至らしめたとまで言われました。こうしたことは、五逆罪のうちの「出仏身血《すいぶつしんけつ》」「殺阿羅漢《しあらかん》」「破和合僧《はわごうそう》」という三つに相当しています。

また、アジャータシャトル（阿闍世《あじゃせ》）が父のビンビサーラ（頻婆沙羅《びんばしゃら》）王を殺害したことに関連付けて、

「あなたは、父王を殺して王となれ、私は釈尊を殺してブッダとなろう」(12)

と、デーヴァダッタがそそのかしたとまで言われるようになりました。歴史的に見れば、

尾ひれ背びれの付いた話もありますが、この「悪逆」という言葉には、こうした内容が盛り込まれていました。名誉欲、権力欲という煩悩から出てくるズル賢さであり、残虐さを意味しています。これは男性原理のマイナス面の現れであります。

これに対して、女性である龍女に冠せられている形容詞は、「愚癡《ぐち》」となっています。これが、女性原理のマイナス面であります。

これと同趣旨のことを言われているのが、「法界《ほうかい》の衆生の逆の辺は調達《ちょうだつ》なり。法界の貪欲《とんよく》・瞋恚《しんに》・愚癡《ぐち》の方は悉く龍女なり(13)」であります。ここで、「調達」とはもちろん提婆達多の別名です。デーヴァダッタは普通、「提婆達多」と音を写されますが、「デーヴァ」を「調」、「ダッタ」を「達」と音写して、「調達」とも書かれます。

教団分裂は、よほどの事件であったとみえて、提婆達多については、各種の経典でいろいろと論じられています。生きたまま無間《むけん》地獄に堕ちたというものまであります。それが、『法華経』提婆達多品において、提婆達多は天王如来の名で成仏するであろうという授記(予言)がなされます。日蓮が、この提婆達多品を重視しているのは、提婆達多と龍女の成仏が、ここで明かされているからです。

ここに、提婆達多の成仏に象徴される男性原理と、龍女の成仏に象徴される女性原理が、

「妙法五字の光明にてらされて本有の尊形となる」という価値的転換があるわけです。提婆達多と龍女が、全くの別人になって成仏するというのではありません。それぞれの個性、本性というものは変わることなく、その現れ方が転じられ、価値的な在り方となるということです。それは、提婆達多は提婆達多のままで、龍女は龍女のままで、本来あるがままの姿で尊い在り方（本有の尊形）として現れてくるということであります。それが、「悪逆」と「愚癡」とまで形容された提婆達多と龍女が、本尊にしたためられていることの意味するところです。

仏にも具わる地獄の苦

もう少し卑近な例で提婆達多のことを論じてみましょう。十界論では、提婆達多は地獄界という苦しみのいのちを象徴しています。その提婆達多の名前が、本尊の中にしたためられています。

提婆達多は、仏道修行をする者にとって最も重いと言われる五逆罪のうちの三つまでも犯したと言われていました。その提婆達多の話を、子どものころから父親によく聞かされた人がいたとしましょう。その人はそんな話を聞いて、「提婆達多というのはとんでもない悪いやつだ」と思うことでしょう。ところが、ふと本尊の文字をよくよく見つめてみると、その提婆達多の名前が本尊にしたためられてあるのに気付きます。それは、ショックでしょう。「僕は、提婆達多は嫌いだ。提婆達多なんか、僕には必要ない。御本尊から消してもらおう」とまで考えることでしょう。

しかし、「一念三千の成仏」について学んでくると、やはり必要だと思います。仏に地獄界の苦しみがないのかと言えば、あります。日蓮にもあります。『諫暁八幡抄』に、「涅槃経に云く『一切衆生の異《い》の苦を受くるは悉《ことごと》く是れ如来一人の苦なり』等云云。日蓮云く、一切衆生の同一苦は悉く是れ日蓮一人が苦と申すべし⑭」

また、『御義口伝』には、

「涅槃経に云く『一切衆生の異の苦を受くるは悉く是れ如来一人の苦』と云云。日蓮が云く、一切衆生の異の苦を受くるは悉く是れ日蓮一人の苦なるべし⑮」

とあります。これは、日蓮の苦しみです。

「苦しみ」というのは、地獄界です。しかし、ここに言われている「苦」というのは、我々の地獄界とはちょっと違います。我々の地獄界というのは、大体が自分のことで精いっぱいです。「瞋《いか》るは地獄⑯」とあるように、自分のことすらどうすることもできず、そのいらだちを、だれにも向けられなくて、そういう自分自身にイライラして瞋《いか》っている。

ところが、ここで言われている苦しみというのは、一切衆生の「異の苦」「同一苦」を

「日蓮一人が苦」とされたところでの苦しみです。一切衆生の苦しみを自分の苦しみとして、苦悩している。天台の言い方だと、「既に深く不思議境を識《し》って一苦一切苦を知る」（『摩訶止観』）ということでありましょう。

苦しみという地獄界のいのちを見ただけでも、このような質的な違いがあります。だから、単純に〈地獄界イコール悪〉という図式は本来は成り立ちません。ただ、大体が悪いことに取り込まれていることのほうが多いのは事実ではありますけれども。

もっと別の言い方をすれば、私は地獄界のない仏なんて好きになれないと思います。近付きにくいでしょう。人の悩みを理解できないでしょう。自分に悩み苦しむ命があるからこそ、本当に他者に対して同苦できる。地獄界があるからこそ、人の悩みが理解できるし、人間らしいと言えるのではないでしょうか。

提婆達多における「本有の尊形」

天台が『観音玄義』で、

「仏は性悪《しょうあく》を断ぜずと雖《いえど》も、而《しか》も能《よ》く悪に達す。悪に達するを以ての故に、悪に於いて自在なり。故に悪の染する所とならず、修悪《しゅあく》起るを得ず。故に仏永く復《ま》た悪無し。自在を以ての故に、広く諸悪の法門を用いて衆生を化度《けど》す。終日之を用いて、終日染まらず」

と言っているのも[17]、こういう観点から理解できるのではないでしょうか。「悪に達する」とは、悪の因縁、因果、本性というものを見通すということでしょう。地獄の苦しみの因果、縁起、本性を達観するときに、そこに地獄にも染まらず、自在となって衆生を救済する自己に変革される。達観するということは、そこに智慧が輝いているということです。

この観点を「悪逆の達多」に当てはめれば、提婆達多の悪逆の本性を達観して、自在であるがゆえに、悪逆に染まることもなく、悪逆をなすこともないということになります。だからこそ、悪逆の衆生と同じところに立って救うことができるということになります。ここから提婆達多に象徴される地獄界の持つプラスとマイナスの両面性と、その現れ方を価値的なものに転ずることの重要性を見て取ることができます。

提婆達多だけではなく、龍女や、十界〔三千〕の代表を本尊にしたためてあるのは、最も人間らしい姿を表現したものだといえます。そういう仏らしい姿というか、最も人間らしい姿と言ったほうがいいでしょうか、それが、この本尊の相貌《そうみょう》の意味するところだと言うのであります。「輪円具足《りんえんぐそく》」[18]とあるように、十界全部、円融円満して具しているのが、仏らしいというか、最も理想的な人間らしい姿だということです。

そこにしたためられた提婆達多が、我々の慣れ親しんできた地獄界と異なっている点は、本尊の中央に「南無妙法蓮華経」とあるということです。そこから、妙法の光明が燦然《さんぜん》と輝き出す。そして、南無妙法蓮華経の左右に書かれた十界の名前がその光明に照らされて、すべて妙法の輝きを帯びてくる。だから、提婆達多も妙法の働きとして輝いてくる。悪事を働き、ついには地獄に堕ちて苦しんだとされる歴史的人物としての提婆達多から、妙法の光明に照らされ、妙法の働きとして輝いている提婆達多に意味が転換されてくるわけです。これが、提婆達多における「本有の尊形」としての価値的転換であります。

ここに「妙法の光明」という言葉が出てきましたが、光の譬喩は的確だと思います。光は三原色すべてが含まれていると、無色になります。「無色」とは、「色が無い」のではなく、「すべての色が有る」ということなのです。すべての色を含んだ「無色」のその光が、赤い色を反射し、他の色を吸収するものに当たれば、それは赤く見えます。青い色を反射し、他の色を吸収するものに当たれば、青く見えます。虹や、プリズムの実験を思い出してもらえば分かりますが、無色の光は赤・橙・黄・緑・青・藍・紫の七色をすべて含んでいます。その光が当たるものに応じて、赤や青などの色を発色するわけです。この光の性質が譬喩するところは、十界〔三千〕のすべての色を含んでいる南無妙法蓮華経の光明が輝けば、左右に配列された十界〔三千〕のそれぞれに当たり、それぞれの色合いに応じて輝いてくるというのであります。それが、「妙法五字の光明にてらされて本有の尊形となる」ということです。

鬼子母神のエピソード

『日女御前御返事《にちにょごぜごへんじ》』では、次に鬼子母神《きしもじん》が(19)登場してまいります。鬼子母神というのは、サンスクリット語で「ハーリーティー」(Hārītī)といい、漢字で「訶梨帝《かりてい》」と音写されています。これを意訳して「鬼子母神」、あるいは「愛子母《あいしも》」と書かれています。「鬼子母神」にしろ、「愛子母」にしろ、名前に「子」と「母」という文字がある通り、「子を持つ母」を意味しています。分かりやすくいえば、母性原理を象徴した名前でありましょう。

鬼子母神は、初めは「三千世界の人の寿命を奪ふ悪鬼」でありました。一説には、子どもが千人とも、五百人いたとも言われていて、人の子どもを食って精気を養っていたといわれます。ここでは、五百人いたことにしましょう。子どもを食べられた母親は当然、嘆き悲しんだことでしょう。その被害者が相次ぎました。その悲しみに耐えられず、釈尊に相談に行ったものがありました。

話を聞いた釈尊は、一計を案じ、鬼子母神の末っ子を隠します。家に帰った鬼子母神は、即座に一人足りないことに気付きます。これが、女性原理というか、母性原理のすごいところです。五百人のうちたった一人いなくなっても、それが分かるんです。母親は、夜中に子どもが泣きわめくと、自分の「体」が痛むかのように反応するものです。子どもが自分の体の一部であるかのごとくでありますが、男にはこうはいきません。「頭」で「ああ、泣いているな」と思うのがせきのやまで、もっと悪いと「うるさい」となります。

それはともかく、子どもが一人いなくなって、鬼子母神は気が動転してしまい、心配でたまらず、あちこちを捜し回ります。見つかりません。憔悴《しょうすい》し、困りきったところで、釈尊と出会います。子どもがいなくなったことを訴える鬼子母神に対して、釈尊は、

「五百人のうちたった一人がいなくなっただけでも、そんなにうろたえてしまう。ましてや、あなたに子どもを食べられた母親たちの嘆きは、いかばかりか」

と、諭します。そこで、鬼子母神の目が覚めました。人は自己中心的で、自分の心を痛めて初めて他人の心が分かるようであります。こうして、一切の子どもを守りはぐくむことを約束します。なかんずく『法華経』の陀羅尼品《だらにぼん》においては、『法華経』受持の人の命を守ることを約束しています。大要こういった話です。

鬼子母神における「本有の尊形」

この説話が意味するものは何でしょうか。鬼子母神の意味するところは、母性原理であって、狭い意味の女性原理であります。「生命を産み、守り、はぐくみ、育てる」という本質であるといってもよいでありましょう。

しかし、鬼子母神の現れ方が、「悪鬼」というか、視野の狭い、エゴイスティックで、

自己中心的なものとなると、自分の子どもは可愛くてしようがないが、その半面、他人の子どもが憎たらしくなってしまいます。この「可愛い」と「憎たらしい」というのは、同じ「生命を守り、はぐくむ」という本質の両面であります。

鬼子母神が、釈尊と会って悔い改めたことにより、悪鬼から善鬼に転じます。ここで、母性本能の原理としての鬼子母神が、妙法によって、その現れ方が価値転換されました。これは、「妙法五字の光明にてらされて本有の尊形となる」の「鬼子母神版」であります。同じことが、本尊にしたためられている十界、すなわち提婆達多（地獄界）、大龍王と龍女（畜生界）、阿修羅（修羅界）、転輪聖王（人界）、大日天・大月天・大明星天等（天界）、舎利弗・阿難・迦葉・目連（二乗界）、四菩薩（菩薩界）、釈迦・多宝（仏界）のそれぞれにも言えるわけです。十界それぞれが、「本有の尊形」となることが「十界同時の成仏」であったわけです。なお、鬼子母神は餓鬼界に相当しております。

注

（1）『昭定遺文』七一頁、『御書全集』四〇一頁。

（2）日蓮は、『三沢抄』（『昭定遺文』一四四六頁、『御書全集』一四八九頁）において、

「法門の事はさど（佐渡）の国へながされ候いし已前の法門は、ただ仏の爾前の経とをぼしめせ。此の国の国主、我が代をもたもつべくば、真言師等にも召し合せ給はんずらむ。爾《そ》の時まことの大事をば申すべし。弟子等にもなひなひ（内内）申すならば、ひろう（披露）してかれら（彼等）し（知）りなんず。さらば、よもあ（合）わじとをもひて各各にも申さざりしなり。而るに去る文永八年九月十二日の夜、たつ（龍）の口にて頸《くび》をはね（刎）られんとせし時よりのち（後）ふびんなり。我につきたりし者どもに、まこと（真）の事をい（言）わざりけるとをも（思）うて、さど（佐渡）の国より弟子どもに内内申す法門あり」

と述べています。このように、佐渡流罪以前の日蓮は、来るべき法論の日を想定して重要な法門を弟子たちにも説くことを保留していたことがうかがえます。

（3）『観心本尊抄』は、日蓮が五十二歳の時に流罪先の佐渡で執筆し、富木常忍に与えた書で、「事の一念三千の本尊」の義が明かされています。

（4）『開目抄』は、日蓮が佐渡に流罪されたことをきっかけに弟子檀那たちが抱いた疑問に答えるために書かれた書で、門下一同に与えられています。この中で、日蓮が末法の法華経の行者であることを経文や、自らの法華経身読を通して論証しています。

（5）『昭定遺文』七一一頁、『御書全集』二四六頁。

（6）『昭定遺文』五八九頁、『御書全集』二二三頁。

（7）『昭定遺文』一五四一頁、『御書全集』一三一一頁。

（8）『昭定遺文』七二五頁、『御書全集』一三五九頁。

（9）『昭定遺文』二六一〇、二六三九、二六四七、二七二〇、二七二一頁、『御書全集』七一二、七三五、七四一、七九八頁。
（10）『昭定遺文』一三七五頁、『御書全集』一二四三頁。
（11）詳細は、植木雅俊著『差別の超克——原始仏教と法華経の人間観』、講談社学術文庫、四三九頁の注(6)を参照。
（12）ビンビサーラ王殺害の伝説については、
『増一阿含経』巻四七（大正新脩大蔵経、巻二、八〇三頁中）。

『十誦律』巻三六（大正新脩大蔵経、巻二三、二六〇頁下～二六二頁上）。

『根本説一切有部毘奈耶破僧事』巻一七（大正新脩大蔵経、巻二四、一八九頁上～一九〇頁下）。

などに出ています。また、それについての考察は、
中村元著『原始仏教の成立』、中村元選集決定版、第一四巻、春秋社、五二五頁。

で詳しくなされています。
（13）『昭定遺文』二七二〇頁、『御書全集』七九七頁。
（14）『昭定遺文』一八四七頁、『御書全集』五八七頁。
（15）『昭定遺文』二六六九頁、『御書全集』七五八頁。
（16）『昭定遺文』七〇五頁、『御書全集』二四一頁。
（17）田村芳朗・梅原猛共著『絶対の真理・天台』、仏教の思想5、角川書店、一一八頁より引

用。

(18)『昭定遺文』一三七六頁、『御書全集』一二四四頁。

(19) 鬼子母神の彫像がガンダーラを中心とする西北インドや、アフガニスタンなどで多数、発掘されていて、鬼子母神信仰は、このあたりで起こったと考えられています。和光大学名誉教授の前田耕作氏は、ギリシアの女神キュベレとの関連性を指摘されています。中村元博士は、鬼子母神が『法華経』陀羅尼品《だらにぼん》に登場することから、少なくとも『法華経』の後半部分は西北インドで成立したと指摘されました。

第七章　修徳・性徳としての提婆と龍女

各人に具わる提婆と龍女のいのち

前章で述べた「十界同時の成仏」、すなわち十界本有《じっかいほんぬ》のままで、提婆達多も龍女も鬼子母神もすべて同時に成仏する（本有《ほんぬ》の尊形《そんぎょう》となる）ことが、本来の生命のありのままの全体像であります。これが、「一念三千の成仏」ということでありましょう。

これに対して、「改転の成仏」は、もともと心に本来、具わっている働きであるにもかかわらず、それを無理に否定するものであり、生命というか、人間性を歪めることになりかねません。男性原理と女性原理についても、どちらか一方を否定してはじめて、他方があるとするならば、これも「改転の成仏」的発想であり、偏頗であります。

かつて、「本尊は男性か？　女性か？」という変な質問をされたことがありますが、それは男性原理と女性原理を合わせ持つとしか言いようがないのではないでしょうか。

『日女御前御返事《にちにょごぜごへんじ》』に、

「曼陀羅《まんだら》と云うは天竺の名なり。此《ここ》には輪円具足《りんえんぐそく》……とも名《なづ》くるなり(1)」

とあるように、サンスクリット語のマンダラ（maṇḍala）は、「円」「輪」を意味する言葉です。車の輪のように円融円満で何も欠けたものがない（輪円具足）ということです。従って、男性原理、女性原理についても、その両者のいずれも欠けていないのであります。

ここまで論じてきて、男性原理、女性原理は、いわゆる「男性」と「女性」という生物学的、身体的な性の違いから大きくかけ離れ、生命の原理の二面性へと昇華されていることに気がつきます。男性原理を象徴する提婆達多のいのちも、女性原理としての龍女のいのちも、私たち一人ひとりに本来、具わっているのであります。

だから、『御義口伝』に、

「調達《ちょうだつ》は修徳《しゅとく》の逆罪、一切衆生は性徳《しょうとく》の逆罪なり。一切衆生は性徳の天王《てんのう》如来、調達は修徳の天王如来なり。龍女は修徳の龍女、一切衆生は性徳の龍女なり(2)」

と、言われています。

「潜在」と「顕在」

ここに、「修徳」と「性徳」という言葉を使われていますが、「性徳」は本性として潜在的に具わっている徳性のことであり、「修徳」とは、それが実修の結果、現実の姿・形として顕在化した徳性のことであります。これと似た「修」「性」の使い方は、前章に引用した『観音玄義』の「性悪」「修悪」という言葉です。それは、本性として内在的な悪と、現実の働きとして顕在化した悪のことでありました。

歴史上の人物たる提婆達多は、歴史的事実として悪逆の限りを尽くしたのですから現実の姿・形として顕在化した逆罪、すなわち「修徳の逆罪」でありますが、そのような性分は、他人ごとですませられるものではなく、「性徳」として一切衆生にも潜在的に具わっているというのです。

また、『法華経』提婆達多品において提婆達多が「天王如来」として成仏の記別を受けたのは「修徳の天王如来」でありますが、それに対して私たちは、その可能性を持っている存在として、「性徳の天王如来」となります。

同様に、龍女と私たちとの関係も、「修徳の龍女」に対する「性徳の龍女」の関係になります。「修」と「性」との差こそあれ、私たちは、提婆達多と龍女の両面をも具足しているのであります。提婆達多と龍女だけでなく、私たちは、「性徳」として十界〔三千〕のすべてを具備しております。

『一生成仏抄』には、

「都《すべ》て一代八万の聖教・三世十方の諸仏菩薩も、我が心の外に有りとは、ゆめゆめ思ふべからず(3)」

とありますが、こうしたことも「性徳」「修徳」としてとらえると理解しやすいでしょう。

しかし、修・性の二徳は、「普遍性あるいは可能性」に対する「厳しい現実」という問題を残しています。私たちにとって、提婆達多の逆罪は「性徳」でもよいかもしれませんが、天王如来までも「性徳」では意味がありません。同様に、龍女の成仏を我が身に「性徳」の段階で終わらせてもなりません。「修徳」としての天王如来（提婆達多の成仏）、「修徳」としての龍女の成仏を、我が身に事実の姿として体現してこそ即身成仏なのであります（この論理をそのまま十界三千にまで広げますと、一念三千の成仏となります）。

提婆達多および龍女は、妙法の有無によってその働きに善悪の二面性を持つわけですが、「善」が「性徳」として可能性にとどまったままでいるのか、あるいは「悪」が「修徳」として現実化したマイナス面のままに終わるのか、そこに現実の厳しさがあります。

そこで次に問われるのが、その十界のすべて、あるいは本論の趣旨である男性原理、女性原理の両面をいかにして価値的在り方として「本有の尊形」と輝かせ、プラス面を現実の「修徳」に転換するかということであります。

一念三千の成仏に本質的平等観

その答えとして、日蓮は、次のように結論しております。

「所詮、釈尊も文殊《もんじゅ》も提婆も龍女も一つ種の妙法蓮華経の功能なれば本来成仏なり、仍《よ》って南無妙法蓮華経と唱え奉る時は十界同時に成仏するなり(4)」

これが、これまでのキーワードである「一念三千の成仏」ということが意味しようとした結論でありました。

これまで、原始仏教、小乗仏教、大乗仏教と見てくるなかで、『法華経』において若干、妥協的に打ち出された「変成男子」の思想や、龍女の成仏、提婆の成仏も、このように論じられることによって本質的な平等観につながってくるような気がします。

注

(1)『昭定遺文』一三七六頁、『御書全集』一二四四頁。
(2)『昭定遺文』二七二〇頁、『御書全集』七九八頁。
(3)『昭定遺文』四三頁、『御書全集』三八三頁。
(4)『昭定遺文』二七二〇頁、『御書全集』七九八頁。

第八章　「貪愛・無明の父母を害せよ」

問われる「信」

十界にしろ、男性原理と女性原理にしろ、そのプラス面とともにマイナス面があることも厳然たる事実であります。それをいかにプラスの働きとして転ずるのか、提婆達多が天王如来となり、女身の龍女が成仏したとはいえ、あるいは本覚《ほんがく》・本有《ほんぬ》としての「十界同時の成仏」が説かれているとはいえ、それを具体化するには、現実における自己との闘いが必要であります。

『御義口伝』の「阿闍世《あじゃせ》の事」の中に、

「南無妙法蓮華経の剣を取って、貪愛《とんあい》・無明《むみょう》の父母を害して教主釈尊の如く仏身を感得するなり(1)」

と言われていますが、ここに「信」という自己との闘いがあります。

この一節は、父王を殺し、母をも殺そうとし、その後、悪瘡（悪性の皮膚病）に苦しんだことから、あるいは父王殺害を悔い、異母兄とされるジーヴァカ（耆婆《ぎば》）に諭されて仏教を信奉するにいたった阿闍世のことを踏まえて論じられたものであります。阿闍世は、後に仏典結集《けつじゅう》を行なったことでも有名です。

阿闍世の出生秘話伝説

阿闍世の父母殺害（母の場合は未遂）については、ギリシア悲劇を題材にした「エディプス・コンプレックス」にならって、「阿闍世コンプレックス」として論じられてもおり[2]、興味深いものがありますが、ここでは触れないことにします。

「阿闍世」は、サンスクリット語の「アジャータシャトゥル」（Ajātaśatru）を音写したものです。これは、「ア」「ジャータ」「シャトゥル」の複合語で、「ア」（a）は否定を表す接頭辞、「ジャータ」（jāta）は、「生む」を意味する動詞「ジャン」（√jan）の過去受動分詞で、「生じた」を意味しています。「シャトゥル」（śatru）は「敵」のことですが、漢訳では「怨」「怨敵」とされています。だから、「アジャータシャトゥル」は、「敵を生じない者」ということで、強さを誇る名前でありました。

ところが、後世になり、その出生の秘密の伝説が物語られるようになって、「未生怨《みしょうおん》」と訳され、「未だ怨みを生じない者」、あるいは「怨みを内に秘めた者」という意味で解釈されています。

その出生の秘話とは、『大般涅槃経《だいはつねはんきょう》』などに描かれています。それによりますと、父のビンビサーラ（頻婆沙羅）王に世継ぎの子がありませんでした。占いの結果、山中に住む仙人が死後、太子となって生まれてくるとのことでした。ところが王は、その仙人が死んで生まれ変わってくるのを待ちきれず、仙人を殺してしまいました。やがて、生まれた男の子を見た占い師は、「王の怨となるだろう」と言ったということです。ここから、「怨を内に秘めた者」「未だ怨を生じない者」という意味付けがなされたわけです。

このような出生秘話は、熱心な仏教徒であったビンビサーラ王が、なぜ阿闍世のような子を持ったのかという疑問に答えるようにして創作されたのでありましょう。

この阿闍世は、『法華経』においては序品の中で参列者の名前を列挙したところにのみ名前が出てきますが、『法華経』のテーマにかかわる形では登場してきません。その部分について、日蓮は『御義口伝』の「阿闍世の事」において、上記のように講説したわけです。

こうした伝説に基づいて、天台大師は、害すべき父母とは無明としての父と貪愛としての母であると主張しました(3)。そして、日蓮はその無明と貪愛を断ち切る利剣とは南無妙法蓮華経であると述べているわけです。このように、天台大師と日蓮は、阿闍世の父母殺害の意味を転じました。

この『御義口伝』の一節の直後に「貪愛の母」「無明の父」という言葉がありますから、これは、貪愛という「母」、無明という「父」を殺害することによって教主釈尊のように仏身を感得するのだということになります。もちろん、実の両親を殺せというのではありません。それは、両親の殺害が、「殺父《しふ》」「殺母《しも》」として五逆罪という最も重い罪のうちの二つに数えられていることからも当然のことであります。その殺害も、「南無妙法蓮華経の剣」によって行なうのであります。すなわち、男性原理、女性原理のマイナス面を生み出す根源を南無妙法蓮華経の剣で害し、プラスへと転ずるのであります。

このような逆説的な表現は、原始仏典にも見られますので参考として挙げておきます。

「怒りを斬り殺して安らかに臥す。怒りを斬り殺して悲しまない。毒の根である最上の蜜である怒りを殺すことを、聖者は称讃する。それを斬り殺したならば、悲しむことはないからである(4)」

というのがそれです。

三惑を乗り越える智慧

ところで、無明(avidyā)と貪愛(tṛṣṇā)は、初期の仏教の教義において無明と苦とを結ぶ因果の連鎖である十二因縁の中に入っています。無明は一切の煩悩の因であるということで十二因縁の一番目に出てまいります。貪愛は八番目で愛憎合わせ持つ念のことです。好ましく快いものには愛着・貪欲《とんよく》の心として現れ、好ましくなく不快なものには憎悪・瞋恚《しんに》の心として現れます。そのすべては無明《むみょう》・愚癡《ぐち》に基づいていますので、貪愛とは、無明・愚癡に根差して愛着・貪欲、あるいは憎悪・瞋恚を引き起こすものだといえます。(5)これらの「無明・愚癡」「愛着・貪欲」「憎悪・瞋恚」の三者は、三毒と言われるものであります。

天台は、この貪愛・無明をさらに詳しく論じ、見思《けんじ》・塵沙《じんじゃ》・無明《むみょう》の三惑として論じました。

第一の「見思惑」は、見惑《けんわく》（道理や理屈における迷い）と、思惑《しわく》（感情、感覚、本能的な迷い）の二つからなります。「見」というのは、「見解」だとか「意見」の「見」であって、思想であり、考え方であり、概念のことです。だから見惑は、知的な在り方としての煩悩というか、思想、考え方、概念に関する迷いということです。これは、頭で割り切れます。「人生はこうあらねばならない」とか、「幸福とはかくかく、しかじかである」というように、割り切ることができます。だから、見惑のほうは比較的簡単に乗り越えられます。

思惑の「思」というのは、思いというか、感情みたいなものです。だから思惑は、感情に伴った煩悩のことです。これは、やっかいでしょう。好きだとか、嫌いだとかという感情は、頭や理性では割り切れません。だから、どちらかというと、見惑と思惑では、見惑のほうが簡単です。思惑のほうが厄介かもしれません。

見惑と思惑では以上のような違いがあります。この違いを、見惑を断つのは石を割るようなものであり、思惑を断つのはレンコンの糸を切るようなものであると例えられたりしています。レンコンで分かりにくければ、納豆の糸を切るようなものだと言い換えればいいでしょう。スパッと石を割るようにはいきません。石のように硬いものではないのに、ベタベタとねちっこく粘りついて、そう簡単には切れません。情的煩悩のやっかいさがよく譬えられています。この見惑と思惑のそれぞれは、既に論じてきた男性原理と女性原理のマイナス面に当たります。

二乗は、この二つを乗り越えて阿羅漢果にいたるとするのでありますが、次の「塵沙惑」で、それはもろくも崩れてしまいます。塵沙惑とは、文字通り塵と沙（砂）ほどに無数にある現実ということです。具体的に言えば、人間関係に代表されます。その人間関係は、だましたり、利用したり、足を引きずろうとしたりすることが多い世界であって、かかわるのも嫌になるものであります。だからこそ特に二乗（声聞、縁覚）は、煩わしい人間関係を否定し、切り捨てて自分自身の内面世界に理想像を研ぎすますという生き方に陥ってしまいがちです。ところが、人間関係をいくら否定しようとしても、人間として生きているからには、人間関係を否定できるものではありません。自ら研ぎすました理想像と現実との大きなギャップに悩まされることになります。その厳しい現実に直面したとき、結局、見思惑という男性原理、女性原理の差別面、マイナス面にとらわれてしまうのであります。

これを打ち破ることができるのが、菩薩の生き方でありました。だから、先に触れた「末法にして妙法蓮華経の五字を弘めん者は、男女はきらふべからず(6)」の一節で、「弘めん者」という条件が付けられていたわけです。自行化他《じぎょうけた》の実践という、他者との大乗菩薩道的かかわりが前提となっているのであります。

菩薩という在り方こそが、男女の性差を乗り越えることができるのであります。その菩薩を標榜していた大乗仏教が、男女の性差は「空《くう》」であると説き、女身たることが何ら妨げとはならないなどと説いていたということも十分にうなずけることです。

それは、日蓮が『十法界明因果抄《じっぽうかいみょういんがしょう》』の冒頭に、

「普賢道に入ることを得て十法界を了知す(7)」

という『華厳経』の一節を引用していることにもうかがうことができます。「普賢道」とは、大慈大悲の菩薩道のことです。ここでは、十法界の観点から言われていますが、こ

れを本論の趣旨に沿って言い換えれば、

「普賢道に入ることを得て男性原理、女性原理を了知す」

と言い換えることもできると思います。

ただ、この菩薩道という生き方自体、偉大な生き方ではありますが、無明惑には破れてしまうという限界があります。「無明惑」とは、自己と生命についての無知からくる迷いであります。これを乗り越えるために、一念三千の法理によって生命の全体像、すなわち実相を覚知することが不可欠です。

それは、認識論的に理解するというだけではなく、南無妙法蓮華経という智慧が輝き出すことにより十界三千の諸法のすべてが妙法の輝きを帯びてくるということを意味しております。菩薩道を貫くためのエネルギーというか、智慧の根源はここにあるというのでありまず。この智慧によって、「一念三千の成仏」が可能となるのであり、それを具体化する法体《ほったい》として事の一念三千の本尊を顕したと日蓮は言っています。

性徳から修徳への転換のカギは「信」

そこで問われるのが、その本尊に対する私たちの姿勢、かかわり方、在り方であります。

これまでの論じ方は、「本有《ほんぬ》」（仏性などが衆生に本来、具有していること）、あるいは「本覚《ほんがく》」（衆生に本来、覚りが具わっているということ）という観点が強かったといえます。それは、「性徳《しょうとく》」と意味は同じで、普遍性、可能性の面が表になっていました。本尊を原理として見る限りはそうなります。その本尊の原理というか、仏力《ぶつりき》・法力《ほうりき》を具体化するのが、我々の信力《しんりき》・行力《ぎょうりき》の問題であると言ったほうが正確でしょうか。この信力・行力という点に「性徳」から「修徳」へ、「可能性」から「現実性」への転換が可能となるカギがあります。

日蓮は、妙楽の次の言葉をよく引用しています。(8)

「常に人を護《まも》ると雖《いえど》も、必ず心の固きに仮《よ》りて神の守り則ち強し」

これは、諸天善神の守護といっても、黙って待っていればよいというのではなく、私たちの心がけや、信心の強弱によるということです。この関係から言えば、諸天善神も含め、宇宙と生命に具わる十界三千の働きが文字として顕された本尊の力用を現実のものとすることができるかどうかは、こちらの信力・行力いかんによるということになります。依存するものではなく、主体であるこちらの一念の反映として、その働きが活性化するという関係です。受動から能動への転換が大事になります。

無明を断破するのは男性原理

本尊は、その構造に重大な意味があるといえます。その構造の意味するものを、我が身に具体化するのが「信」であります。

それを端的に示しているのが、次の『御義口伝』の一節です。

「元品《がんぽん》の無明《むみょう》を対治する利剣は信の一字なり(9)」

あるいは、

「一念三千も信の一字より起り、三世の諸仏の成道《じょうどう》も信の一字より起るなり。此の信の字、元品の無明を切る利剣なり。其《そ》の故は、信は無疑《むぎ》曰信《わっしん》とて疑惑を断破する利剣なり。解《げ》とは智慧の異名なり。信は価《あたい》の如く解は宝の如し。三世の諸仏の智慧をかうは信の一字なり。智慧とは南無妙法蓮華経なり……信は智慧の種なり(10)」

という所であります。これを現代語訳しますと、

「一念三千ということも信という一字によって起こるのであり、過去・現在・未来の三世のあらゆる仏の成道も信の一字によって起こりました。この信という文字は、生命の根本にある無明（無知）を切るための鋭利な剣であります。その理由は、信というのは、疑いの無いことを信といって、疑惑を断破する剣だからであります。解というのは、智慧の別名です。解を宝物に例えるなら、信はそれを買うためのお金のようなものです。三世の

諸仏の智慧を買い受けるのは信によって可能なのであります。その智慧というのは南無妙法蓮華経のことです……信は智慧を生み出す種子であります」

となります。

これまで引用してきた各文には、「貪愛、無明の父母を害して」「元品の無明を対治する」「元品の無明を切る」「疑惑を断破する」という過激な言葉が出てきます。これらの言葉自体が男性原理であります。女性原理は「まあまあ、そんな難しいこと言わないで……」と丸く収めようとするものです。

河合隼雄氏は、その著『母性社会日本の病理』において、母性原理と父性原理という両面からこうしたことを論じています。河合氏は、ユングのいう母性の特質である①慈しみ育てること、②狂宴的な情動性、③暗黒の深さ——を挙げながら、母性原理を「包含する」機能としてとらえ、「母性原理は、その肯定的な面においては、生み育てるものであり、否定的には、呑みこみ、しがみつき、死に到らしめる面をもっている」と言っています。

一方、父性原理については、「切断する」「分割する」機能をその特性としていて、「強いものをつくりあげてゆく建設的な面と、また逆に切断の力が強すぎて破壊に到る面と、両面をそなえている」と論じています。

無明断破に女性原理は用をなさず

無明は、断破されなければなりません。ここにおいては、「包含する」女性原理では用をなしません。こと無明に対しては、「断破する」という男性原理によって対処しなければなりません。ここに、女性原理を「迹」とするのに対して、男性原理を「本」としていた意味があります。また、『涅槃経』に「如来性は男性的在り方である」とありましたが、その真意もここにあったのではないでしょうか。

こうしたことを考慮すると、『御義口伝』に出てくる「害する」「対治する」「切る」「断破する」といった表現に、「変成男子」の意味するものを改めてとらえ直すことができるように思います。

ただ、ここで断っておかなければならないのは、河合氏の言われる父性原理の「切断する」「分割する」というのは、他者に対してなされることでありますが、『御義口伝』で言う男性原理としての「断破する」「害する」「対治する」「切る」といった言葉は、自己の内面に潜む元品の無明（根本的な無知）に対してなされているということです。ここに大きな違いがあります。

注

（1）『昭定遺文』二六〇九頁、『御書全集』七一一頁。
（2）小此木啓吾著『日本人の阿闍世コンプレックス』、中公文庫、中央公論社。
（3）大正新脩大蔵経、巻三四、二六頁上。
（4）中村元訳『ブッダ　悪魔との対話』、岩波文庫、二九一頁。
（5）水野弘元著『仏教の基礎知識』、春秋社、一九四頁。
（6）『昭定遺文』七二六頁、『御書全集』一三六〇頁。
（7）『昭定遺文』一七一頁、『御書全集』四二七頁。
（8）『摩訶止観輔行伝弘決』巻八の言葉で、日蓮は、『昭定遺文』一一七四頁、『御書全集』九七九頁などに引用しています。
（9）『昭定遺文』二六六一頁、『御書全集』七五一頁。
（10）『昭定遺文』二六二七頁、『御書全集』七二五頁。

第九章　明らかに見る智慧の大切さ

「無明」を断破すれば「明」

第二部の第三章では、「求男《ぐなん》・求女《ぐにょ》」という男性原理・女性原理としての在り方（用《ゆう》）を「子ども」に、その「子ども」を生み出す主体（体《たい》）を「父母」に例えて論じられておりました。その「父母」のことが、前章では「貪愛《とんあい》・無明《むみょう》の父母」という名を挙げて具体的に明らかにされておりました。それは、別の言葉で「元品の無明」（最も根源的な迷いと無知）とも言われるものです。

この第二部の中で第三章と第四章に引用した『御義口伝《おんぎくでん》』の「二求両願《にぐりょうがん》の事」では、「子ども」のほうに重心をおいて論じられておりましたが、前章に引用した『御義口伝』の一節では、その本質部分に立ち返り、「父母」のほうから成仏（人格の完成）の方途が論じられていると言えます。

言い換えれば、「二求両願の事」では、「父母」によって生み出された煩悩《ぼんのう》・生死《しょうじ》という結果のほうから論じられていたのに対して、前章に引用した『御義口伝』の一節では煩悩・生死を生み出す因（根源）たる「父母」の側から論じられているということになります。

すなわち、煩悩・生死を生み出す根源は、貪愛・無明であったのであります。それは、既に「三惑《さんわく》」について論じたこととも同じであります。

貪愛・無明という「父母」は、「元品の無明」とも言われます。その「元品の無明」こそが迷いの根源であり、これによって煩悩や、生死がそのマイナス面として具体的に現れてくるわけです。だから、問題の解決は、煩悩、生死のほうを断破することにあるのではなく、その根源にある無明を断破することにあります。この無明を断破することにより、「無明」(avidyā)の反対概念である「明」(vidyā)となり、煩悩が即菩提と転じられ、生死が即涅槃と開けるというのであります。

「離解」の二字は南無妙法蓮華経

そのことを日蓮は、やはり『御義口伝』において明らかにしております。それを、ここに見てみましょう。

『法華経』薬王品に、

「能《よ》く衆生をして、一切の苦、一切の病痛を離れ、能く一切の生死の縛《ばく》を解かしめたもう[1]」

という一節がありますが、この「離」と「解」という二文字について日蓮は、

「法華の心は煩悩即菩提・生死即涅槃なり。離解の二字は此の説相に背くなり[2]」

と述べております。『法華経』が説こうとしたことは、煩悩即菩提・生死即涅槃ということであって、「苦や病痛」を「離」れようとしたり、「生死の束縛」を「解」きはなそうとしたりすることは、「法華の心」、あるいは「此の説相」、すなわち『法華経』の人間観、生命観に背くものであるというのです。

それでは、「苦や病痛」「生死の束縛」に対して、どう対処するのか？　日蓮は、「離」れるのではなく、「明」らかに知る（見る）ことだと言っています。すなわち、

「然《しか》るに離の字をば明とよむなり。本門寿量の慧眼《えげん》開けて見れば、本来本有《ほんぬ》の病痛苦悩なりと明らめたり。仍《よ》つて自受用報身《じじゆゆうほうしん》の智慧なり。解とは我等が生死は今始めたる生死に非ず。本来本有の生死なり。始覚《しかく》の思縛解《と》くるなり云云[3]」

というようにです。

この「離」と「解」は、「病痛や苦悩」「生死」の実態をありのままに「明」らかに知ることであり、また見ることであると言われています。それによって、「病痛や苦悩」「生死」に振り回されることなく、逆にそれらを支配し、コントロールする主体的自己に転ず

ることができるというわけです。

そして、その明らかに知り、見ることとしての「離」「解」を実現するのが、南無妙法蓮華経という智慧であるという意味で、

「離解の二字は南無妙法蓮華経なり」(4)

と、結論されるのであります。

ここに「智慧とは南無妙法蓮華経なり」という言葉の重みが出てきます。日蓮が南無妙法蓮華経を唱えることを説いたのは、人々に明らかに見る智慧を開かせるためであったということがここに読み取れます。

無知こそ迷いの根源

「智慧」とは、サンスクリット語で「プラジュニャー」(prajñā)、パーリ語で「パンニャー」(paññā)と言い、これを音写して「般若《はんにゃ》」と書かれます。これは、平川彰博士によると「理解」ということよりも、むしろありのままに「見る」力のことであります(5)。

ということは、智慧(般若)とは「明」(明らかに知り、明らかに見ること)をもたらす力のことであります。『ミリンダ王の問い』には、識別(viññāṇa)と智慧(paññā)の違いについて、

「識別は区別して知ることを特質とし、智慧は明らかに知ることを特質としている」(6)

とあります。

この「明」とは、サンスクリット語の「ヴィッドヤー」(vidyā)を漢訳したものです。これは、「知る」「精通する」「理解する」「正確な概念を持つ」という意味の動詞の語根「ヴィッド」(√vid)の派生語です。「ヴィッド」は、ドイツ語の「ヴィッセン」(wissen)とルーツは同じです。

「ヴィッドヤー」は、「知識」あるいは「学問」、さらには「覚りの智慧」という意味のことですが、漢訳仏典では「慧」「明了」「明《みょう》」と訳されました。

この「ヴィッドヤー」に否定を意味する接頭辞「ア」を付けて、「アヴィッドヤー」(avidyā)とすると、「無知」のことであり、漢訳仏典では「愚癡《ぐち》」「癡《ち》」「無明《むみょう》」と訳されています。

生命の法理や、自己自身、あるいは翻って他者、さらにはあらゆる事物などについて無知であることこそが、一切の迷いの根源なのであります。

「我が身の本体をよくよく知るべし」

日蓮は、『三世諸仏総勘文教相廃立《さんぜしょぶつそうかんもんきょうそうはいりゅう》』に、

「総じて一代の聖教は一人の法なれば、我が身の本体を能《よ》く能く知る可し。之を悟るを仏と云《い》い、之に迷うは衆生なり」(7)

と述べています。ここに、「能く能く知る」という言葉があることが重要なことであります。

「我が身の本体を能く能く知る」ことによって、「無明」を「明」へ、「無知」を「智慧」へと転ずることができます。実は、それこそ元品の無明を断ち切ることなのであります。仏といっても、衆生といっても、このことを覚っているか、迷っているかの違いしかありません。

このような転換を可能にするものが何かといえば、仏教では「信」であると強調しております。前章で引用した

「元品《がんぽん》の無明《むみょう》を対治する利剣は、信の一字なり」

もそのことを述べております。

初期から強調された「信」と「智慧」

原始仏典『スッタニパータ』の一八二番目の詩に、

「この世で信(saddhā)が人間の最上の財産である。法をよく実践すれば幸福になる。

真実が味の中での美味である。智慧によって生きるのが最高の生活である」(8)

とありますが、仏教では初期のころから、信と智慧が強調されていたことがよく分かります。ここに、「サッダー」(saddhā)とあるのはパーリ語であって、後に述べるサンスクリット語の「シュラッダー」(śraddhā)のことです。

日蓮の『日女御前御返事《にちにょごぜんごへんじ》』を見ましても、

「仏法の根本は信を以て源とす。されば止観《しかん》の四に云《いわ》く『仏法は海の如し。唯《ただ》信のみ能《よ》く入る』と。弘決《ぐけつ》の四に云く『仏法は海の如し。唯《ただ》信のみ能く入るとは、孔丘の言、尚《なお》信を首と為《な》す。況《いわん》や仏法の深理をや。信無くして寧《むし》ろ入らんや。故に華厳に信を道の元、功徳の母と為す』等、又止《し》の一に云く『何が円の法を聞き、円の信を起し、円の行を立て、円の位に住せん』。弘《ぐ》の一に云く『円信と言うは理に依つて信を起す。信を行の本と為《な》す』云云」(9)

とあります。これを現代語訳しておきますと、

「仏法の根本は信であり、これを根源としております。だから天台大師が著した『摩訶《まか》止観《しかん》』の第四巻には『仏法は海のように深いものであって、ただ信によってのみ、そこに入ることができます』とあります。また、この言葉について妙楽大師は『摩訶止観輔行伝弘決《ふぎょうでんぐけつ》』第四巻の中で『この言葉は、孔子の言葉においてもなお、信ということを第一とし

ており、仏法の深い法理においては、なおさらのことであるということです。信なくして、どうして入ることができるでありましょうか。だから、華厳経に信を覚りの元、功徳を生み出す母としています』などと言っています。また『摩訶止観』第一巻には『どのようにして円融円満の法を聞き、円融円満の信を起こし、円融円満の修行を立て、円融円満の位に住するのでしょうか』とありますが、『摩訶止観輔行伝弘決』第一巻で、妙楽大師は『円融円満の信というのは、理法によって信を起こすことであり、信を修行の根本としています』と言っています」

となります。ここには、諸経論を引用して「信」の大切さが述べられております。

仏教で説く「信」の意味

それでは、「信」にはどのような意味が込められているのでしょうか。仏典において「信」を意味する原語は、サンスクリット語の「シュラッダー」「プラサーダ」「アディムクティ」が挙げられます。いずれにしても、その根本にあるのは、中村元博士が指摘されるように、[10]信頼すべき相手の「人《にん》」（ブッダ）を通じて「法《ほう》」（ダルマ）に随順することであります。

『サンユッタ・ニカーヤ』に、

「実に法を見るものは私を見る。私を見るものは法を見る。実に法を見ながら私を見るのであって、私を見ながら法を見るのである」[11]

という一節があるように、仏教ではブッダという「人」と普遍的な「法」（ダルマ＝真理）を一体のものとしてとらえます。けれども、より根本的には「依《え》法《ほう》不《ふ》依《え》人《にん》」（法に依って人に依らざれ）といわれるように、ブッダという「人」を信ずることよりも、ブッダ（目覚めた人、覚者）をしてブッダたらしめている「法」を信ずることのほうを重視しています。ブッダを通して「法」を信ずるわけです。こうした基本的な点を押さえた上で、「信」の意味するものを中村元博士と、勝呂信静氏の考え[12]を参考にしながら見てみましょう。

まず、「シュラッダー」（śraddhā）という言葉は、「シュラッド」（śrad）と「ダー」（dhā）に分けられます。これは、「置く」という意味の動詞の語根√dhā に、「サティヤ」（satya、真理）を意味するとされる「シュラット」（śrat）を付加したものであると言われています（t は、次に dh という有声子音が来るので d に有声音化した）。このように解釈すると、「真実なるもの、信頼に足るものに対して心を置く」というような意味になります。ここにおいては、「信」の成立する根拠はどちらかというと対象にあると言えます。あるいは、優れた人に対して、信仰・帰依することであるとともに、教法をすなおに受け取るということでもあります。このため「聞信」と訳されることもあります。

次に、「アディムクティ」(adhimukti) は、「放つ」という意味の動詞の語根「ムチ」(√muc) に、「上方に」を意味する接頭辞「アディ」(adhi) を付加してできた言葉で、「ある対象に対して心を強く放つこと」「専念すること」といった意味を持っています。[13] これが仏教の局面で使われますと、「真理をよく見極めることであり、それによって生ずる確信」というような意味になります。ここにおいて「信」の成立する根拠は、どちらかというと対象ではなく、主体の側にあるといえます。この「アディムクティ」は、「信解」と漢訳されて『法華経』で多用されています。

最後に、「プラサーダ」(prasāda) は、「座る」「沈む」という意味の動詞の語根「サッド」(√sad) に、完全性、普遍性を意味する接頭辞「プラ」(pra) を付加してできた言葉であって、心が「完全に静まっていること」「清く澄んでいること」「輝かしいこと」「満足していること」というような意味になります。これは、荻原雲来編の『梵和大辞典』によりますと、「浄」「清浄」「澄浄」「浄心」「清浄心」「心清浄」「信」「信心」「正信」「深心」「清浄信」「歓喜心」「妙喜」などと漢訳されています。

ということは、「シュラッダー」「アディムクティ」が、「信」という心の働きの在り方を言ったものであるのに対して、「プラサーダ」はその「信」に伴う内的な心の状態であるといえます。この「プラサーダ」は、特に仏教的であって、「信」は浄められ澄みきった心（prasāda-citta）という在り方で現れるということです。

「信」とは「静まり澄み切った喜びの心」

こうしたことから中村元博士は、「仏教における信仰とは、仏の法を信じて、心がすっかりしずまり、澄み切って、しずかな喜びの感ぜられる心境を言う」「もろもろの真理を認知すると同時に、それによってすっかり疑いのはれた澄み切った精神状態」「真理を見ることが信仰の本義」「解脱とは智慧によって覚醒すること」と結論されております。(14)

このように、「明らかに見ること」と「信」と「智慧」ということは、同義といってもよいものであり、ここに「以信代慧《いしんだいえ》」（信を以って慧に代う）という言葉が生まれてくる理由があります。

以上のことから仏教の説く「信」は、盲目的な「信」ではないことが明らかでありましょう。また、熱狂的、狂信的な「信」でもないのであります。このような熱狂的で狂信的な忘我の信仰は、「バクティ」（bhakti）と言われ、ヒンドゥー教において強調された概念であります。これは「信愛」と訳されていますが、原始仏典や『法華経』などの大乗仏典でこの言葉が使用されることは絶無であります。ただ、ヒンドゥー教に多大なる影響を受けた密教経典に頻出しております。

「さとり」とは「目覚めてはっきり知ること」

次に、この「信」によって開ける「さとり」について考えてみましょう。サンスクリット語の「ボーディ」(bodhi)は、「目覚める」という意味の動詞の語根「ブッドゥ」(√budh)に由来しています。「知らなかったことを、目が覚めたようにはっきりと知ること」「迷いを開き、真理(法)を覚知すること」を意味しています。「ブッドゥ」は、過去受動分詞に変化して「ブッダ」(buddha)という語にもなりました。これは、言わずと知れた「仏陀」のことであります。この「ボーディ」を音写して「菩提」、意味をとって「さとり」と訳されました。「さとり」と読ませる漢字には、「悟」「暁」「覚」があります。「悟」という字は、「心」を表す「リッシンベン」に「吾」と書きます。「吾」は、明らかにする意の「暁」からきています。だから、「悟」は、明るい所へ出た時のように心が明らかになり、心の迷いが開け、さとることを意味しています。

「暁」は、闇夜から明け方になると物の見極めが付くようになるように、疑いが晴れることを意味し、「覚」は、知らないことに気が付くことです。

自らと一切の事物を覚知させるのが仏教

原始仏典には、釈尊の教えに触れ、弟子たちが覚った場面に必ず出てくる定型句があります。それは、

「ゴータマさん！　すばらしいことです。譬えば倒れたものを起こすように、覆われたものを開くように、方角に迷った者に道を示すように、あるいは『眼ある人々は色やかたちを見るであろう』といって暗闇の中で灯火をかかげるように、ゴータマさんは、種々のしかたで真理を明らかにされました(15)」

というものです。

仏教が、ものごとを明らかに見ることができるように差しかけられた灯火に例えられています。ものごとを見るのは、自分自身であります。あるいは、道に迷った者に方角を示すことに例えられていますが、道を歩くのも自分自身だということが前提になっています。仏教は、「頼る宗教」ではなく、自らの生命、あるいは心、人生に目覚めさせ、さらに広げて社会における自己のありのままの姿を自覚させるものであります。仏教は、いわば「自覚の宗教」と言ってもよいでありましょう。

日蓮は、『観心本尊抄』において、

「天晴れぬれば地明かなり。法華を識《し》る者は世法《せほう》を得可きか(16)」

と述べていますが、日蓮は、南無妙法蓮華経という智慧によって私たちに世間における在り方（世法）をも含めたあらゆるものごと（一切諸法）をありのままに覚知することの大切さを説き示し、その方途を示したのでありました。

それは、法華経において「如実知見」と漢訳された「ありのままに見る」（yathābhū-tampassati）ことでもあり、最古の原始仏典の『スッタニパータ』においても重視されておりました。

照焼の二徳を具うる南無妙法蓮華経

このようなことを日蓮は、

「さて火の能作《のうさ》としては、照焼《しょうしょう》の二徳を具《そな》うる南無妙法蓮華経なり。今、日蓮等の類い南無妙法蓮華経と唱え奉るは、生死《しょうじ》の闇を照し晴して涅槃《ねはん》の智火《ちか》明了なり。生死即涅槃《しょうじそくねはん》と開覚するを照則闇不生《しょうそくあんふしょう》とは云うなり。煩悩《ぼんのう》の薪を焼いて菩提の慧火《えか》現前《げんぜん》するなり。煩悩即《ぼんのうそく》菩提《ぼだい》と開覚するを焼則物不生《しょうそくもつふしょう》とは云《い》うなり」[17]

という譬喩的な表現で示しています。火の持つ働きは、燃焼することと、照らすことであり、南無妙法蓮華経にはそれらの働きが象徴する二つの徳があるということです。火は自らが燃焼することによって、自身を照らすと同時に周囲をも照らします。逆に、火が不完全燃焼していると自分自身もムカムカするし、周囲も不快なものです。自らが明々と輝いているがゆえに、自己も、自分の家庭も、人間関係も、社会も、人生も、自分のいるところすべてが照らされます。

また、生死の闇を照らすことによって闇がなくなり涅槃の境地が開ける（照則闇不生＝生死即涅槃）し、煩悩という薪を焼くことによって菩提（覚り）の智慧の火を輝かせ、物（煩悩）が生じなくなります（焼則物不生＝煩悩即菩提）。このように、明るく焼き照らす火の働きに象徴される智慧が大切であります。

こうしたことは、

「バラモンよ。わたしは〔外的に〕木片を焼くことをやめて、内面的にのみ光輝を燃焼させる。永遠の火をともし、常に心を静かに統一していて、敬わるべき人として、わたくしは清浄行を実践する」(18)

という釈尊の言葉を思い出させます。

「変成男子」の生命論的意義付け

『御義口伝』の中に、

「今、日蓮等の類い南無妙法蓮華経と唱え奉るは、十界同時の光指《さす》なり。諸法実相の光

明なるが故なり」(19)

という一節がありますが、南無妙法蓮華経という智慧によって、「貪愛・無明の父母を害し」「元品の無明を対治」し、これによって諸法を実相と輝かせ、「本有《ほんぬ》の尊形《そんぎょう》」たらしめ、「一切の苦、一切の病痛を離れ、一切の生死の縛を解かしめ」るのであります。

これは、「切断する」「分割する」という父性原理（男性原理）が破壊的傾向としてではなく、明らかに見る智慧に裏付けされた建設的側面として現れております。これこそ、「変成男子」の生命論的な意味付けということができます。それは、既に述べてきた「現《げん》世《せ》安穏《あんのん》」と「後生善処《ごしょうぜんしょ》」、あるいは「生死即涅槃」と「煩悩即菩提」、あるいは「身の成仏」と「こころの成仏」として現れるのであり、これは男性原理、女性原理の両面からの即身成仏（人格の完成）ということになります。

ここには、〔元品の〕無明を断破するための男性原理と、無明を断破した結果、現れる煩悩即菩提、生死即涅槃という在り方としての男性原理、女性原理という使い分けがなされていることも注意しなければなりません。

だから、座して瞑想にふけるのではなく、菩薩の精神に立ち、自らが社会の中で自体顕照していくところに、男女の差を乗り越え、また男性原理、女性原理のマイナス面を克服する実践論的在り方が、あると考えるべきでありましょう。

男女ともに妙法の智慧で真の自己確立を

このようなことを考えてきますと、『女性の時代』といって、いたずらに騒ぐ前に、自らの男性原理、女性原理のマイナス面、プラス面をよく自覚し、自らの智慧を輝かせ、自らの生命と、人生と社会までも含んであらゆることを明らかに見て、それを「本有《ほんぬ》の尊《そん》形《ぎょう》」として輝かせゆく、即身成仏（人格の完成）への実践がいよいよ重要となることを痛感いたします。

日蓮は、

「日本国と申すは女人の国と申す国なり。天照太神と申せし女神のつきいだし給える島なり[20]」

と述べており、日本という国が女性原理の強い国であるという認識を持っていたようです。

あるいは、心理学者に言わせると、日本人は、男性原理が薄弱であると、よく言われますが[21]、女性原理とのかかわりを失うことなく、男性原理の確立が望まれます。それは、一方が他方を否定し合う関係としてではなく、妙法の智慧によってその両者を「本有の尊形」として輝かせる相互補完的な在り方でなければならないと思います。そこに男女ともに、真の自己の確立がありましょう。

注

（1）大正新脩大蔵経、巻九、五四頁中。

（2）『昭定遺文』一六八九頁、『御書全集』七七三頁。

（3）『昭定遺文』一六八九頁、『御書全集』七七三頁。

（4）『昭定遺文』一六八九頁、『御書全集』七七三頁。

（5）平川彰著『法と縁起』、平川彰著作集、第一巻、春秋社、三五五頁。

（6）*Milinda-pañha*, P.T.S., London, p. 86. および、中村元著『インドと西洋の思想交流』、中村元選集決定版、巻一九、春秋社、四一九頁。

（7）『昭定遺文』一六九六頁、『御書全集』五六七頁。

（8）奈良康明著『原始仏典をよむ』（下）、ＮＨＫ出版、一一二頁。

（9）『昭定遺文』一三七六頁、『御書全集』一二四四頁。

（10）中村元著『合理主義——東と西のロジック』、青土社、一二四頁。

（11）*Saṃyutta-nikāya*, vol. III, P.T.S., London, p. 120, ll. 27-31. からの筆者の訳。

（12）勝呂信静著『法華経の成立と思想』、大東出版社、二一四頁。中村元著『ヴェーダーンタ思想の展開』、中村元選集決定版、第二七巻、春秋社、八六頁。

（13）adhimukti は、漢字の「志」と通ずる概念です。「志」という字は「士」と「心」からなりますが、もともとは「士」ではなく「之」と書きました。「之」は「行く」であって、「心が何かに向かって行く」ことを意味しています。だから、adhimukti の訳に「志楽《しぎょう》」と漢訳されたりしています。

(14) 中村元著『合理主義』、青土社、一二六頁。
(15) 中村元訳『ブッダ　悪魔との対話』、岩波文庫、一二七頁など。
(16)『昭定遺文』七二〇頁、『御書全集』二五四頁。
(17)『昭定遺文』二六〇八頁、『御書全集』七一〇頁。
(18) 中村元訳『ブッダ　悪魔との対話』、岩波文庫、一四七頁。
(19)『昭定遺文』二六四七頁、『御書全集』七四一頁。
(20)『昭定遺文』一六二五頁、『御書全集』一一八八頁。
(21) 河合隼雄著『母性社会日本の病理』、中央公論社、一〇頁。

参考文献

【和文・漢文】

岩本裕著『仏教と女性』、第三文明社、東京、一九八〇年。

――『サンスクリット文法』、山喜房仏書林、東京、一九五六年。

M・ヴィンテルニッツ著、中野義照訳『仏教文献』、インド文献史、第三巻、日本印度学会（高野山大学）、和歌山、一九七八年。

植木雅俊著「Sadāparibhūta に込められた四つの意味」、『印度学仏教学研究』、第四七巻、第一号、日本印度学仏教学会、東京、一九九八年、四三一～四三五頁。

――『仏教に学ぶ対話の精神』、中外日報社、京都、一九九七年。

――『仏教のなかの男女観――原始仏教から法華経に至るジェンダー平等の思想』、岩波書店、東京、二〇〇四年。

――「日蓮の時間意識」、『印度学仏教学研究』、第四四巻、第一号、日本印度学仏教学会、東京、一九九五年、二五九～二六三頁。

――『思想としての法華経』、岩波書店、東京、二〇一二年。

――『人間主義者、ブッダに学ぶ――インド探訪』、学芸みらい社、東京、二〇一六年。

――『テーリー・ガーター――尼僧たちのいのちの讃歌』、角川選書、KADOKAWA、東京、二〇一七年。

――『差別の超克――原始仏教と法華経の人間観』、講談社学術文庫、講談社、東京、二〇一八年。

――『今を生きるための仏教100話』、平凡社新書、平凡社、東京、二〇一九年。

――『法華経とは何か――その思想と背景』、中公新書、中央公論新社、東京、二〇二〇年。

――『日蓮の手紙』、角川ソフィア文庫、KADOKAWA、東京、二〇二一年。

――「『法華経』の Saddharma-puṇḍarīka の意味――〝最勝〟を譬喩する白蓮華の考察」、お茶の水女子大学文教育学部哲学科・平成一三、一四年度科研費研究成果報告書（研究代表者：頼住光子助教授、研究課題番号一二六一〇〇三五）、二〇〇三年十月、七八～一〇二頁。

小此木啓吾著『日本人の阿闍世コンプレックス』、中公文庫、中央公論社、東京、一九八二年。

落合淳隆著『現代インド問題要論』、教文堂出版部、東京、一九七〇年。

風間喜代三著『印欧語の故郷を探る』、岩波新書、岩波書店、東京、一九九三年。

梶山雄一著『空の思想――仏教における言葉と沈黙』、人文書院、京都、一九八三年。

――「仏教における女性解放運動」、『現代思想』一九七七年一月号、青土社、東京。

梶山雄一・丹治昭義共訳『八千頌般若経Ⅰ』、大乗仏典・インド編二、中央公論社、東京、一九七四年。

――『八千頌般若経Ⅱ』、大乗仏典・インド編三、中央公論社、東京、一九七五年。

辛島昇・奈良康明著『インドの顔』（生活の世界歴史5）、河出書房新社、東京、一九七五年。

河合隼雄著『母性社会日本の病理』、中公叢書、中央公論社、東京、一九七六年。

菅野博史著『法華経入門』、岩波新書、岩波書店、東京、二〇〇一年。

木村泰賢著『大乗仏教思想論』、明治書院、東京、一九三六年。

坂本幸男・岩本裕訳注『法華経』(上・中・下)、岩波文庫、岩波書店、東京、一九六二年、一九六四年、一九六七年。

ショーペンハウエル著、石井立訳『女について』、角川文庫、角川書店、東京、一九五二年。

勝呂信静著『法華経の成立と思想』、大東出版社、東京、一九九三年。

大正大学総合仏教研究所、『梵蔵漢対照「維摩経」「智光明荘厳経」』、大正大学出版会、東京、二〇〇四年。

田上太秀著『仏教と性差別――インド原典が語る』、東京書籍、東京、一九九二年。

田辺繁子訳『マヌ法典』、岩波文庫、岩波書店、東京、一九五三年。

田村芳朗著『日本仏教論』、田村芳朗仏教学論集、第二巻、春秋社、東京、一九九一年。

田村芳朗・梅原猛共著『絶対の真理・天台』、仏教の思想5、角川書店、東京、一九六九年。

辻直四郎著『サンスクリット文法』、岩波書店、東京、一九七四年。

――訳『リグ・ヴェーダ讃歌』、岩波文庫、岩波書店、東京、一九七〇年。

長尾雅人・丹治昭義訳『維摩経・首楞厳経』、大乗仏典インド編七、中央公論社、東京、一九七四年。

中村元編『大乗仏典』、筑摩書房、東京、一九七四年。

中村元訳『ブッダの真理のことば・感興のことば』、岩波文庫、岩波書店、東京、一九七八年。

――『ブッダ最後の旅』、岩波文庫、岩波書店、東京、一九八〇年。

――『尼僧の告白――テーリーガーター』、岩波文庫、岩波書店、東京、一九八二年。

――『仏弟子の告白――テーラガーター』、岩波文庫、岩波書店、東京、一九八二年。

――『ブッダのことば』、岩波文庫、岩波書店、東京、一九八四年。

――『ブッダ　神々との対話』、岩波文庫、岩波書店、東京、一九八六年。

――『ブッダ　悪魔との対話』、岩波文庫、岩波書店、東京、一九八六年。

中村元著『合理主義――東と西のロジック』、青土社、東京、一九九三年。

――『自己の探求』、青土社、東京、一九八九年。

――『インド史Ⅱ』、中村元選集決定版、第六巻、春秋社、東京、一九九七年。

――『ゴータマ・ブッダⅠ』、中村元選集決定版、第一一巻、春秋社、東京、一九九二年。

――『仏弟子の生涯』、中村元選集決定版、第一三巻、春秋社、東京、一九九一年。

――『原始仏教の成立』、中村元選集決定版、第一四巻、春秋社、東京、一九九二年。

――『原始仏教の生活倫理』、中村元選集決定版、第一七巻、春秋社、東京、一九九五年。

――『原始仏教の社会思想』、中村元選集決定版、第一八巻、春秋社、東京、一九九三年。

――『インドと西洋の思想交流』、中村元選集決定版、第一九巻、春秋社、東京、一九九八年。

――『原始仏教から大乗仏教へ』、中村元選集決定版、第二〇巻、春秋社、東京、一九九四年。

――『比較思想論』、岩波全書、岩波書店、東京、一九六〇年。

――『インド思想史』、岩波全書、岩波書店、東京、一九六八年。

中村元監修・阿部慈園編『原始仏教の世界』、東京書籍、東京、二〇〇〇年。

中村元・早島鏡正共訳『ミリンダ王の問い』全三巻、東洋文庫、平凡社、東京、一九六三年、一九六四年。

中村元・紀野一義訳註『般若心経・金剛般若経』、岩波文庫、岩波書店、東京、一九六〇年。

長尾雅人・丹治昭義共訳『維摩経・首楞厳三昧経』、大乗仏典・インド編七、中央公論社、東京、一九七四年。

日本仏教学会編『仏教と女性』、平楽寺書店、京都、一九九一年。

平川彰著『インド仏教史』、上巻、春秋社、東京、一九七四年。

――『法と縁起』、平川彰著作集、第一巻、春秋社、東京、一九八八年。

――『初期大乗仏教の研究Ⅰ』、平川彰著作集、第三巻、春秋社、東京、一九八九年。

――『初期大乗仏教の研究Ⅱ』、平川彰著作集、第四巻、春秋社、東京、一九九〇年。

C・フランシス、F・ゴンティエ著、福井美津子訳『ボーヴォワール――ある恋の物語』、平凡社、東京、一九八九年。

堀日亨編『日蓮大聖人御書全集』、聖教新聞社、東京、一九五二年。

松濤誠廉・長尾雅人ほか訳『法華経Ⅰ』、大乗仏典インド編四、中央公論社、東京、一九七五年。

――『法華経Ⅱ』、大乗仏典インド編五、中央公論社、東京、一九七六年。

丸山真男著『日本の思想』、岩波新書、岩波書店、一九六一年。

水野弘元著『釈尊の生涯』、春秋社、東京、一九六〇年。

――『仏教の基礎知識』、春秋社、東京、一九七一年。

道端良秀著『中国仏教史全集』、第七巻、書苑、東京、一九八五年。

宮沢俊義著『憲法講話』、岩波新書、岩波書店、東京、一九六七年。

森本達雄著『ヒンドゥー教――インドの聖と俗』、中公新書、中央公論社、東京、二〇〇三年。

B・ラッセル著、市井三郎訳『西洋哲学史』全三巻、みすず書房、東京、一九七〇年。

立正大学宗学研究所編『昭和定本日蓮聖人遺文』(一～四)、身延山久遠寺、山梨、一九五二～一九五四年。

渡瀬信之訳『マヌ法典――ヒンドゥー教世界の原型』、中公新書、中央公論社、東京、一九九〇年。

――『マヌ法典』、中公文庫、中央公論社、東京、一九九一年。

【欧文】

Francis, Claude and Fernande Gontier, *Simone de Beauvoir*, Librairie Academique Perrin, Paris, 1985.
Horner, Isaline Blew, *Women under Primitive Buddhism*, George Routledge, London, 1930; reprinted by Motilal Banarsidass Publishers in Delhi, 1975.
Meyer, Johann Jakob, *Sexual Life in Ancient India*, Motilal Banarsidass, Delhi, 1971.
Rhys Davids, C. A. F., *Psalms of the Early Buddhists*, P.T.S., London, 1909.
Paul, Diana Y., *Women in Buddhism — Images of the Feminine in Mahāyāna Tradition*, Asian Humanities Press, Berkeley, 1979; reprinted by University of California Press in Berkeley and

Los Angels, 1985.
Ueki, Masatoshi, *Gender Equality in Buddhism*, Asian Thought and Culture series vol. 46, Peter Lang Publ. Inc., New York, 2001.
Walker, B., *Hindu World*, vol. II, George Allen and Unwin Ltd., London, 1968.
Wang, Robin (ed.), *Images of Women in Chinese Thought and Culture*, Hackett Publ. Company Inc., Cambridge (Massachusetts), 2003. 筆者と、妻・眞紀子も、中国仏教における女性像という観点から、『四十二章経』『維摩経』『法華経』提婆達多品、同観音品、『血盆経』の英訳と解説を担当。
Watson, Burton (tr.), *The Lotus Sutra*, Columbia University Press, New York, 1993.

【サンスクリット・パーリ語】

Abhidharmakośa-bhāṣya of Vasubandhu, edited by P. Pradhan, Tibetan Sanskrit Works Series, vol. 8, K. P. Jayaswal Research Institute, Patna, 1967.
Aṅguttara-nikāya, vol. I, P.T.S., London, 1885.
Aṅguttara-nikāya, *vol.* II, P.T.S., London, 1955.
Aṅguttara-nikāya, vol. IV, P.T.S., London, 1899.
Dīgha-nikāya, vol. II, P.T.S., London, 1903.
Dīgha-nikāya, vol. III, P.T.S., London, 1911.

Mahābhārata, vol. IV, edited by R. N. Dandekar, Bhandarkar Oriental Research Institute, Poona, 1975.

Manu-smṛti, vol. I, III, V, edited by Jayantakrishna Harikrishna Dave, Bharatiya Vidya Bhavan, Bombay, 1972.

Milinda-pañha, P.T.S., London, 1880.

Ṛgveda, Part V–VII, edited by Vishva Bandhu, Vishveshvaranand Vedic Research Institute, Hoshiarpur, 1964.

Saddharma-puṇḍarīka-sūtra, edited by Jan Hendrik Kasper Kern and Bunyiu Nanjio, Bibliotheca Buddhica X, St. Petersburg, 1908–1912; reprinted by Motilal Banarsidass in Delhi, 1992.

Saṃyutta-nikāya, vol. I, P.T.S., London, 1884.

Saṃyutta-nikāya, vol. III, P.T.S., London, 1890.

Suttanipāta, P.T.S., London, 1913.

Thera-gāthā, P.T.S., London, 1883.

Therī-gāthā, P.T.S., London, 1883.

Vinaya, vol. II, P.T.S., London, 1880.

〈解説〉アメリカの研究・出版事情から見た植木博士の業績

ムルハーン千栄子

植木さんに初めてお会いしたとき、九州大学のご出身ということが、私にとって大きなインパクトでした。私は関門海峡の反対側の山口県で育ちました。その辺りでは東大生なんて目じゃなくて、女学生たちの〝憧れの君〟は九大生だったんです。植木さんはうんと若すぎるのが残念ですけど、やっと憧れの九大生と知り合いになれて、非常にうれしかったんです。

私はカタカナの婚姓になり、アメリカには三十五年住んで、そのうち二十八年は大学で教えておりました。コロンビア大学大学院でドナルド・キーン教授の指導の下で、『幸田露伴の理想主義研究』を書いて文学博士号を取りました。審査委員会に読んでもらうために英訳した『五重塔』を含む三部作は、出版されてクラスで教材に使いましたが、いつも激論を巻き起こすのは『対髑髏《たいどくろ》』でした。『法華経』の「龍女成仏」を明治日本に置き換えた話で、女性でも仏になれる、というテーマの短篇小説です。幸田家は、徳川幕府のお茶坊主つまり直参の官僚で、日蓮宗でしたから、私も『法華経』は勉強しました。そういう経緯がありましたので、植木さんの『男性原理と女性原理——仏教は性差別の宗教か?』（一九九六年刊）に目を通すなり、アメリカの学者仲間や教え子たちに読ませてあげたいと思いました。

女性が成仏できないとされた理由の最たるものは、〈仏陀の三十二相〉です。男性器がなくて三十一相しか揃わない女性は仏陀になれないという説は、アメリカの論客フェミニストでも反駁《はんばく》しにくいものです。「どんな相ですか」と、男子学生たちに必ず訊《き》かれて困ったものです。仏教辞典にも詳しい説明がなく、全米の大学図書館で調べあぐねた三十二相と、その解釈のリストが、植木さんの本に載っていました。「馬陰蔵相《めおんぞうそう》」（馬のように男性器が体の内部に隠れている状態）が仏陀の「三十二のサイン」の一つだと、もしあの頃分かっていたら、理工系や医科予備課程の院生も受講している私のゼミで、どんなに討議がはずんだことでしょう。

『法華経』では、八歳の少女が覚りを得て男になり、即身成仏した〈変成男子《へんじょうなんし》〉の話があります。私の比較文学・文化のクラスで代々の教え子たちは感嘆したものです。

「ギリシア神話から二十世紀の英詩によく引用されて有名な古代ギリシアの老占い師ティレシアス（Tiresias）と、パラレル・スタディ（平行研究）できそうだ。かつては女だったのが男となったので、人間についてすべてを知っているから予言が当たる。しかも盲目なのは、目隠しをつけた正義の女神と同じく、公正な判断を象徴している。それにしても、経典をまとめたインドの仏教学者たちは偉いよ。紀元前五世紀に性転換手術を知っていたわけだ。アダムの肋骨からイブを作ったクローン技術より先だしなぁ」

「(法華経以外の経典を読むかぎり)女人とはなりたくも候はず」と、日蓮が述べていたなんて、私は知りませんでした。現代の男性と同じく、正直な感想のように見えます。「外面似菩薩・内心如夜叉」の例として、古代中国の王たちに悪政を行わせて国を滅亡させた妲己《だっき》など、三人の女が非難されてきたのは周知の通念です。「中国の古代史は、凶暴な主君にだらしない家臣団と、ダメ男たちの失政の責任を女にかぶせている」と、アメリカの学生たちが指摘する通り、中国人や日本人が大昔から刷り込まれてきた神話伝説はジェンダー偏見が見え見えです。

アメリカでは、男性を敵とみなした戦闘的なフェミニズムや、同性ばかり研究した女性学は鳴りを潜めて、いまやジェンダー・スタディー(男女並行研究)が総合的な人間学に力を入れています。

植木さんは、仏教のジェンダー観を一般読者にも分かりやすく説明する、という離れ業をなしとげられました。比較文化やジェンダー論の学者にとって、『男性原理と女性原理』

は今までに例のない貴重な文献といえます。

続いて植木さんは、英文の力作 *Gender Equality in Buddhism*（仏教の男女平等思想）を、二〇〇一年にニューヨークのピーター・ラング社から刊行されました。私が長年取り組んできた難問が解けるほど説得性のある文献が、ついに英文で出たことを喜びました。さすが、アメリカの宗教専門家は目が早い。私がよく参照させていただいた仏教研究書の著者で、名高いケネス・K・イナダ博士が、植木さんに英文で学術書を書くように勧めておられたのです。

植木さんの業績の中に、英文の著書が単著と共著で二冊も含まれているのは、大変なことです。いかにそれが珍しいかというと、アメリカでは publish or perish（つまり「出版しない人はクビになる」）という背水の陣が、大学教授の戦場なのです。だから仕方なく、みんな必死で研究して書いて出版しようとします。ところが、アメリカの大学で教えているのでもなく、日本で研究しているだけで、留学したこともない日本人が、いわば在野のまま自分で英語で書いた本をアメリカの学術出版社から出されたという例は、植木さんのほかには思い浮かびません。

「物理学で修士号まで取った理系の植木さんが、どうして今、仏教学なんだ」と、皆さんよく首をかしげられますけれど、私にとって、それは何の不思議でもないんです。なぜなら、古代ギリシアにさかのぼって、欧米では物理学は哲学の一部と見なされてきたからです。しかも、植木さんから英文の原稿を見せていただいた時、「これなら大丈夫！」と思いました。やはり彼が理系のご出身だったからです。

英文科の教授は、文学作品の美文調をいっぱい教えておられるから、名文を書こうと思うあまり、修飾語句が多くてすっきり筋の通りにくい文体になりがちですけど、植木さんはまことに素直な文章です。理系の人は、だいたい日ごろ読んでいる論文が英語で、しかも目的は、何かを正確に伝えることなので、上手に凝った文章なんてものは必要ありません。植木さんは率直に叙述されるから、とても分かりやすい英語なんです。

おまけに仏教の観念は、プロの翻訳者には扱い難いんです。語意だけでなく、その深遠な「意義」が理解できないと、外国語に移し替えられない。つまり、筆者に近いくらい仏教学の素養がなければ、訳せません。だから、物理の論文を読みこなして英文の表現に慣れておられた植木さんご自身が、仏教書を英語で書かれたことは、私にとっては全く不思議ではなかったんです。

アメリカで学術書がどのようにして出版されるか、ざっとご紹介しておきましょう。だれか偉い先生――植木さんの場合はケネス・K・イナダ博士――が、適切な出版社を紹介して、「読んでください」と口添えすることはできます。でも、それから先は実力勝負です。編集部が一応のレベルを確認してから、著者の名前も所属も経歴も切り取って、分からないようにした原稿のコピーを、全米あるいは世界中でその分野の権威と見なされる人に送りつけるわけです。少なくとも三人ぐらい。二対一でほどほどなら、またもう一人というように、何人かでバランスを取れるように査定を求めるわけです。有名な学者、例えば中村元先生のような方の大作であっても扱いは同じ。高名な学者の原稿なのか、まだ学生の書いた論文なのか、分からないようにして外部審査に出すわけです。審査委員は、この点に突っ込みが足りないとか、すでにだれそれが同じテーマを論じ尽くしているとか、詳しくコメントを書いて出版社に送り返します。それを受け取った出版社は、今度は批評した人の名前も所属も経歴も切り取ったコメントだけをまとめて、著者に送ってくれます。著者が有名か無名か、肩書がどれだけ偉いか、一切斟酌《しんしゃく》できない。おまけに審査の謝礼はゼロ。高額の謝礼をくれる社には点を甘く、なんて手心は加えられない。しかし、最新の研究成果を発表より先に読めるメリットが大きいから、学者は進んで引き受けるのです。この外部審査は、非常に公正であり、だからこそ怖いシステムといえます。

それだけ厳しいプロセスを植木さんの英文原稿はさっと通ってしまいました。まとめて送られてきた審査結果のコメントを見せてもらいましたが、まず「reader friendly（読みやすい）」とあります。ストレートな文章で論旨をくみとりやすいからです。そして

「strongly recommend（強力に推薦する）」と結ばれていました。私もあちこちの審査員を務めて、ほかの委員たちの査定コメントまで読んできましたが、「強力に」と言い切ってあるのは多くないのです。「貴社から出してもいいけど、それには次の条件がある」とか、たいてい何か注文がつきます。植木さんには、加筆や修正の要求もつけられていなかった。再び編集会議にかけられて、そこでもさっと決まりました。そしてちゃんとAsian Thought and Culture（アジアの思想と文化）という叢書シリーズの第四六巻に入りました。全く実力だったのです。

実のところ、アメリカの学者は長年かけて研究を積み原稿を何度も書き直しながら、あの種この種の出版社を打算しては売り込むのが普通です。「わが社の読者向きではない」と断るにも、「どこそこの他社あるいは大学出版に持って行ったらどうか」とか、アドヴァイスもしてくれるので参考になりますが、何年も何度も出版社をトライしたあげく、やっと立派なところから出るというケースが多いのです。植木さんのように、石を投げたらすぐ当たっちゃったのは、狙いがよかったというか、〝石〟自体がよかったこともありますが、珍しく素晴らしい大ヒットなのです。

その証拠に、植木さんの英文著書 *Gender Equality in Buddhism*（仏教の男女平等思想）を読まれたカリフォルニアのロヨラ・メリーマウント大学のロビン・ワング博士から、さっそく依頼が舞い込みました。*Images of Women in Chinese Thought and Culture*（中国思想・文化における女性像）という企画の執筆チームに入ってほしいと、中国系の女性助教授が頼んでこられたのです。これもアメリカの学者が聞いたら、ひっくりかえるほどビックリする出来事です。インド仏教と日本仏教の女性観について書いた日本人男性に、「中国仏教の女性像」というテーマで共同執筆のお誘いがかかるなんて、異例です。植木さんの学識と英文の表現力が確認できたからこそ、ジェンダー学分野ではまだ数少ない男性学者として、白羽の矢がたったわけでしょう。

電子メールで企画書が植木さんに届きました。植木さんはその内容をご覧になって、これでは足りないと分かるなり、より適切な資料を選び出して企画を立て直し、「これでどうですか」と、自分のアイデアを送り返されました。すると、「その分野は、私たちよりあなたのほうが専門なので、全面的に任せます」と、頼りにされました。共同研究に必要な積極性と説得力が、国際貢献に実を結んだのです。

植木さんは、中国系の学者も、中国専門のアメリカ人教授も、仏教の学者もまだ扱っていないほど珍しい資料を見つけ出し、それを英訳し、ジェンダー学の視点から論じられました。中国で作られた女性の月経に関する希少価値の高い文献『血盆経』を、眞紀子夫人と共同作業で全訳されたのです。解説はどういうタッチで書くべきか、パターンの指示がなかったので、英訳に添えて試しに書いて送ったら、編者のワング博士がビックリされて、さっそくチームの仲間に回覧されたそうです。

この本の最終的な内容チェックをされたのが、敦煌文書をはじめ多くの中国文献の英訳を手がけられてきたヴィクター・メイヤー（Victor Mair）博士という有名な学者です。彼の監修でも、植木さんの原稿には全くと言っていいほど、赤字は入りませんでした。世界でトップ級の専門グループにゆうゆうと伍せる日本人の学者が在野にいるなんて、驚くべきことだと思います。

まもなくアメリカ哲学学会（APS）での発表パネルに植木さんを入れた企画で、申請が出されました。なにしろ、何十分の一という確率なので、プロポーザル（申し込み）の書き手が新米さんで不慣れなためもあってか、残念ながら年次大会では採用されませんでした。

アメリカでの出版は、さらにお茶の水女子大学での博士論文の審査まで、波紋が広がっていきました。その時、アメリカならではの心配が一つ浮かびました。私はコロンビア大学で博士号を取って、すぐプリンストン大学で教え始めたんですが、そこは独立以前からあったアイヴィー・リーグの男子校です。やっと女子の入学が許されて一期生が入ったころに、私も採用されたのです。「三百何十人の教員の中に、六人の女性を入れました」と、学長が教授会ですごく自慢されたくらいです。歓迎パーティーでほかの人を見ると、文学系に女性の助教授が多い。それも、ハリウッドのスターみたいな美人ぞろい。私のいるEast Asian Studies（東アジア学科）は戦後にできた専門だから、まだ若い博士は男女ともに少ない。古い伝統をもつ法学部の女性教授も一人きりで、年配の弁護士さんでしたから、「まあ、英文や仏文は顔で採るの？」と、ずばり聞かれました。女同士でしかも部署が違うからセクシャル・ハラスメントには当たらないとはいえ、美人助教授たちは怒るどころか、「そうかもね」としょんぼり。「花も実もある科目は持たせてもらえないのよ」と言うんです。重要な科目はみんな男性教授たちが押さえていて、新入生のための文学史ぐらいしか与えられない。「やっぱり、まだダメみたい」と嘆いていました。

だから、日本でもお茶大のように長い歴史のある名門の女子大が、こういうご時世だから男性にも学位をあげなきゃ悪いから——ということかもしれない。そういうのを「ウィンドー・ドレッシング」——いわゆる「窓のお飾り」と言います。企業なんかでも、「ちゃんと女性も雇っていますよ」と見せつけるために、かわいい新入社員を受付に坐らせるとか、同権運動の初期に流行《はや》っていました。お茶の水は女子大なので女性しか在学はできないけれど、博士論文がほどほどよければ、「男性でも別枠で学位をあげますよ」と、進歩的なジェスチャーを見せるために授与する方針になったのかも、という一抹の心配があったわけです。

ところが、植木さんからリアルタイムの同時進行で審査状況を聞いて、まさにびっくり仰天しました。審査委員会は三人が男性、二人が女性。インド仏教の美術史が専門の方もいらっしゃいましたが、皆さん、ギリシア哲学、日本思想史、ヤスパースの哲学とか、いわば硬派の分野ぞろい。ところが、原稿用紙で千枚以上に当たる論文に、付箋がびっしりついて返ってきました。「どんなところに、どんなコメントがついてる?」って聞いてみて、もう私はひたすら感嘆です。アメリカでも随分と博士論文の審査をやりました。日本でも頼まれていくつかやりました。けれども、あんなに詳しく博士論文を読み込んで、掘り下げたコメントをつけられたケースは、聞いたこともありません。しかも無い物ねだりではなくて、植木さんなら答えられるはずのこと、仏教学者でなければ問えないこと、審査の教授がたが今まで知りたかったことなどを、びっしり付箋に書いてあるんです。例えば、「もう少しフェミニズムの歴史について入れるべきでしょう」「仏教の観点からジェンダーという言葉の定義についても触れたらどうですか」「小乗仏教の時代に女性を差別し始めるプロセスと手法を、文献批判を通して詳細に論じたほうがいい」——そうした建設的なアドヴァイスが多いのです。

それらの貴重な提言やコメントに、植木さんがどう対応されたのか。見事にパスした博士論文を岩波書店が刊行されたので、その『仏教のなかの男女観』（二〇一八年に『差別の超克——原始仏教と法華経の人間観』と改題して講談社学術文庫として出版）で初めのほうを読まれたらすぐ分かります。通説なら、一九五〇年代にアメリカでベティ・フリーダン女史が『女らしさの神話』でフェミニズムを巻き起こした、ということになっています。ところが植木さんは、一八〇〇年代の半ばに生まれたイギリスの女性仏教学者が、仏教の男女平等を論じた資料から始めておられるのです。さらには、一八八六年にドイツ留学中の森鷗外が、仏教は男女平等の思想であるという立場から、地質学者ナウマンと論争していたことも取り上げてあります。

日本のフェミニスト理論家は社会科学系が多くて、「男は敵だ、女は被害者だ」と論じたがる傾向が強い。私は文学系なので、ジェンダーを群として見ていたら、批評は成り立ちません。どの作品のどの男性はどんなふうに女の敵とか特定して個性を見極めながら分析するわけです。

植木さんは、南北戦争前の一八五〇年代生まれの女性が、パーリ語で書かれた仏典を通して仏教のジェンダー観について論じた文献から説き起こし、比較文化的な視点で女性学の流れをたどられました。多分、お茶大の教授方も期待以上の答えが得られて、ご満足されたと思います。日本のフェミニスト系の歴史書には載っていない事実が紹介してあるのです。植木さんは、審査の先生方の要求にすべて応えられただけでなく、これまで定説とされてきた一線を越える研究成果を、幾つも論文のあちこちにちりばめておられます。そういうふうに内容を盛り込み論証を詰めていきながら、なんと期限よりも前に改訂稿をお茶大に提出されたのです。最初の予備審査の段階から比べると、原稿用紙四百枚分ほど増えていたそうです。

私は常々、博士論文は間口を広くするより、焦点を絞って深く掘り下げていったほうがいい、と勧めています。百ぐらい手持ちがあるとすると、そのうちの十ぐらいをまとめてまず出される植木さんは、先生方の提案に応じて適宜に広げ戻していく形ですから、資料や知識の手持ちがすでにたっぷりあったわけです。

驚いたことに、五人の先生方は改訂稿を再び全部チェックされて、また少しずつ付箋をつけて戻されたそうです。私はアメリカで長年にわたって論文審査委員をやりましたが、深くは読み解いていないのではないか、ざっと読み通したのみで、「これならまあ博士号のレベルに達している」と、合格マークをつけて終わりの人もいるように見えました。二度もしっかり読んだ委員なんて、まず聞いたことがありません。頭が下がりました。お茶の水女子大学の学位授与は、決して「ウィンドー・ドレッシング」ではないと言えます。

アメリカでは、論文の研究や内容について話し合う時間は、学生の論文準備（dissertation preparation）という科目として、五単位もらえます。植木さんの論文審査は、そのクラスの受講に匹敵しています。授業なら主任教授から指導を受けるだけですが、植木さんは五人の先生方から論文指導を受けたのに相当します。これはまさしく正真正銘のお茶の水女子大学の博士号です。それも、「論文博士」です。

博士号を持っている人は、身の回りにそんなにいらっしゃらないでしょうから、博士号に二種類あることはあまり知られていないようです。一つは、「課程博士」で、大学院の三年間の博士課程在学中にその研究成果をまとめた論文が認められて授与されるものです。もう一つは、「論文博士」と言って、その大学院に在籍したことがなくても、博士論文を提出し審査に合格することで授与される学位で、「論博《ろんぱく》」とも呼ばれています。植木さんの場合は、後者に相当します。前者が、卒業の〝ご祝儀〟的な意味合いがないとは言えません。それに対して後者は、縁もゆかりもない大学での挑戦になりますから、論文の中身のみでの実力勝負であり、高度な内容が問われることになります。だから、「論文博士」のほうが格段に高く評価されているのです。

続いて、その博士論文が岩波書店から出ると聞いて、私はうれしくなりました。アメリカの図書館司書たちは、日本語が分からなくても、英訳されたタイトルがあれば十分です。この『仏教のなかの男女観』に、イナダ先生が *Gender Perspectives in Buddhism* と、ご自分なりの英題をつけて下さったそうです。それがあれば、日本学が専門でなくても、内容が分かります。さらに、欧米では日本人の著書についてよく分からなくても、出版社のランキングは出ています。岩波さんは、人気高い筆者ならいい加減な書き飛ばしでも何でも出すところではなく、学術出版社として一流、というランク付けが定着しています。これから巣立つ学者である植木さんのような場合には、博士論文が岩波書店から大冊になって出たということは非常に有利なんです。アメリカで出版された書物なら、連邦議会図書館（Library of Congress）に納入義務があるので、いわば〝親方日の丸〟ならぬ〝親方星条旗〟で、永久保存される見込みが高い。さらにヨーロッパの司書たちもLC番号で検索して買いこみます。東洋図書館は世界中に多いので、*Gender Equality in Buddhism* のほうもまた連れ売りが見込めます。同じ著者の次の本もまた売れやすい。だから、岩波さんが頑張って立派な本に仕上げてくださったことを、私まで感謝しているわけです。

仏教（特に大乗）は女性を蔑視していない、と論証する植木さんの英文著書は、インターネットのシラバス検索でも分かる通り、大学の教材に採用されるなど、海外でも注目を浴びています。アメリカの東洋学者たちとの英文共著も出ました。『仏教のなかの男女観』は、世界最大の書籍見本市フランクフルト・ブックフェアにも出品されました。大英博物館をはじめ、ケンブリッジ大学、オックスフォード大学、カリフォルニア大学、武漢大学など、海外の主要図書館にも収められています。その韓国語訳の打診もあったと聞いています。植木さんの海外向け発信が早くも実を結び始めたのも、うれしく頼もしい動きです。お茶の水女子大学の博士号は、いわば国際ライセンスのように、植木さんのご活躍の場をさらに広げていってくれるでしょう。

そこへ、本書『釈尊と日蓮の女性観』（文庫化に伴い『日蓮の女性観』と改題）が追い打ちをかける運びになりました。植木さんの研究が一般人にも読みやすい形でまとめられた成果です。アメリカで学術活動の三本柱の一つといわれる public service（知識を広める公共奉仕）は、キリスト教のセツルメント運動や在家の菩薩行と同じく、自他ともに心を豊かにしてくれます。楽しみながら味わってください。

（比較文化学者、元イリノイ大学教授）

あとがき

宗教専門紙「中外日報」に『男性原理と女性原理――仏教は性差別の宗教か?』が連載されて、既に十年の歳月が流れました。もとはと言えば、一九八七年に、とある懸賞論文に応募した三十枚の原稿が原型でした。それは、選に入ることはありませんでしたが、「第三文明」の五味時作編集長（当時）が興味を持ってくださり、同誌一九八八年十一月号に掲載していただきました。それに対して、同誌始まって以来の多くの反響が寄せられたとうかがいました。

その後、中外日報社社長（当時）の本間昭之助氏と面識を得て、その論文をさらに発展させて「中外日報」紙上に連載することを提案していただきました。十年前の一九九五年、北京で国連第四回世界女性会議が開催されたのを機に、連載が始まりました。見開きで一回分という大型なもので十六回にわたり、連載終了後、一九九六年に『男性原理と女性原理』として中外日報社から出版されました。

東京大学名誉教授で東方学院長の故中村元《はじめ》先生は、東方学院の講義で常々、次のような話をされていました。「私は、ともかく書き残すことを自分に強いてきました。それによって時を経て忘れてしまうのを防ぐことができますし、自分の研究を第三者の目で見直すこともできます。また、研究が未熟な段階であろうと、僭越だと思われようとも、活字にして残しておくことは、後の時代に意味を持ちます。著した書が、めぐりめぐって自分の人生に思わぬ恩恵をもたらしてくれることもあります」と。

中村先生ご自身も、名著『東洋人の思惟方法』を出版されていたことで、鶴見和子さん、鶴見俊輔氏の姉弟の目に止まり、ロックフェラー財団から研究費の援助を受けられ、それが英訳され、米国スタンフォード大学から客員教授として招聘されることになられたという話をしてくださったこともありました。

中村先生の教え通り、私にとっても、この『男性原理と女性原理』の出版が私の人生を大きく変えたといえます。出版後、話は次のように展開していきました。

まず、中村先生に紹介していただいていたニューヨーク州立大学教授（現在、名誉教授）のケネス・K・イナダ博士から、「同趣旨の内容を英文で改めて執筆し、アメリカで出版しませんか」という手紙をいただきました。その作業に取り組んでいる間にも、中村先生から「植木さん、博士号を取りなさい。植木さんは、いろいろと論文を発表し、本も出されていますが、どんなに立派なものを書いても、日本は肩書社会であって、肩書でしか人を見ません。だから、博士号をとりなさい」という指示がありました。また「植木さんは物理学が専門ですが、そういう異なる視点が仏教学の可能性を広げてくれます」とも付け加えられました。

中村先生は、その一年半後の一九九九年十月十日に亡くなられました。奇《く》しくも、英文で執筆した *Gender Equality in Buddhism*（仏教におけるジェンダー平等）の最終稿をニューヨークに送ったのはその前日でした。その本が、ニューヨークのピーター・ラング社から「アジアの思想と文化」叢書の第四六巻として出版されたのは、二〇〇一年一月のことでした。カナダのトロント大学のヘンリー・シュー教授をはじめ、アメリカの大学でもこの本をテキストとして用いるところも現れました。

また、この英文著書を読まれたカリフォルニアのロヨラ・メリーマウント大学のロビン・ワング博士からも連絡をいただきました。「『中国文化と思想における女性像』というタイトルで共同研究して、アンソロジーにまとめたいが、あなたに中国仏教における女性像の分野で執筆をお願いしたい」という内容でした。その企画書を見て、内容が少し物足りなかったので、多少手を入れて送り返すと、内容は全面的に任せてもらえることになりました。漢訳仏典の英訳は、妻・眞紀子にも手伝ってもらいました。それが、二〇〇三年に*Images of Women in Chinese Thought and Culture*（中国思想と文化における女性像）としてマサチューセッツ州のハケット社から出版されました。

さらにこの*Gender Equality in Buddhism*が、お茶の水女子大学の佐藤保学長（当時）の目に止まり、同大学での博士論文の審査へと話が発展いたしました。論文は、新たに構想を練り直し、サンスクリットとパーリ語の原典から論ずることにし、中国、日本のフィルターを通さない歴史的人物としての釈尊とインド仏教の女性観を明らかにすることに努めました。

こうして、二〇〇二年九月に同大学では男性初の人文科学博士という栄誉を賜ることができました。厳しい論文審査の段階で大幅な加筆を行ない、最終的に原稿用紙千二百枚相当になった博士論文が、岩波書店から二〇〇四年三月に『仏教のなかの男女観――原始仏教から法華経に至るジェンダー平等の思想』として出版されました。それは四カ月で四刷となり、朝日新聞、東京新聞をはじめとして九紙の書評に取り上げられ、二つの雑誌、そして中村元先生の提唱で発足した比較思想学会の学術誌「比較思想研究」第31号でも紹介されました。海外では、大英図書館をはじめとしてケンブリッジ大学、オックスフォード大学、カリフォルニア大学、武漢大学などの図書館にも収蔵され、わが国でも百六十以上の大学・研究所の図書館に置かれたようです。

『仏教のなかの男女観』の出版記念パーティーを開いていただいたのは、桜が満開の昨年三月二十七日でした。その一年後の三月二十八日に高輪プリンスホテルで第19回国際宗教学宗教史会議世界大会が開かれました。『仏教とジェンダー』と題するパネルで、ある女性研究者に対して拙著『男性原理と女性原理』『仏教のなかの男女観』に関係する質問をさせていただきました。その帰りの電車の中で、携帯電話が鳴り、本書の出版決定の話がもたらされました。その夜は、さらに同会議で発表するために韓国から帰国されていた知人から自宅に電話がありました。『仏教のなかの男女観』を読まれた韓国の大学教授が、韓国語に翻訳して出版したいという意向をお持ちで、「帰国したら植木さんの許可をもらってきてほしい」と頼まれてきたということでした。

こうした展開のすべては、もとを正せば、中村先生がおっしゃっていたように、『男性原理と女性原理』を出版していたことに起因しているといっても過言ではありません。絶版になっていたその『男性原理と女性原理』の再版を望む声が多く寄せられ、その機会をうかがっていましたが、論創社の森下紀夫社長のご厚意で、それを発展させた形で新たに本書を出版することを快諾していただきました。ここに感謝申し上げます。

本書の第一部は、釈尊に始まるインド仏教の女性観を論じたものです。それは、博士論文に結実したこの十年間の研究成果を踏まえて、執筆したものですが、一般向けという性格上、また頁数の制約もあり、そのすべてを反映することはできませんでした。さらに詳しく知りたい方は、『仏教のなかの男女観』（二〇一八年に『差別の超克――原始仏教と法華経の人間観』として、講談社学術文庫に収められた）をご覧になってください。特に、①男女を問わず誰人をも尊重する不軽菩薩の振る舞い（第七章）や、②在家と出家、男と女の差別を乗り越える「善男子・善女人」という表現（第八章）、③天台・伝教以来、『法華経』に関して法相宗との間で千五百年来持ち越されてきた「差別か平等か」という論争についてのサンスクリット原典からの考察・検証（第九章）――といった観点から、『法華経』の卓越した平等思想などについてもそこで論じております。

本書の第二部では、男女を問わず人格の完成に欠かすことのできない男性原理と女性原理について、日蓮の著作を通して考察しました。男性観、女性観を考察する一助にでもなれば幸いです。

最後に、中村元先生の序文の転載を快諾してくださった東方学院総務の三木純子《すみこ》さん、過分なお言葉に満ちた序文を寄せてくださった三枝充悳《さいぐさみつよし》博士、米国の研究・出版事情についての貴重な情報にからめて筆者の業績を紹介してくださったムルハーン千栄子博士に心より感謝申しあげます。

二〇〇五年十月十日

中村先生の七回忌の日に　　植木雅俊

文庫版あとがき

本書のもととなった『釈尊と日蓮の女性観』が出版されてもう十七年が過ぎた。早いものである。

この間に出版したものを振り返ってみると、主なものだけでも次の本が挙げられる。

①『梵漢和対照・現代語訳　法華経』上・下、岩波書店、二〇〇八年（毎日出版文化賞受賞）。

②天沢退二郎・金子務編『宮澤賢治　イーハトヴ学事典』（共著）、弘文堂、二〇一〇年。

③『梵漢和対照・現代語訳　維摩経』、岩波書店、二〇一一年（パピルス賞受賞）。

④『仏教、本当の教え——インド、中国、日本の理解と誤解』、中公新書、二〇一一年（桑原武夫学芸賞で次点）。

⑤「科学」編集部編、『科学者の本棚——「鉄腕アトム」から「ユークリッド原論」まで』（共著）、岩波書店、二〇一一年。

⑥『思想としての法華経』、岩波書店、二〇一二年（東京工業大学大学院生への講義をまとめたもの）。
⑦『仏教学者　中村元――求道のことばと思想』、角川選書、二〇一四年。
⑧『サンスクリット原典現代語訳　法華経』上・下、岩波書店、二〇一五年。
⑨『ほんとうの法華経』（橋爪大三郎氏との対談）、ちくま新書、二〇一五年。
⑩『人間主義者、ブッダに学ぶ――インド探訪』、学芸みらい社、二〇一六年。
⑪萩原是正編『深草元政上人墨蹟』の解説、大神山隆盛寺刊、二〇一六年。
⑫『テーリー・ガーター――尼僧たちのいのちの讃歌』、角川選書、二〇一七年。
⑬金子務監修、日本科学協会編『科学と宗教――対立と融和のゆくえ』（共著）、中央公論新社、二〇一八年。
⑭『法華経』（NHK100分de名著テキスト）、二〇一八年四月号、NHK出版、二〇一八年。
⑮『差別の超克――原始仏教と法華経の人間観』、講談社学術文庫、二〇一八年（博士論文『仏教のなかの男女観』の文庫化）。
⑯『江戸の大詩人　元政上人――京都深草で育んだ詩心と仏教』、中公叢書、二〇一八年。

⑰『サンスクリット版縮訳　法華経　現代語訳』、角川ソフィア文庫、二〇一八年。
⑱『サンスクリット版全訳　維摩経　現代語訳』、角川ソフィア文庫、二〇一九年。
⑲権五定・鷲山恭彦監修、李修京編『多文化共生社会に生きる――グローバル時代の多様性・人権・教育』、明石書店、二〇一九年。
⑳『法華経』（NHK100分de名著テキスト、アンコール放送版）、二〇一九年十一月号、NHK出版、二〇一九年。
㉑『今を生きるための仏教100話』、平凡社新書、二〇一九年。
㉒『梵文「維摩経」翻訳語彙典』、法藏館、二〇一九年。
㉓『梵文「法華経」翻訳語彙典』上・下、法藏館、二〇二〇年。
㉔『法華経とは何か――その思想と背景』、中公新書、二〇二〇年。
㉕『日蓮の手紙』、角川ソフィア文庫、二〇二一年。
㉖『サーカスの少女』（自伝的小説）、コボル刊、二〇二一年。
㉗『思想としての法華経展』図録（監修）、京都佛立ミュージアム、二〇二一年。
㉘『法華経――誰でもブッダになれる』、NHK100分de名著ブックス、NHK出版、二〇二一年。
㉙『日蓮の手紙』（NHK100分de名著テキスト）、二〇二二年二月号、NHK出版、二

〇二二年。
㉚『日蓮の手紙』（NHK100分de名著テキスト、アンコール放送版）、二〇二三年三月号、NHK出版、二〇二三年。

文庫化に当たり、以上の出版物を反映させたが、『テーリー・ガーター』の引用については、拙訳からの引用に差し替えるのは、あまりにも膨大過ぎるので、旧著のままにしておいた。拙訳『テーリー・ガーター――尼僧たちのいのちの讃歌』（角川選書）も参照していただけるとありがたい。中村元先生の『尼僧の告白』（岩波文庫）には詳細な訳註が付けられているが、解説を付けてほしかったという声に応えて、拙訳には全二九一頁のうち一三〇頁余の解説を付けた。

また、本書の出版と同時進行で『パーリ文「テーリー・ガーター」翻訳語彙典』（仮題、法藏館）の校正作業を行なっており、近日中に出版されるので、こちらも参考にしていただきたい。すべての単語の文法的意味を明らかにし、構文も解説して、私がどのように翻訳したのかを手に取るように分かるようにした『梵文「維摩経」翻訳語彙典』『梵文「法華経」翻訳語彙典』上・下に続く、私の〝翻訳作業ノートの〟出版である。

筆者が、『テーリー・ガーター』にここまで力を入れるのは、歴史的人物としての釈尊が女性を全く差別していなかったことを示す貴重な文献であるからだ。ジェンダー論が注目されている今日、この『テーリー・ガーター』は今後ますます重要になってくるであろう。

この間には、多大なる学恩を被った三枝充悳《さいぐさみつよし》先生、加藤九祚《きゅうぞう》先生、前田耕作先生、白川義員先生、古曳《こびき》正夫先生が亡くなられました。感謝を込めてご冥福をお祈り申し上げます。

本書の文庫化に際しては、法藏館の今西智久氏、および編集部の皆さまのご理解を得たことで実現しました。心から感謝申し上げます。

二〇二三年一月十九日

植木雅俊

今に見ろ
　われにこれあり
　　九大会

の句を頂いて四十九年目の日に。

植木雅俊（うえき　まさとし）

仏教思想研究家。日本ペンクラブ会員。1951年，長崎県島原市生まれ。島原高校卒，九州大学理学部卒。理学修士（九州大学），文学修士（東洋大学），人文科学博士（お茶の水女子大学）。東方学院で中村元博士の下で印度学・仏教思想論などを学ぶ。著訳書に『梵漢和対照・現代語訳　法華経』上・下（岩波書店，毎日出版文化賞），『仏教、本当の教え――インド、中国、日本の理解と誤解』（中公新書），『仏教学者　中村元――求道のことばと思想』（角川選書），『差別の超克――原始仏教と法華経の人間観』（講談社学術文庫，お茶の水女子大学提出博士論文），『法華経とは何か』（中公新書）など。自伝的小説『サーカスの少女』（コボル刊）。

英文著書に，*Gender Equality in Buddhism*, Peter Lang Publ. Inc., New York, 2001. *Images of Women in Chinese Thought and Culture*, Hackett Publ. Comp., Massachusetts, 2003,（Robin Wang 博士らと共著）.

日蓮《にちれん》の女性観《じょせいかん》

二〇二三年五月十五日　初版第一刷発行

著　者　植木雅俊

発行者　西村明高

発行所　株式会社 法藏館

京都市下京区正面通烏丸東入

郵便番号　六〇〇-八一五三

電話　〇七五-三四三-〇〇三〇（編集）

〇七五-三四三-五六五六（営業）

装幀者　熊谷博人

印刷・製本　中村印刷株式会社

ISBN 978-4-8318-2648-0 C0115

法藏館文庫既刊より

価格税別

さ-1-1
増補 いざなぎ流　祭文と儀礼
斎藤英喜著
高知県旧物部村に伝わる民間信仰・いざなぎ流。中尾計佐清太夫に密着し、十五年にわたるフィールドワークによってその祭文・神楽・儀礼を解明。
1500円

キ-1-1
老年の豊かさについて
キケロ著
八木誠一
八木綾子訳
老人にはすることがない、体力がない、楽しみがない、死が近い。キケロはこれらの悲観的通念を吹き飛ばす。人々に力を与え、二千年読み継がれてきた名著。
800円

た-1-1
仏性とは何か
高崎直道著
「一切衆生悉有仏性」。はたして、すべての人にほとけになれる本性が具わっているのか。日本仏教に根本的な影響を及ぼした仏性思想を明快に解き明かす。解説＝下田正弘
1200円

さ-2-1
アマテラスの変貌
中世神仏交渉史の視座
佐藤弘夫著
童子・男神・女神へと変貌するアマテラスを手掛かりに中世の民衆が直面していたイデオロギー的呪縛の構造を抉りだし、新たな宗教コスモロジー論の構築を促す。
1200円

て-1-1
正法眼蔵を読む
寺田透著
多数の道元論を世に問い、その思想の核心に迫った著者による「語る言葉（パロール）」と「書く言葉（エクリチュール）」の「講読体書き下ろし」の読解書。解説＝林　好雄
1800円

い-1-1

地獄

石田瑞麿著

古代インドで発祥し、中国を経て、日本へとやってきた「地獄」。その歴史と、対概念として浮上する「極楽」について詳細に論じた恰好の概説書。解説＝末木文美士

1200円

く-1-1

王法と仏法

中世史の構図

黒田俊雄著

強靭な論理力で中世史の構図を一変させ、「武士中心史観」にもとづく中世理解に鋭く修正を迫った黒田史学。その精髄を示す論考を収めた不朽の名著。解説＝平　雅行

1200円

な-1-1

折口信夫の戦後天皇論

中村生雄著

戦後「神」から「人間」となった天皇に、折口信夫はいかなる可能性を見出そうとしていたのか。折口学の深淵へ分け入り、折口理解の新地平を切り拓いた労作。解説＝三浦佑之

1300円

あ-1-1

禅仏教とは何か

秋月龍珉著

仏教の根本義から、臨済宗・曹洞宗の日本禅二大派の思想と実践までを体系的に叙述。難解な内容を、簡潔にわかりやすくあらわした入門書の傑作。解説＝竹村牧男

1100円

ほ-1-1

増補 宗教者ウィトゲンシュタイン

星川啓慈著

ひとつの孤独な魂が、強靭な理性と「神との和解」のはざまで悩みぬく。新発掘の二つの『日記』等をめぐる考察を縦横にもりこんだ、宗教学からの独創的アプローチ！

1000円

ア-1-1・2

評伝 J・G・フレイザー

その生涯と業績　上・下（全二冊）

R・アッカーマン著
小松和彦監修
玉井　暲監訳

大著『金枝篇』で世界に衝撃を与えた人類学者の画期的評伝。研究一筋の風変わりな日常から、出版をめぐる人間模様、悪妻とも評された妻との結婚生活まで。未公開書簡や日記も満載。

各1700円

い-2-1

アニミズム時代

岩田慶治著

森羅万象のなかにカミを経験する。その経験の場とは。アニミズムそしてシンクロニシティ空間論によって自然との共生の方法を説く、岩田アニミズム論の名著。解説＝松本博之

1200円

か-1-1

信長が見た戦国京都

城塞に囲まれた異貌の都

河内将芳著

同時代史料から、「町」が社会集団として成熟していくさまや、戦国京都が辿った激動の軌跡を尋ね、都市民らの視線を通して信長と京都の関係を捉え直した斬新な戦国都市論！

900円

や-1-1

宗教とは何か

現代思想から宗教へ

八木誠一著

理性と言語による現実把握の限界をどう超えるか。ニーチェの生の哲学から実存主義、さらには京都学派の哲学までを総覧し、現代人のための宗教に至る道筋を鮮やかに指し示す。

1300円

つ-1-1・2

平安人物志

上・下（全二冊）

角田文衞著

考古学と文献史学を駆使した角田の博識と推理が冴え渡る、41篇の人物伝。緻密な分析で、平安朝を生きた人々の数奇な生涯を鮮やかに描き出した、歴史的名著。解説＝山田邦和

各1700円

か-2-1

インド人の論理学

問答法から帰納法へ

桂紹隆著

インド人の思考法は、観察から法則を導き出す帰納法的思考であった。事実に基づく論証法がインドでどのように展開したのか。その淵源を仏教の縁起の教えに見出した名著。

1300円

た-2-1

悟りと解脱

宗教と科学の真理について

玉城康四郎著

徹底した禅定実践と学問研鑽によって仏道を求め、かくして到達したブッダの解脱に基づき、一切の枠組みを超えた真理を究明する。稀有の求道者の最後の書。解説＝丘山　新

1000円

さ-3-1
ブッダとサンガ
〈初期仏教〉の原像
三枝充悳著
一人のブッダから多くの仏が生まれたのはなぜか。サンガはどのように成立したのか。仏教の根本問題を論旨明快な叙述で解きほぐす、恰好のインド仏教史入門。解説＝丸井　浩
1100円

し-1-1
ポストモダンの新宗教
現代日本の精神状況の底流
島薗　進著
一九七〇年代以降に誕生・発展した「新新宗教」の特徴を読み解き、「新新宗教」を日本・世界の宗教状況とリンクさせることで、現代宗教論に一つの展望を与えた画期的試み。
1200円

や-2-1
〈方法〉としての思想史
安丸良夫著
安丸史学が対峙し、目指したものとは——。自身の研究や経験を回顧した論考・時評等を中心に収め、その思想的格闘の軌跡を示した歴史学徒必読の名著。解説＝谷川　穣
1300円

ア-2-1
英国の仏教発見
フィリップ・C・アーモンド著
奥山倫明訳
19世紀の英国人らによる仏教表象を分析し、西洋近代において、仏教が称賛や蔑視を交えながら「創造」されていく過程を、オリエンタリズムと宗教をめぐる観点から解明。
1300円

か-1-2
改訂 祇園祭と戦国京都
河内将芳著
創作物を通じて戦国期の祇園祭に託された「権力に抵抗する民衆の祭」というイメージは実態に合うものなのか。イメージと史実を比較し、中世都市祭礼・祇園祭の実像に迫る。
1000円

ブ-1-1
儀礼と権力　天皇の明治維新
ジョン・ブリーン著
日本の「近代」創出に天皇がはたした身体的役割とは何か。天皇はいかにして「神話の体現者」となったのか。従来とは異なる儀礼論的アプローチから迫ったユニークな試み。
1300円

も-1-1
仏教王朝の悲劇
梁の武帝　森三樹三郎著
皇帝菩薩と呼ばれた武帝の餓死、王朝の滅亡は、仏教溺信が招いた悲劇だったのか。類い稀な皇帝のドラマチックな生涯とその時代の精神を描出した不朽の傑作。解説＝船山　徹
1000円

む-1-1
天平芸術の工房　武者小路穣著
正倉院や東大寺をはじめとする花やかな天平芸術の創造にたずさわった工人たちの盛衰を明らかにしていくなかで、古代国家の文化の形成基盤の全体像を考察。解説＝山岸公基
1200円

た-3-1
改訂
歴史のなかに見る親鸞　平雅行著
数少ない確実な史料を緻密に検証することで、歴史研究者として親鸞の事蹟の真偽を究明する一方、民衆の苦難と自らの思想信条とのはざまで悩み苦しむ親鸞の姿をも描きだす。
1100円

す-1-1
東洋の合理思想　末木剛博著
インド仏教、中国仏教、中国古典に形式論理を見いだし、西洋思想とは異なる、非自我的な「楕円思考」を東洋の合理思想の根幹として解明する。野矢茂樹氏の解説も再録。
1200円

か-3-1
増補
菩薩ということ　梶山雄一著
迷いと悟りの世界を生きる菩薩の存在は、大乗仏教の真髄である。大乗仏教がめざした人間像を探究しつづけた著者が最終的に到達した菩薩像と、その生き方とは。解説＝桂紹隆
1000円

キ-2-1
ウィトゲンシュタイン・文法・神　アラン・キートリー著　星川啓慈訳
ウィトゲンシュタインの「文法」概念を宗教研究に応用し、自然主義・相対主義・還元主義をのりこえる視点を提供。そして「本物の宗教」に迫らんとする、宗教哲学の好著。
1200円

か-4-1

死と運命

中国古代の思索

金谷治 著

「このつぴきならない生命とはいったい何なのか」。孔孟、老荘、荀子等の言葉をてがかりに、中国古代における死、運命、欲望に関する思索を討尋する。解説＝中嶋隆藏

1100円

よ-1-1

劉裕

江南の英雄 宋の武帝

吉川忠夫 著

劉裕は微賤な武人に生まれながらも、卓越した行動力と徹底した現実主義によって皇帝となった。だが、即位後その生彩に翳りが――。南朝の権力機構の本質を明らかにする好著。

1000円

か-5-1

一遍語録を読む

金井清光
梅谷繁樹 著

一切を捨てた「捨聖」一遍。その思想的背景と生涯を法語から読み解き、巻末では一遍の和讃「別願和讃」を『節用集』『日葡辞書』などを駆使して詳論する。解説＝長澤昌幸

1200円

な-1-2

祭祀と供犠

日本人の自然観・動物観

中村生雄 著

動物を「神への捧げもの」とする西洋の供犠との対比から、日本の供養の文化を論じ、殺生・肉食の禁止と宗教との関わりに新たな光を当てた名著が文庫化。解説＝赤坂憲雄

1500円

さ-4-1

ラジオの戦争責任

坂本慎一 著

戦前最強の「扇動者」、ラジオ。その歴史を五人の人物伝から繙き、国民が戦争を支持し、また玉音放送によって瞬く間に終戦を受け入れるに至った日本特有の事情を炙り出す。

900円

は-1-1

明治維新と宗教

羽賀祥二 著

近代「神道」の形成と特質を仏教までもを含んだ俯瞰的な視野から考察し、「国家神道」に止まらない近代「神道」の姿をダイナミックに描いた、日本近代史の必読文献。

1800円

と-1-1

文物に現れた北朝隋唐の仏教

礪波護著

隋唐時代、政治・社会は仏教に対していかに関わり、仏教はどのように変容したのか。文物を含む多彩な史料を用いスリリングに展開される諸論は隋唐時代のイメージを刷新する。

1200円

こ-1-1

神々の精神史

小松和彦著

カミを語ることは日本人の精神の歴史を語ること。竈神や座敷ワラシ。酒呑童子、ものくさ太郎に、山中の隠れ里伝承など、日本文化の深層に迫った妖怪学第一人者の処女論文集。

1400円

み-1-1

江戸のはやり神

宮田登著

お稲荷さん、七福神、エエジャナイカ——民衆の関心で爆発的に流行し、不要になれば棄てられた神仏。多様な事例から特徴を解明し、背景にある日本人の心理や宗教意識に迫る。

1200円

さ-5-1

信仰か、マインド・コントロールか

カルト論の構図

櫻井義秀著

社会はカルトやマインド・コントロールの問題にどう対処すべきか。九〇年代以降のメディアや裁判記録などの分析を通じて、これらの問題を考えるための基礎的理論を提示する。

1100円

う-1-1

日蓮の女性観

植木雅俊著

仏教は女性蔑視の宗教なのか？ 仏教史における男性観、女性観の変遷、『法華経』における提婆達多と龍女の即身成仏を通して検証し、また男性原理と女性原理について考える。

1300円